第一批国家级
抗战
纪念设施和遗址通览

姚金果　主编

中共党史出版社

图书在版编目(CIP)数据

第一批国家级抗战纪念设施和遗址通览/姚金果主编．—北京：中共党史出版社，2014．10

ISBN 978-7-5098-2810-6

Ⅰ．①第… Ⅱ．①姚… Ⅲ．①抗日战争—革命纪念地—介绍—中国 Ⅳ．①K878．23

中国版本图书馆 CIP 数据核字(2014)第 210931 号

出版发行：中共党史出版社
责任编辑：韩冬梅　吕佳音
复　　审：潘　鹏
终　　审：吴　江
责任校对：龚秀华
责任印制：谷智宇
责任监制：贺冬英
社　　址：北京市海淀区芙蓉里南街6号院1号楼
邮　　编：100080
网　　址：www．dscbs．com
经　　销：新华书店
印　　刷：北京汇林印务有限公司
开　　本：170mm×240mm　1/16
字　　数：240 千字
印　　张：22
印　　数：1—3000 册
版　　次：2014 年 10 月第 1 版
印　　次：2014 年 10 月第 1 次印刷

ISBN 978-7-5098-2810-6
定　　价：80．00 元

目录

CONTENTS

北京市

天津市

河北省

山西省

内蒙古自治区

辽宁省

吉林省

黑龙江省

上海市

江苏省

浙江省

湖北省

湖南省

广东省

广西壮族自治区

海南省

重庆市

四川省

贵州省

云南省

陕西省

北京市

B E I J I N G S H I

中国人民抗日战争纪念馆

★

中国人民抗日战争纪念馆位于中华民族全面抗日战争的爆发地——北京卢沟桥畔的宛平城内，门牌号为北京市丰台区宛平城城内街 101 号，是全国唯一一座全面反映中国人民抗日战争历史的大型综合性专题纪念馆。

★中国人民抗日战争纪念馆

中国人民抗日战争是世界反法西斯战争的重要组成部分，是世界反法西斯战争的东方主战场。从19世纪后半叶起，日本逐渐走上军国主义道路，发动和参加了一系列侵华战争。日本1874年进犯台湾，1894年挑起甲午战争并侵占台湾，1904年发动日俄战争侵犯中国东北领土和主权，1931年策动九一八事变并占领中国东北，1935年制造华北事变，鲸吞中国的野心日益膨胀。以1937年7月7日日军炮轰宛平县城、进攻卢沟桥为标志，日本发动了全面侵华战争。日本侵略者先后践踏了中国大片土地，侵占了中国大部分重要城市，企图把中国变为日本的殖民地，进而吞并亚洲、称霸世界。

日本军国主义的野蛮侵略，使中国陷入了前所未有的民族灾难。在面临亡国灭种威胁的危难关头，不愿做奴隶的中国人民毅然奋起，英勇抵抗。在中国共产党倡导建立的抗日民族统一战线的旗帜下，以国共合作为基础，中国人民同日本侵略者进行了气壮山河的斗争。

在波澜壮阔的全民族抗战中，全体中华儿女万众一心、众志成城，各党派、各民族、各阶级、各阶层、各团体同仇敌忾，共赴国难。中国国民党和中国共产党领导的抗日军队，分别担负着正面战场和敌后战场的作战任务，形成了共同抗击日本侵略者的战略态势。以国民党军队为主体的正面战场，在全国抗战初期组织实施了淞沪、忻口、徐州、武汉等战役，给日军以沉重打击。中国共产党领导的敌后战场，广泛发动群众，开展游击战争，八路军、新四军、华南游击队、东北抗日联军和其他人民抗日武装力量奋勇作战。平型关大捷打破了“日军不可战胜”的神话，百团大战振奋了全国军民争取抗战胜利的信心。敌后战场钳制和歼灭日军大量兵力，歼灭大部分伪军，逐渐成为中国人民抗日战争的主战场。广大港澳同胞、台湾同胞、海外侨胞和海外华人，与祖国同呼吸、共命运，以各种方式参加和支援祖国人民抗战，不少同胞为国捐躯。在日本侵占台湾的半个世纪里，台湾同胞不断进行反抗，共有65万人壮烈牺牲。在空前惨烈的抗日战争中，中国军民前仆后继、浴血奋战，以血肉之躯筑起了捍卫祖国的钢铁长城，用气吞山河的英雄气概谱写了惊天地、泣鬼神的壮丽史诗。杨靖宇、赵尚志、左权、彭雪枫、佟麟阁、赵登禹、张自忠、戴安澜等一批抗日将领，八路军“狼牙山五壮士”、新四军“刘老庄连”、东北抗联八位女战士、国民党军“八百壮士”等众多英雄群体，就是中国人民不畏强暴、英勇抗争的杰出代表。经过长达8年的全国抗战，中国人民终于在世界反法西斯战争走向胜利的进程中打败了日本侵略者。1945 年 9 月 2 日，日本政府正式签署投降书，宣告了日本侵略者的彻底失败，宣告了中国人民抗日战争和世界反法西斯战争的最后胜利。

抗日战争时期，中国军民伤亡多达 3500 万人。日本军国主义发动战争造成的破坏及其对中国资源和财富的大肆掠夺，按照 1937 年的比价，造成中国直接经济损失 1000 亿美元，间接经济损失 5000 亿美元。

为铭记抗日战争的历史，昭示后人，在中共中央及北京市委、市政府的高度重视下，在社会各界的大力支持下，中国人民抗日战争纪念馆列入国家“七五”计划的重点建设项目，于 1987 年 7 月 6 日七七卢沟桥事变 50 周年前夕完成一期工程，馆名由邓小平题写，1987 年 7 月 7 日正式对外开放。1997 年二期工程竣工。

★中国人民抗日战争纪念馆

★独立自由勋章雕塑

从 1987 年建馆迄今，中国人民抗日战争纪念馆几经发展，特别是经过 2005 年较大规模的改造，面貌焕然一新。纪念馆正前方是面积达 8600 平方米的抗战广场，广场中央矗立着象征中华民族觉醒的“卢沟醒狮”，广场中轴线两侧各分布着 7 块草坪，寓意七七事变爆发地和中华民族的 14 年抗日战争。基座为汉白玉、高达 14 米的国旗杆竖立在广场北侧。2014 年 7 月 7 日，广场上方正对纪念馆大门的位置，又新增添了“独立自由勋章”雕塑，基座正面上方是一枚金色的独立自由勋章，下方用中英文刻有“1937.7.7 中国人民抗日战争全面爆发纪念地”字样。

纪念馆主体由序厅、展厅、半景画馆三部分组成。进入序厅，迎面是一座长 18 米、高 5 米的大型铸铜浮雕“把我们的血肉铸成我们新的长城”，左右两侧墙壁上，分别镶着《义勇军进行曲》和《八路军进行曲》的曲谱，顶部由 15 个方形藻井组成，悬挂着 14 口方形古钟，象征着 14 年抗战，蕴意着中国人民抵御侵略的警钟长鸣。

展览分“民族危急救亡兴起”、“国共合作、共赴国难”等八个部分，陈列着从 1931 年九一八事变到 1945 年抗战胜利 14 年间的珍贵历史文物和照片，展示了中华民族奋起进行全民族抗战和在共产党领导下开展敌后人民战争的艰苦卓绝的斗争历程。

半景画馆以声光结合立体画面再现了日军侵占卢沟桥的罪行和中国军民奋起抗战的壮烈情景。

除基本陈展外，纪念馆从建馆以来，还先后推出了《日军 731 细菌部队罪行展》、《台湾同胞抗日斗争图片展》、《中国战区中美苏空军联合抗日史实展》《伟大胜利——纪念中国人民抗日战争暨世界反法西斯战争胜利 60 周年》、《伟大贡献——中国与世界反法西斯战争专题展览》等 80 多个专题陈列。

中国人民抗日战争纪念馆于 1992 年被北京市人民政府公布为北京市爱国主义教育基地，1997 年 6 月被中央宣传部公布为全国爱国主义教育示范基地；2005 年被国家红色旅游工作协调小组公布为全国红色旅游经典景区。

宛平城、卢沟桥

★

宛平城、卢沟桥位于北京市丰台区。

宛平城始建于明代崇祯十三年（1640 年），至今已有 300 余年。宛平城东西长 640 米，南北宽约 320 米，距离卢沟桥仅数百米远。宛平城只有东西两座城门。

★宛平城门楼

东门叫“顺治”门，西门叫“威严”门，城内只有一条连接东、西二门的石板路，两旁分设兵营、驿站等。宛平城墙为砖石结构，高大而坚固。东西两门上设城楼并辅有瓮城。南北城墙中心建有中心楼，分别名为“洪武”、“北极”。城墙四角建有角台，上设角楼、下设铺房。城墙四周均设有用于掩护及射击并带盖板的垛口。当时因卢沟桥作为永定河上唯一通往京都的桥梁，地理位置重要，建造宛平城作为拱卫京都的桥头堡，名为“拱极城”，完全是为了作战而筑。民国时，宛平县政府迁入拱极城，始更名为宛平城。1952 年，北京市设区时取消宛平县，将宛平城划入丰台区辖区，设乡镇级别宛平地区办事处。

1937 年七七卢沟桥事变中，日军的炮弹越过城墙直袭宛平城，致使城内大部分房屋被炸毁。

★卢沟桥

1984 年，国家拨专款对宛平城的城墙和东西城楼进行修缮，1987 年正式对外开放。同样，中国人民抗日战争纪念馆在城内建成开馆。

卢沟桥位于北京市丰台区卢沟桥乡，宛平城外西边。

★卢沟桥桥面

卢沟桥始建于金大定二十九年（公元 1189 年）6 月，明昌三年（公元 1192 年）3 月完工。卢沟桥是一座联拱石桥，全长 266.5 米，宽 7.5 米，有 11 个桥孔，10 个桥墩，两侧石雕护栏各有 140

条望柱，柱头上均雕有石狮，形态各异，神情活现，或蹲、或伏，或大抚小，或小抱大，是我国古代石雕珍品。卢沟桥因横跨于卢沟河上而得名。桥两头有两座碑亭，东头是清乾隆皇帝写的“卢沟晓月”碑，此碑的另一面刻有乾隆的卢沟桥诗。西头是乾隆重葺卢沟桥碑。“卢沟晓月”作为燕京八景之一，传颂了几百年。卢沟桥不仅以精美闻名于世，而在军事上也是极为重要的地区。从战国时代到明清，这里一直是京都通往华北平原地区的交通要道。清朝末年，由于京（北京）汉（口）铁路路过此地，在卢沟桥的北面又修了一座铁路桥。但铁路桥只能通过火车，而其他车辆和大多数行人仍在卢沟桥通过。因此，卢沟桥和东头的宛平城，仍不失其军事上的重要性。南京国民政府时期，这里更是一个交通要地，平汉、平绥、北宁三条铁路交汇于此，是通往平津、保定的要道。

1931 年，日本帝国主义发动九一八事变，侵占了中国东北，建立了伪满洲国。其后，日本大量增兵华北，不断制造事端，加紧侵略步伐。1937 年上半年起，日本侵略者以东北和已被他们控制的华北部分地区为基础，调兵遣将，加紧备战，其锋芒所指，首先是华北的重镇北平和天津。

1937 年 6 月，驻丰台日军一部以攻夺宛平城为目标，不分昼夜地进行演习。当时，北平东面平热线上的通州、南面北宁线与平汉线的连接点丰台均被日军占领，北面平绥线的咽喉南口也在日军控制之下。北平三面被围，只剩下西南面横跨永定河的卢沟桥。

面对日军随时可能发动战争的紧张局面，驻守北平的国民党军队进行了严密警戒，密切监视日军行动。6 月初开始，第 29 军加强了对北平市区、郊区的巡逻和城门的守卫，把在卢沟桥一带的兵力增加到 1400 人，并构筑了阵地工事。从 6 月 26 日起，第 29 军对北平实行特别警戒，由第 37 师师长冯治安负责指挥。

7 月 6 日，大雨。日军驻丰台部队又以卢沟桥为目标进行进攻演习，还到宛平城东门外，要求通过宛平城到长辛店一带演习，被国民党驻军严辞拒绝。双方相持十几个小时，直到天色渐晚，日军才怏怏退去。7 月 7 日上午，日军又到卢沟桥以北地区演习。第 110 旅旅长何基沣立即将情况向在保定的第 37 师师长冯治安报告，冯治安火速返回北平。下午，日军驻丰台的河边旅团第 1 联队第 3 大队第 8 中队，在中队长清水节郎率领下，荷枪实弹开往紧靠卢沟桥国民党守军驻地的龙王庙附近，声称要举行夜间演习。晚 7 时 30 分，日军演习开始，近 600 人的部队迅速行动。22 时 40 分，日军声称演习地带传来枪声，并有一士兵（志村菊次郎）“失踪”，立即强行要求进入国民党守军驻地宛平城搜查，被国民党守城官兵拒绝。日军立即鸣枪示威。日军一面部署战斗，一面假意与中国方面交涉。24 时左右，日使馆武官松井太久郎以电话向北平冀察当局要求日军进入宛平城搜索丢失的士兵，并声称如不允许，日军将以武力保卫前进。这一无理要求同样被中方所拒绝。同时，北平军政当局接到卢沟桥国民党守军的报告，说日军已对宛平城形成了包围进攻态势。北平当局为了防止事态扩大，经与日方商议，双方同意协同派员前往卢沟桥调查。事实上，日军士兵志村菊次郎并未丢失，而是因解手离队，20 分钟后即归队。但日方隐而不报。7 月 8 日晨 4 时许，双方派出人员到达宛平城县署，日方仍坚持进城搜索士兵，中方不许。5 时左右，宛平城东门外枪声大作，顷刻间，西门外枪炮声又起。日军第 1 联队第 3 大队主力在大队长一木清直指挥下，向龙王庙铁路桥扑来，要求在中国守军阵地搜寻“失踪士兵”，在铁路桥头遭到中方守军申仲明（中共秘密党员）排长的拒绝，日军突然开枪射击，申仲明中弹倒地。他的牺牲，激怒了守桥的卫兵，两个排在毅岑排长指挥下，用大刀砍，用枪刺扎，同日军展开了肉搏。中方守军终因敌我力量悬殊，几乎全部战死在桥头阵地上，日军也遭到重创。在东门外进攻的日军，用大炮猛轰城墙及城内建筑，造成城内居民伤亡。

战斗打响后，国民党第 29 军司令部立即命令宛平城守军：“保卫领土是军人天职，对外战争是军人的荣誉，务即晓谕全团官兵，牺牲奋斗，坚守阵地，即以宛平城与卢沟桥为吾军坟墓，一尺一寸国土，不可轻易让人。”同日，蒋介石也致电第 29 军军长宋哲元、第 29 军副军长兼北平市市长秦德纯等人：“宛平城应固守勿退”，“卢沟桥、长辛店万不可失守”。守卫卢沟桥和宛平城的第 29 军第 219 团第 3 营在团长吉星文和营长金振中的指挥下奋起抗战，坚决抵守。这就是震惊中外的卢沟桥事变。

卢沟桥事变爆发的第二天，中共中央通电全国，呼吁“全中国的同胞们，平津危急！华北危急！中华民族危急！只有全民族实行抗战，才是我们的出路！”并且提出了“筑成民族统一战线的坚固长城”和“国共两党亲密合作抵抗日寇的新进攻”的口号。7 月 15 日，中共中央提出《为公布国共合作宣言》送交国民党。蒋介石于 7 月 17 日发表关于解决卢沟桥事变的谈话指出：“卢沟桥事变已到了退让的最后关头”，“再没有妥协的机会，如果放弃尺寸土地与主权，便是千古罪人。”经过国共谈判，9月22日，国民党中央通讯社发表中共中央《为公布国共合作宣言》；次日，蒋介石发表谈话，事实上承认了中国共产党的合法地位，标志着中国抗日民族统一战线正式形成。

以卢沟桥事变为起点，中国人民开始了长达8年之久的伟大的全民族抗日战争。

宛平城和卢沟桥于1961年3月被国务院公布为全国重点文物保护单位，1995年1月被北京市人民政府公布为北京市爱国主义教育基地，2005年被国家红色旅游工作协调小组公布为全国红色旅游经典景区。

平北抗日烈士纪念园

★

平北抗日烈士纪念园位于北京市延庆县张山营镇韩郝庄村。

平北地区，是指北平以北、平（北平）承（承德）铁路以西、平（北平）张（张家口）铁路以北、长城内外的一片地区。抗日战争期间，平北地区是伪满、

★平北抗日烈士纪念园

华北、蒙疆3个伪政权的结合部。北部有广阔的草原，南部有富饶的平川，中部有崇山峻岭的燕山山脉。这里的部分地区早在卢沟桥事变前就落入日伪军之手。日伪军在这里建立了严密的统治秩序。日本发动全面侵华战争后又把这里作为战略后方，派有重兵把守。

1938年5月，八路军第4纵队成立，6月间挺进冀东，途中留下一个游击队，在北平坚持斗争。1939年春，冀热察区党委和挺进军把开辟平北抗日根据地作为一项重要的战略任务，相继派出部队和工作队，加强对平北地区抗日武装斗争的领导。1939年底，中共平北工作委员会（以下简称“平北工委”）在平西成立，由20多人组成，王伍为主任（后由苏梅接任）。1940年1月，平北工委开赴平北地区。是时抽调挺进军第9团第8连为骨干，加上在沙塘沟发展的游击队30多人，组成平北游击队，掩护平北工委挺进平北。同时成立了昌（平）延（庆）联合县委和县政府。2月，平北工委和游击大队在昌平县的后七村（明十三陵北）一带基本站住了脚。随后，以后七村为依托，继续向怀柔、延庆川、赤城、龙关之间的广大地区发展。4月底，挺进军第10团第3营和团部部分工作人员经昌平北部山区，插入密云县北部地区，开展游击斗争。四五月间，苏梅、段苏权先后率小部队和一些干部分别进入平北地区，苏梅任工委主任，段苏权统一指挥平北的部队。5月20日，第10团团长白乙化率部挺进平北与先期到达的第3营会合。经过连续战斗，击退来犯日伪军，攻克敌人据点，在密云县境内稳住脚跟，并向周围地区发展，开辟了丰（宁）、滦（平）、密（云）抗日根据地。6月，冀热察区党委马力等来密云，正式建立了中共丰滦密联合县工作委员会和联合县政府，马力任工委书记，王森任县长。同月，晋察冀军区单独组成了平北军分区，程世才任司令员，段苏权任政治委员。7月，平北工委改为平北地委，苏梅任书记。8月，程世才奉命调回晋察冀军区，覃国翰任分区司令员。

1940年底至1941年初，平北抗日根据地处于稳定发展时期。丰滦密联合县的区域不断扩大。挺进军第10团由原1300人发展到1700多人，所辖地域由4个区发展到15个区。不久，在丰滦密联合县中心区的基础上，成立了滦昌怀办事处和县分委。至1941年夏，平北抗日根据地的地域进一步扩大，人口已超过50万人，所辖区域不仅包括平北，而且延伸到了冀热察三省边界的广大区域。

平北地区游击战争的发展，给侵占北平的日军造成了直接威胁。日伪军曾多次出动重兵“扫荡”。1941 年 10 月，日伪军动用近万人“扫荡”丰滦密地区，重点是山地抗日根据地基本区。1942 年 7 月，日伪军又集结重兵万余人向平北西部地区发动了空前规模的大“扫荡”，实行“烧光、杀光、抢光”三光政策，“强化治安”、“集家并村”，制造无人区。敌人的残酷统治，遭到抗日军民的殊死抵抗。

平北军民为抵抗日军侵略，争取胜利，作出了重大牺牲。仅龙关、赤城两县，每六人既有一人为国捐躯。优秀指挥员，10 团团长白乙化光荣殉国；连长谢瑞沙场浴血；当代佘太君邓玉芬毁家纾难，献出丈夫爱子七人；民兵英雄何金海大摆地雷阵，威破敌胆。

为缅怀先烈，教育后人，1989 年建成平北抗日烈士纪念园。园内主要建筑分为纪念碑和纪念馆两部分。纪念碑于 1989 年 10 月落成，纪念馆于 1997 年 7 月开馆。

纪念碑高 14.2 米，宽 6.3 米，碑心为断了尖的汉白玉刺刀；碑基长 4.3 米，宽 1.7 米，高 1.6 米，上刻有“1937—1945”数字。纪念碑正面镌刻着聂荣臻题写的“平北抗日战争烈士纪念碑”碑名，背面为彭真题写的“平北抗日烈士永垂不朽”及碑文。纪念碑下设 64 级台阶，共八组，每组八级，寓意八年抗战，台阶两侧的松柏，象征着坚强的抗日烈士。

纪念馆 1997 年 7 月开馆，建筑面积 550 平方米；2007 年 6 月，纪念馆进行扩建，建筑面积

★平北抗日战争纪念馆

★平北抗日烈士纪念碑

3000 平方米。展馆分为序厅、展厅、影视厅三大部分，有文物藏品 397 件。序厅由前言和 20 组浮雕组成。展厅分为八个部分："长城燃烽火　平北擎战旗"、"四纵向东进　创建根据地"、"人民遭涂炭　千里无人区"、"浴血抗强敌　发展根据地"、"开展大生产　壮大根据地"、"军民齐努力　建设根据地"、"解放张家口　抗战迎胜利"、"英名垂千古　豪情贯天地"展示了 1933 年至 1945 年平北军民反抗日军侵略的史实。

平北抗日烈士纪念园于 2009 年 3 月被民政部公布为全国重点烈士纪念建筑物保护单位；1995 年被北京市人民政府公布为北京市爱国主义教育基地，2005 年 11 月被中央宣传部公布为全国爱国主义教育示范基地。

天津市

TIANJINSHI

在日殉难烈士·劳工纪念馆

★

在日殉难烈士·劳工纪念馆位于天津市北辰区铁东北路。

1940年左右，随着侵华战争陷入长期化，日本国内面临劳动力严重不足问题，当时的东条英机内阁，于1942年通过了《关于向国内移进华人劳工事项的决

★纪念馆外景

定》的内阁决议。1944 年，日本内阁次官会议做出《关于促进华人劳工移进国内事项的决定》，随即在 1943 年至 1945 年间强抓了约 4 万名中国人到日本。这些被强制抓到日本的中国人，被移送到日本全国各地的矿山、隧道、水库、河川、码头及工厂等共 35 个单位的 135 个场所，被强迫从事体力劳动。由于繁重的劳动、恶劣的生活条件以及残酷的虐待，据不完全统计，在不到两年时间，中国劳工就有 6830 人惨遭死亡。在日本劳作期间，中国劳工们不堪忍受奴役，多次举行抗争，其中以 1945 年 6 月 30 日爆发的"花冈起义"最为著名，但终因人地生疏，遭到血腥镇压。

日本战败后，1949 年，在日本秋田县北部的花冈发现散乱的中国殉难者遗骨。以此为契机，旅日华侨与日本友人在日本开始了全国规模的调查、收集中国劳工骨灰的民间运动以及对死难者追悼的活动。经过艰辛努力，从 1953 年 7 月到 1964 年 11 月，共有 2863 人的骨灰，分九批送归中国。

被送回到祖国的中国劳工遗骨，最初安置在天津郊外的抗日殉难烈士纪念馆内，后于 1973 年随纪念馆迁移到天津市内的水上公园内。由于纪念馆所在的建筑物年久老旧的原因，天津市政府在郊外北辰区的烈士陵园内重新规划修建了新的

★刻有惨死在日本的中国劳工名字的名录墙

★纪念馆外的纪念性雕塑

革命烈士纪念馆和在日殉难烈士·劳工纪念馆，并于2006年8月18日由天津市主办隆重地举行了新的在日殉难烈士·劳工纪念馆的开馆揭幕仪式暨慰灵追悼活动。

在日殉难烈士·劳工纪念馆展馆建筑面积1352平方米，分两层。一层为骨灰馆，存放骨灰2316盒，是我国唯一一处集中存放在日殉难烈士、劳工骨灰的地方；二层为展馆，展出《东瀛血泪——中国劳工在日本》。展馆中的大部分史料来源于旅日爱国华侨和日本民间友好人士的捐赠。展览通过充满血和泪的史实，告诉人们日本侵华战争给中国人民带来的深重灾难，揭露日本军国主义的滔天罪行。

展馆外面西侧是在日殉难烈士·劳工纪念区。由纪念性雕塑和名录墙组成。黑色大理石名录墙上镌刻着惨死在日本的6830名中国劳工的名字。

盘山烈士陵园

★

盘山烈士陵园位于天津市蓟县官庄镇北盘山南麓。

盘山位于冀东西部、蓟县西北部。这里山势巍峨险峻，丛林遍布，素有“京东第一山”之称。在抗日战争时期，它是冀东和晋察冀、平西往来必经之地，战

★盘山烈士陵园大门

略地位十分重要。

抗日战争全面爆发后，天津地下党根据党中央的指示，把工作重点转移到农村，派遣大批党员和青年学生到华北各地农村组织抗日武装。1938 年 7 月，在中共河北省委领导下，爆发了冀东抗日武装大暴动。这次暴动遍及冀东和邻近地区的 22 个县。在蓟县，李子光领导蓟县县委以盘山为中心参加了冀东暴动，武装力量达万余人，并于 7 月 31 日攻克蓟县县城，建立了抗日民主政权。后来，共产党组织领导的其他一些武装队伍也撤到盘山，为形成以盘山为中心的盘山抗日根据地打下了基础。

为了开辟盘山抗日根据地，冀热察区党委和八路军冀热察挺进军进行了多方面准备。1940 年初，包森、李子光、王少奇等率部来蓟县，开辟盘山抗日根据地，并于 1940 年 4 月 15 日建立了冀东西部根据地第一个抗日民主政权——蓟（县）平（谷）密（云）联合县，形成了以盘山为中心，东到遵化，西北至平谷、密云，南到蓟县平原的抗日游击区，正式建立了盘山抗日根据地。

盘山抗日根据地建立后，日伪军不断对盘山根据地进行疯狂“扫荡”。1940 年 5 月，日军调集大批日伪军分成多路合围盘山抗日根据地。包森率八路军 6 总队及军分区第 12 团，在广大人民群众配合下，于 7 月 28 日在白草洼伏击日本关东军一骑兵中队，经 10 余小时激战，歼敌 70 余人，缴获轻机枪 3 挺、步枪 50 余支、战马 70 余匹。这次歼灭战在冀东西战场首创了整建制地歼灭日军的光辉战例，打击了日军的骄横气焰。此后，日伪军在半年多时间里不敢进犯盘山，这就为盘山抗日根据地各项建设事业的发展创造了极为有利的条件。

1940 年 8 月，八路军在华北发动了震惊中外的百团大战。为配合斗争形势，冀东军区决定在盘山根据地正式组建八路军第 13 团。全团共辖 10 个连，计 1600 余人。冀东军区副司令员包森兼任第 13 团团长，洪涛任政治部主任，娄平任党总支书记。此后，八路军第 13 团以盘山为根据地，驰骋于冀东西部地区，参加了数十次战斗，多次取得振奋人心的胜利。

盘山抗日根据地的壮大和游击战争的开展，引起日军的极大恐惧。1941 年起，日军对盘山根据地发动了更大规模的持续“扫荡”，并出动飞机狂轰滥炸。日军反复烧杀抢掠，仅在盘山的莲花峪、联合村、砖瓦窑就制造了三次血腥大屠杀。侵略者灭绝人性的烧杀并没有吓倒盘山人民，他们在极其困难的条件下坚持斗争，在巨石上刻下了“誓雪国耻”、“打倒日本”等标语，表现了誓与侵略者血战到底的英雄气概。

在日伪军对盘山进行最残酷扫荡时期，在地方党组织领导下，由丁福顺等十几名民兵组成的“盘山班”，在极端困难的环境中，运用山区有利地形，巧妙地与敌周旋，灵活地打击敌人，创造了英勇坚守根据地斗争的奇迹。后来，八路军某部授予他们“英雄民兵班”光荣称号。1945 年 8 月，日本宣布无条件投降。在付出牺牲 20000 人生命的巨大代价后，盘山根据地终于坚持到抗战胜利。

★盘山烈士纪念碑

为了缅怀先烈们的业绩，昭示后人，经河北省委、省政府批准，在盘山抗日根据地遗址修建了烈士陵园。1956 年破土动工，1957 年主体建筑基本完成，命名为“蓟县盘山烈士陵园”，后更名为“盘山烈士陵园”。园区占地面积 300 亩，建筑面积 3000 平方米。主要建筑物有烈士纪念碑、烈士墓区、革命烈士纪念馆、抗日烈士事迹展览馆、烈士骨灰堂和牌楼等。

烈士纪念碑位于陵园北部最高点，是陵园的主体建筑，碑身用汉白玉石块砌成，碑基面积 1177 平方米，碑高 27.5 米。四周碑文分别是聂荣臻题写的“光荣烈士永垂不朽”，谢觉哉题写的“永远活在人民心中”，李运昌题写的“为人民革命事业而牺牲的英雄们永垂不朽”，宋劭文题写的“抗日英雄浩气常存”。

烈士墓区在碑前甬路两侧，安葬着 205 名烈士，多数是抗日战争时期牺牲的八路军指战员，主墓长眠着冀东军分区副司令员包森烈士和冀东西部地区分委书记田野烈士。除主墓外，还有烈士墓 203 座。

革命烈士纪念馆位于陵园正中，馆内陈列着抗日战争时期曾经在蓟县和冀东地区从事抗日工作的 53 名烈士的生平事迹。其中包括冀东军分区副司令员包森、

★盘山革命纪念馆

冀东西部地区分委书记田野、冀热辽第一专署专员杨大章、抗日支队副司令员白乙化和蓟县党的主要创始人李子光等。馆内依次悬挂烈士们的遗像，以供参观者瞻仰。

抗日斗争事迹陈列馆内陈列着抗日战争时期的珍贵革命文物200余件，还有大量的文献资料和图片，生动形象地展示了盘山抗日根据地军民可歌可泣的动人事迹。

牌楼位于纪念碑、纪念馆同一轴线的最南端，建筑结构为三孔四柱七楼的石结构，上有“盘山烈士陵园和盘山抗日根据地遗址”匾额。牌楼广场面积2400平方米，现已成为举行升旗仪式和军训的场所。

盘山烈士陵园除安葬抗日战争时期的烈士外，还安葬着解放战争、抗美援朝等各个时期牺牲的烈士。

盘山烈士陵园于1989年8月被国务院公布为全国重点烈士纪念建筑物保护单位；1994年5月被天津市委、市政府公布为天津市爱国主义教育基地，1995年1月被民政部公布为全国爱国主义教育基地，1997年6月被中央宣传部公布为全国百家爱国主义教育示范基地；2005年被国家红色旅游工作协调小组公布为全国红色旅游经典景区。

河北省

H E B E I S H E N G

华北军区烈士陵园

★

华北军区烈士陵园位于河北省石家庄市桥西区中山西路343号。

1937年7月全面抗日战争爆发后，八路军115师奉中共中央派遣，挺进五台山地区开展敌后抗日游击战争。1938年成立了以聂荣臻为首的晋察冀军区，经过8年浴血奋战，晋察冀解放区成为中国共产党领导下的最大解放区之一。1948年5月，晋察冀军区撤销，建立华北军区。全区党政军民为民族解放和新中国的成立做出了巨大牺牲和贡献。为纪念抗日战争、解放战争时期牺牲在华北大地的革命烈士，1948年经朱德总司令提议，在当时的“胜利公园”旧址，修建华北军区烈士陵园。

华北军区烈士陵园的地址是原日军侵占石家庄后建设靖国神社的地方。1937年10月10日，石家庄被日军侵占。1940年，日军在西郊强占大批农民耕地约20万平方米，为其修建靖国神社——忠魂塔。1945年8月15日，日本天皇宣布无条件投降后，同年9月国民党先遣军入驻石家庄，将日军修建的靖国神社改称“胜利公园”。

华北军区烈士陵园于1949年开工兴建，1954年八一建军节之际落成开放，是我国兴建早、规模大、建筑造型艺术较高的烈士陵园之一。后又经过几次扩建。现陵园占地面积21万平方米，主要纪念建筑物有：悼念广场、烈士纪念碑、英雄河北——抗日英烈事迹展览、影视厅、烈士纪念馆、铭碑堂、华北局纪念

★烈士纪念碑

★烈士墓区

亭、白求恩墓、柯棣华墓、烈士墓区和颇具规模的铜像群以及董振堂、赵博生纪念亭等。

陵园大门镶嵌着朱德总司令书写的“中国人民解放军华北军区烈士陵园”的汉白玉石刻匾额。烈士纪念碑高25米，基座面积1024平方米，碑身正面是毛泽东的题词“为国牺牲，永垂不朽”；东面是邓小平的题词“继承先烈遗志，为中华民族彻底解放而奋斗”；西面是江泽民的题词“学先烈精神，创中华伟业”；北面是中共河北省委和河北省人民政府的碑文。纪念碑底部镶有“人民战争”、“解放石家庄”、“狼牙山五壮士”、“白求恩、柯棣华抢救伤员”四组汉白玉浮雕。碑前有纪念广场。纪念碑北面，左侧是展览馆、纪念亭；右侧是陈列馆。在铭碑堂广场上矗立着三组大型铜像，一组为两名准备出击的女游击队员；一组为两名整装待发的军人；北面正中一组是代表陆海空三军的人民解放军三名护旗兵。广场的北面是铭碑堂，它是全园的中心纪念建筑物，外部由花岗岩石砌成。堂内设有毛泽东的题词“为国牺牲，永垂不朽”的卧碑，北墙上刻有200多位烈士名录，东西两侧依次排着刘少奇、朱德等14位老一辈革命家的题词。铭碑堂背后两侧是四组对称的墓区，区内建有宁都起义领导者、原红五军团副总指挥赵博生和红五军团团长董振堂烈士纪念碑亭。墓区中有回民支队司令员马本斋、晋察冀四分区

★白求恩塑像

司令员周建屏、爆破英雄李混子等 300 多名英烈墓。

白求恩墓掩映在一片苍松翠柏之中。汉白玉墓碑上刻着“白求恩大夫之墓”七个镏金大字，墓前广场中央高大的花岗石座上矗立着白求恩的全身塑像，石座正面用中文和英文镌刻着白求恩的姓名和生卒年月。诺尔曼·白求恩（1890—1939）是加拿大共产党员，为帮助中国人民的抗日战争，他毅然告别亲人，远渡重洋，来到中国。在抗日前线，他冒着生命危险为抗日军民医伤治病，在一次抢救伤员的手术中左手中指中毒感染，抢救无效，于 1939 年 11 月 12 日在河北省唐县黄石村不幸逝世。11 月 17 日，晋察冀边区在唐县的晋察冀烈士陵园内，为白求恩举行了隆重的葬礼。1940 年 4 月，建成白求恩墓，并塑有白求恩雕像。1941 年在日军的“扫荡”中，墓和陵园遭到破坏。当时有几位农民冒着生命危险将白求恩雕像掩藏起来，直到解放后重建晋察冀烈士陵园时，他们才将珍贵的石像献出。1953 年，河北省人民政府决定，将白求恩的灵柩由唐县迁到石家庄，安葬在华北军区烈士陵园内。

柯棣华墓坐东朝西。柯棣华是印度医生，1938 年参加印度援华医疗队，曾任八路军医院外科主治医生。1942 年 7 月 7 日，他加入中国共产党，同年 12 月 9 日晨因病在河北省唐县葛公村逝世。毛泽东曾高度赞扬柯棣华大夫“远道来华，援助抗日，在延安、华北工作五年之久，医治伤员，积劳病逝”，他的死，使“全军失一臂助，民族失一友人”。为了纪念这位印度友人，抗日军民将柯棣华的灵柩安葬在唐县的晋察冀烈士陵园内。1953 年将柯棣华的灵柩迁入华北军区烈士陵园。墓顶为圆型，由花岗岩雕成，墓座上刻着柯棣华大夫的简历；墓前的汉白玉碑上刻着“柯棣华大夫之墓”。

★柯棣华塑像

华北军区烈士陵园于 1986 年 10 月被民政部公布为全国重点烈士纪念建筑物保护单位；1995 年 5 月被河北省委、省政府公布为河北省爱国主义教育基地，1996 年 9 月被国家教育部等六部委公布为全国中小学爱国主义教育基地，2001 年 6 月被中央宣传部公布为全国爱国主义教育示范基地；2005 年被国家红色旅游工作协调小组公布为全国红色旅游经典景区。

苏蒙联军烈士陵园

苏蒙联军烈士陵园位于河北省张家口市张北县油篓沟乡狼窝沟村南的野狐岭上。

野狐岭海拔1561米，山高坡陡，形成坝头。岭北地势逐渐低缓，岭南明显陡峭，成为坝上坝下的自然分界。在野狐岭南北纵贯一个天然豁口，将野狐岭分开，形成一条通道，它就是有名的黑风口。黑风口是沟通华北内地和坝上各县乃至内蒙古的咽喉要道。因此，野狐岭狼窝沟一带历来是兵家必争之地。

从1939年秋开始，日本侵略军在野狐岭一线做对苏作战的准备，构筑部分野战阵地。驻守在这里的是日军独立第2混成旅团的部分部队。

1945年春，世界反法西斯战争逐步走向胜利，狂妄的日本帝国主义者已成强弩之末，但驻守野狐岭的日军，妄图凭借险要地形和坚固工事负隅顽抗，作垂死挣扎。1945年8月初，日军将该旅团大部云集坝上，企图阻止苏蒙联军南下。8月8日、10日，苏联、蒙古人民共和国依据《克里米亚协定》分别对日宣战，8月14日，由普列耶夫上将率领苏蒙联军混合骑兵机械化集群进驻张北县城。此后，苏蒙联军每天炮击日军狼窝沟坝头一线阵地，实行火力侦察，破坏日军工事，并派飞机在日军阵地上空盘旋飞行，实行空中侦察。14日当天，苏蒙联军曾与日军接火，日军仓皇撤逃到狼窝沟防线。15日，日本天皇宣布无条件投降，但日军企图凭借狼窝沟一带构筑的工事，负隅顽抗，拒不缴械投降。

8 月 19 日，苏蒙联军轰击日军前沿阵地，日军为拖延时间，发出了停战请求。20 日晨，苏蒙联军炮火轰击狼窝沟一线前沿阵地，在攻击日军阵地前沿北路大桥争夺战中，联军先后击退日军数十次反扑。近中午时分，终于冲上了日军阵地。20 日夜，苏蒙联军向日军阵地发起进攻，并突破日军阵地防线。日军拼命抵抗，与苏蒙联军展开短兵相接的白刃战，战斗异常激烈。苏蒙联军以猛烈的炮火轰击野狐岭沿线的日军前沿阵地。随着炮火不断延伸，苏蒙联军以轻型坦克、摩托车队为先导，部队一字形展开，冲上正面阵地，终于在午前占领日军主阵地。

8 月 21 日夜里，日军开始向张家口方向撤逃。22 日，苏蒙联军再次向日军阵地全线发起攻击，战斗以苏蒙联军占领日军狼窝沟一线全部阵地而告结束。来不及撤退的日军阵地守备部队缴械投降。

在这次激战中，54 名苏联红军、6 名蒙古人民军献出了宝贵的生命。

战斗结束后，当地人民为了缅怀在狼窝沟战斗中光荣牺牲的苏蒙联军烈士，在山峰修建了墓地、烈士纪念碑。1957 年河北省人民政府修建纪念塔，工程由纪

★苏蒙烈士陵园

★苏蒙联军烈士纪念塔

念塔、纪念碑、烈士墓三部分组成，占地面积396平方米。1984年，河北省政府又在塔北修建了图片陈列室及牌坊一座，形成一个占地226亩的烈士陵园。

苏蒙联军烈士纪念塔高28.8米，以钢筋水泥为原料砌成，塔的中部大方柱体东西两侧镶刻着谢觉哉题写的“苏蒙联军烈士纪念塔”九个金色大字；塔南、北上端刻有圆形齿轮麦穗及中、苏、蒙、三国国旗，顶端有三颗等高互连的红五星，在日月辉映下闪耀夺目；塔底部为纪念亭，纪念亭正面浅蓝色大理石上，镶刻着烈士名单，南北两侧镶着聂荣臻、乌兰夫、谢觉哉、张苏的题词。纪念塔前10米处树纪念碑一块，长5米、宽1.2米、高2.2米，碑的正面大理石上刻着圆形麦穗及“1945”四个大字，背面刻着碑文。纪念塔西面百米处的山峰上，是烈士墓，长6.6米，宽4.4米，高6.97米，安放着60名烈士的遗骨。

苏蒙联军烈士陵园于2001年2月被河北省人民政府公布为河北省文物保护单位，2009年9月被河北省委、省人民政府公布为河北省爱国主义教育基地。

潘家峪惨案纪念馆

★

潘家峪惨案纪念馆位于河北省唐山市丰润区火石营镇潘家峪村。

潘家峪村群山环抱，溪水长流，是个美丽富绕的山村。村子始建于明朝永乐二年（公元 1404 年），到抗战时期，已经有 220 户人家，1700 人。

★潘家峪惨案纪念馆

1935 年 11 月，在侵华日军的支持下，汉奸殷汝耕在通县成立“冀东防共自治委员会”，冀东 22 县宣告脱离中国政府管辖，沦为日本殖民地。1937 年七七事变后，河北全境沦陷。然而，在中国共产党领导下，潘家峪人民没有屈服，始终坚持抗日斗争，发展成为冀东地区丰（润）滦（县）迁（安）联合县抗日游击根据地的中心区。仅从 1938 年夏季到 1940 年年底，潘家峪人民就先后配合游击队对敌进行大小战斗 50 多次。正因为这样，日军把潘家峪看成眼中钉，肉中刺，想尽一切办法要摧毁这一抗日游击根据地，多次对潘家峪进行“清乡”和“围剿”。

1941 年的春节前夕，日军策划了屠杀潘家峪村民、灭绝潘家峪村的计划。1941 年 1 月 25 日（旧历腊月二十八），在日军驻唐山部队司令官的命令下，丰润、遵化、玉田、迁安、卢龙、滦县、唐山 7 个县市的 3000 余名日、伪军，在日军指挥官佐佐木高桑的率领下，分进合击，包围了潘家峪。

早上七八点钟，日军杀进村庄。日军先是挨门挨户地搜查，不论男女老幼、残疾病人，都强逼到指定地点集合，一连搜三遍，有不去者，当即被杀害。日军把人们全部驱赶到村西大坑。村西大坑在村中偏西的地方，长 100 尺，宽 30 尺，不足一人深，周围是一人高的石坝。日军原本计划在村西大坑进行集体屠杀村民，但是由于周围警备不便，于是又将村民全部赶到地主潘惠林的宅院里。此宅院分东、中、西三院，前后三层房，四周有一丈多高的院墙。日、伪军已在院内铺满了厚厚的一层秫秸、茅草、松树枝等易燃物，并在上面浇了煤油，周围墙上站满了荷枪实弹的日军，土墩和平房顶上也架起了机枪。

★村西大坑遗址碑志

村民被赶进潘家大院后，日军封锁了外出的通道，开始了血腥屠杀。先是有 3 个人往外跑，被开枪打死。又有 10 多个青年从人群中挤出来，想冲出大门，还没到院门口，就被把守在那里的日军刺杀。这时，群情愤怒，有的喊，有的骂。霎时，日军一窝蜂似地冲进来，在人群中照准脑袋就砍，对着胸膛就刺。有几位老人挺身而出，要求日军放过妇女和孩子们，残忍的强盗手起刀落，砍下了他们的头颅，鲜血从躯体中直喷出来。

东院二门外的日军点燃了洒过煤油的柴草，北墙的日军点着了中院的大围栅，机枪、步枪一起向群众扫射，手无寸铁的人们陷入了浓烟烈火和枪弹包围之中。在村粮秣委员潘辅庭的鼓动下，一群青壮年冲向院大门，想把院门打开。守在门口的日军用机枪扫射，冲上的人纷纷倒下。50多岁的潘国生从日军手里夺下机枪，猛力朝日军砸去，结果被一群日军刺死。潘国奎、潘树林等十几个人跑到了东院北门，冲出大院，刚跨进道北对面人家的门槛，端着刺刀的日军追赶过来，他们急忙关门，日军的刺刀穿进铁皮门扇，刺刀一时拔不出来，这十几个人才得以逃脱。

躲进东院粮仓的人们，用粮食缸等重物顶住屋门，拿起板斧等物件，准备同日军死拼。由于这间屋和其他屋不相连，房是泥顶，窗户又用土坯封着，日军在大院内放火后，唯独此屋幸存。日、伪军撤离潘家峪后，屋内的人被前来营救的邻村村民救出。

在潘家大院，为了躲避枪弹，有50多名乡亲挤进牲口棚里，大火把牲口棚烧落了架。人们被埋在底下，身处烈火的包围之中，又遭坍塌物重压全部身亡。西院柴草房和住屋之间的夹道里有200多人，全被日军枪杀。由于地窄人稠，死去后多数还都站在那里。

大屠杀的同时，从村西大坑被拉去给日伪军做饭的30多名年轻妇女遭到了更为残忍的蹂躏。日军把她们推下白薯窖进行强奸后杀死，并纵火焚烧尸体。

在轮番枪杀、刀砍、放火焚烧之后，日军又从尸体堆里搜索尚未死去的人，一连搜了几遍。一些奄奄一息的人们被日军搜出后又用机枪杀害。日军发现东墙根尸体堆里有人没死，便继续扔手榴弹，炸得尸肉横飞。

日军撤离潘家大院时，又在院内洒上煤油，施放硫磺弹，顿时大火腾空而起。有的人原在尸体堆底下压着，日军搜索时也没发现他们。此时，由于忍受不了烈火的煎烧，奋力从压在身上的尸体下爬出，跳进院内的一口5丈多深的井里。

日军离开宅院后，在全村进行了第四次搜捕。他们见房就烧，见财就抢，见人就杀。很快，整个潘家峪就被烟火吞没了。搜完村里，他们又搜村外。隐藏在村外南山坡的32名乡亲被搜出后，日军用枪托、刺刀强迫他们去潘家大院，走到南崖上，人们看到院中的大火，宁死也不肯再往前走，被日军当场全部杀害，尸体被日军挑下石崖。日军还跑到石崖下点火焚尸，这32具尸体只剩下一堆炭状的骨头。

在这场震惊中外的大惨案中，日军一共杀害村民1230人，杀绝33户，杀伤96人；烧毁房屋1300间，将财物劫掠一空。美丽富饶的山村，一日之间变为一片焦土，惨不忍睹。

惨案发生后，冀东根据地党政负责人和八路军12团的指战员赶来救护，运来许多药品、粮食、衣服等救济物资。潘家峪幸存活命的人们，大多住到邻村的亲戚和朋友家里，受伤的乡亲们被安置到邻近的马庄户村，并派去医生为他们治疗。

2月5日，丰滦迁联合县抗日民主政府发动邻村的100多名乡亲去清理尸体，由政府主持公葬。乡亲们把尸体按性别和年龄分成4座大坟，安葬在松柏常青的南山脚下。在公葬仪式上，幸存的潘家峪人民庄严宣誓："一定向敌人讨还血债，为死难者报仇！"

农历三月初，潘树平等7名青年带头成立了潘家峪复仇青年小队。后来，潘家峪村和邻村青年纷纷参加，队伍很快发展到120多人。同年5月30日，李运昌到潘家峪慰问，并在火石营村召开了军民大会。会上，军分区政治部主任刘诚光宣布"潘家峪复仇团成立"。7月16日，在甘河槽战斗中，复仇团一举击毙了潘家峪惨案的罪魁佐佐木高桑。8月，复仇团正式编入冀东军分区第12团第2连。这支复仇的队伍活跃在冀东大地，开展游击战争，配合八路军主力作战，在丰润、滦县、迁安一带不断给日军以沉重打击。

★潘家大院遗址

潘家峪惨案留下了村西大坑、老槐树、小铁门、南岩子、杀人场潘家大院、殉难同胞的墓葬等遗址。

新中国成立后，为了缅怀和纪念死难的潘家峪人民，唐山市人民政府从 1952 年开始，先后重修了 4 座坟墓，立墓碑 4 座、纪念塔 1 座、纪念碑 1 座，建祠堂和纪念馆各一座，并保留了村西大坑和潘家大院等遗址。

新建的潘家峪惨案纪念馆于 1997 年 8 月 12 日动工，1998 年 11 月 30 日完工。纪念馆坐北朝南，位于村中部，整个建筑为灰白色的二层楼房。纪念馆结合地形的特点，采用不对称布局，将主入口设在道路一侧，墙上书有原冀东军分区司令员李运昌题写的“潘家峪惨案纪念馆”馆名。沿台阶向上主入口竖立一组中英文写的纪念碑文，表明纪念馆建设主题。纪念馆一层展厅展示了 1941 年 1 月 25 日潘家峪惨案的过程。二层展厅展现惨案后潘家峪人民及复仇团不屈不挠的抗日斗争，直至取得最后的胜利。尾厅展示了今日潘家峪人民幸福美好的生活。在二层平台，观众可凭栏远眺惨案发生地潘家大院的全貌，凭吊死难的同胞。

潘家峪惨案遗址于 1982 年被公布为省级文物保护单位，2006 年 1 月被国务院公布为全国重点文物保护单位；1995 年 5 月被河北省委、省人民政府公布为河北省爱国主义教育基地。潘家峪惨案纪念馆于 2001 年 6 月被中央宣传部公布为全国爱国主义教育示范基地。

清苑冉庄地道战遗址

★

清苑冉庄地道战遗址位于河北省保定市清苑县冉庄镇冉庄村。

冉庄始建于隋代，唐代植槐于街，宋朝一度繁荣，素有唐村宋镇之说。冉庄地道始挖于 1938 年。1937 年七七卢沟桥事变后，日本侵略者大举南侵，使冀中人民蒙受了巨大的战争苦难。在无险可守的平原地区，为了防御敌人的袭击，保存自己，冉庄一带人民开始挖地洞，最后形成地道网。冉庄地道一般宽 0.7 米至 0.8 米，高约 1 米至 1.5 米，上距地面 2 米多。地道以十字街为中心，顺沿东、西、南、北大街挖成 4 条干线地道，再由干线延伸出 20 多条支线，直通村外和周边几个村，最后挖成户户相连、村村相通、四通八达、上下呼应，长达 16 公里的地道网。

★高房工事

在斗争实践中，冉庄人民用他们

的智慧和艰苦的劳动，把地道网建设得十分完备。地道分为作战用的军用地道和供群众隐蔽用的民用地道。地道内有指挥部、休息室、储粮室，设有路牌和油灯，还有地下兵工厂、翻眼、陷阱等多处秘密设施。同时，充分利用地形地貌特征，在墙壁、地面、井壁、牲口槽、炕面、锅台、衣柜等不易发现处，巧妙地构筑地道口，并加以伪装，使敌人难以发现。为了便于监视、射击敌人，还利用高房、地面等有利的地形地貌，构筑工事多处，并与地道相通。同时，在街道、路口遍布地雷，将引线引入地道。这样，冉庄地上地下各种工事相互配合，形成了一个个立体火力网，成为一座能打能藏、可攻可守、进退自如的地下长城。

抗日战争时期，经受了血与火考验的冉庄人民在中国共产党的领导下，不畏强暴，奋起抗日，利用地道优势配合武工队、野战军对敌作战 157 次，歼敌 2100 余名，其中较大的战役 5 次，荣获“地道战模范村”的光荣称号。

冉庄地道战遗址保护区占地 30 万平方米，现仍保留着 20 世纪三四十年代冀中平原村落环境风貌。地上保留着地平面、牲口槽、灶台等各种构思巧妙的地道口和战斗工事。冉庄抗日村公所、清苑县抗日武装委员会旧址、冉庄抗日武装委员会旧址等处的复原陈列，使观众有身临其境之感。地下保留着当年构筑的地道 3000 米及指挥部、休息室、土兵工厂、囚笼等各类作战设施。

冉庄抗日村公所复原。原为冉庄村公所，始建于民国年间。1938 年冉庄建立党组织和抗日政权，改称冉庄抗日村公所。这里是冉庄抗日活动的中枢，张森林任冉庄抗日村公所秘书，其真实身份是冉庄（第一任）党支部书记。1938 年秋，冀中军区司令员吕正操来到冉庄，在这里谈判收编清苑县西片联庄会，把“不抗日、不降日、打土匪、保家乡”的地方武装改编成共产党领导下的抗日力量。院内有一眼砖砌水井，它是通往地道的 13 眼水井之一，做地道内排水、取水、通风之用。室内陈列着张森林烈士用过的办公桌椅及“司令碗”。

清苑县抗日武装委员会旧址复原。这是一处普普通通的民居，是抗日战争年代的一家堡垒户。现在院内仍保持着战争年代环境风貌，北屋陈列着锅台地道口、土炕和桌椅等物品，院内南侧墙根处是马槽地道口。抗日战争中，清苑县抗日武装委员会在此办公，是发动全县抗日武装和民众破坏敌人交通、坚壁清野、割电线、炸桥梁、开展游击战、地道战等武装斗争的指挥中心。遇到紧急情况时，干部们便从伪装奇巧的马槽地道口转移入地道。

冉庄抗日武装委员会旧址复原（关帝庙）。冉庄抗日武装委员会设在关帝庙，是冉庄抗日武装委员会决策和指挥武装斗争的主要指挥所，又是为前线部队组织和输送兵员的场所，同时又是组织支前的办公地。在关公神台一侧有一处极为隐蔽的地道口——地平面地道口。室内陈列着关公、关平、周仓的塑像及当年武委会的办公用品和地平面地道口。

地下兵工厂是冉庄民兵为了解决弹药不足的问题，自己动手建立起来的。梁连恒原是做鞭炮的，对炸药比较了解，地下兵工厂就设在梁连恒家的红薯窖里，但在 1939 年被敌人发现，遭到破坏。后来将地道口通到炕上，可从屋内炕上的地道口进入地下兵工厂。地下兵工厂分工比较细，主要有锻轧组、铸造组、机加工组。战斗过程中，地道内的交通员通知兵工厂前线工事需要什么武器，兵工厂就可以在敌人脚下运送过去。

翻眼是地道战内的一种防御设施。翻眼有两种，一种是向上翻的，另一种是向下翻的。向下翻眼可以用来防毒气，因为毒气比较轻，只向上走。虽然只是这样一个小小的东西，就可以将毒气隔开，使两面地道不会相互影响。而且它还是地道内的一处很好的防御设施，当敌人进入地道，民兵可以在口上等着他，居高临下，来一个打一个。

★冉庄地道战纪念馆

卡口是地道内的一种防御设施，因为它比较矮小，如果敌人放毒气或放水，民兵可以在短时间内把口堵上，将地道隔离。敌人若进入地道，一个人在此把守，敌人过来就得爬，那样民兵们就很容易消灭他们。可谓一夫当关、万夫莫开。

冉庄地道战纪念馆于 1959 年 8 月落成，占地面积 5000 平方米，建筑风格古朴，为青砖灰瓦坡顶建筑。聂荣臻元帅题写了馆名。1991 年新建展厅 960 平方米，杨成武将军题写了“冀中冉庄地道战展厅”牌匾。1997 年纪念馆重新改陈，增加文物及展品100多件，水粉画20多幅，增设两处模拟景观，一处地道切面模型，一处冉庄全景沙盘。2005年清苑县编制了《冉庄地道战遗址文物保护规划》。2006年冉庄地道战文物整体保护、基础设施建设和纪念馆迁建三大工程开始动工。2010年9月2日，冉庄地道战纪念馆新馆建成并投入使用。新馆位于冉庄村南，总建筑面积3260平方米。展厅内悬挂杨成武题写的“冀中冉庄地道战展厅”牌匾。展厅陈列着大量抗日战争时期的文物和图片，其中有冉庄民兵自制的大炮、奖励给冉庄民兵的奖旗及烈士遗诗、遗物等珍贵的一级文物，还有民兵自制的刀、枪、雷等各种土武器，群众挖地道使用的锹、镐及照明灯具及缴获日军的各种战利品，还有绘画、雕塑等多类艺术创作形式，利用声、光、电等现代化展示手段，多媒体播放、电子操控、幻影成像等高科技陈展产品，多方位展示冉庄人民在中国共产党领导下，和敌人展开轰轰烈烈地道战的英雄形象。

★展厅内水井地道口和街头古槐复原陈列

清范冉庄地道战遗址于1961年3月被国务院公布为全国重点文物保护单位；1995年5月被河北省委、省人民政府公布为河北省爱国主义教育基地，1997年6月被中央宣传部公布为全国爱国主义教育示范基地；2003年被河北省政府、省军区公布为第一批省级国防教育基地，2009年被国家国防教育办公室公布为全国国防教育示范基地；2005年被国家红色旅游工作协调小组公布为全国红色旅游经典景区。

狼牙山五勇士跳崖处

★

狼牙山五勇士跳崖处位于河北省保定市易县小莲花峰。

狼牙山距易县县城 40 余公里，海拔 1105 米，东西走向 50 多公里，南北走向

★狼牙山五勇士纪念馆

30 多公里，山势险峻，状如狼牙。

1941 年，抗日战争处于极端困难的相持阶段，日军调集大批兵力，对晋察冀抗日根据地进行空前规模的大“扫荡”。狼牙山是晋察冀军区第一分区的重要军事基地之一，是守卫晋察冀根据地的东大门。为了巩固这块抗日根据地，粉碎敌人的“扫荡”和封锁、分割、蚕食，一分区部队在当地人民群众的大力支援下，从 1940 年春开始，对狼牙山地区进行人工改造，开辟了隐蔽通道，构筑了掩体工事等。

1941 年 9 月 23 日拂晓，侵华日军华北方面军乙兵团，由定兴、方顺桥附近分三路纵队西进，对易县北娄山附近的晋察冀军区第一分区司令员杨成武指挥的部队开始了围攻。24 日清晨，2500 多名日军在指挥官高见率领下，在飞机、大炮的掩护下，向北娄山西部的狼牙山扑去，同时还有汉奸率领的伪军相配合。此时狼牙山上除了邱蔚率领的 1 团外，还有易县、定兴、徐水和满城 4 个县的游击队和党政机关人员以及狼牙山周围村庄的群众两万多人。

当时一分区司令部驻扎水泉山南面的张家庄。杨成武司令员从多方面报来的情况判断，25 日敌人将对狼牙山发动更为猛烈的进攻，我军 1 团不能在狼牙山上继续与数倍于我的日军决战，必须从狼牙山突围，并掩护地方党政机关和群众安全转移。为了避免损失，杨成武命令在狼牙山西南的岭西、上下隘刹、东西武家庄子一带的 3 团和 20 团在管头至甘河一带向敌军佯攻，吸引敌军主力南下，给被困在狼牙山的军民闪出突破口，掩护机关和群众安全突围。

24 日下午 3 点左右，3 团、20 团按照部署在南边开始佯攻，东北之敌果然中计南下，狼牙山东北角碾子台、沙岭子一线空出了很大的缺口。邱蔚团长抓紧时机，留下七连牵制迷惑敌人，率主力掩护党政机关人员和两万多名群众迅速向北转移。

9 月 25 日拂晓前，转移队伍撤出了狼牙山，到达碾子台、莲花山以北地区。敌人却认为 1 团主力部队被他们围住了。拂晓，500 多日伪军在大炮和飞机的掩护下开始向狼牙山发动总攻。7 连连长刘福山和指导员蔡展鹏带领全连战士，在民兵的配合下，分兵把口，灵活御敌，在敌人必经之路埋下地雷，从各个方向朝敌人射击，造成漫山遍野都是八路军的假象。在激烈的战斗中，连长负了重伤，他带领的 2 班和机枪班的同志大都牺牲了，情况危急，指导员找到 6 班长马宝玉要他带全班在山上掩护，一定要坚持到中午，争取让地方干部、群众走得更远一些，让连队主力安全突击出去，然后给6班补充了一些弹药，并留下了所有的地雷。

此时，6班只剩下班长马宝玉，副班长葛振林，战士胡德林、胡福才、宋学义五人。他们把围攻狼牙山的日军引向了东山口。

东山口两面是山，崖高壁陡。山口内有一条小横岭。进东山口翻过小横岭，沿着一条曲折的小道能上棋盘坨。

五勇士站在小横岭上向日军射击。日军便扑向东山口，先头部队踩响了6班事先埋在东山口外的地雷，炸死、炸伤敌人10余人。后面上来的敌人继续向东山口猛扑。马宝玉一边指挥，一边不时回头看山上转移的群众。一直等到山上已没有动静，部队和群众已全部转移，才下令撤退。

为了给领导机关和人民群众转移争取更充裕的时间，并迷惑敌人，在马宝玉的带领下，五勇士主动放弃了退向老君堂追赶部队的计划，毅然撤向三面绝壁的棋盘坨顶峰。在棋盘坨下的牛角壶，他们见日军被远远地甩在后边，便坐下来休整准备再战。

敌人又一次进攻开始了，日伪军穷凶极恶地向牛角壶扑来。牛角壶有许多大小岩石洞，口小底大。五勇士每打退敌人一次攻击，就钻进石洞，以防日军炮击。他们在牛角壶连续打退敌人4次攻击，杀伤敌军六七十人。

时过中午，敌人发起第5次攻击。这次日军的炮击特别猛烈。炮火引燃了荆棘柴草，山地上一片烟火。五勇士边打边往高处撤，太阳偏西的时候，已撤到了棋盘坨顶峰的万年灯。就在这时，五勇士发现子弹打完了，手榴弹也没有了。五勇士站起来，举起石头往下砸，石头滚下去，敌人被击退，不一会儿又猛扑上来。这时，马宝玉扔出最后那颗手榴弹，喊了一声“撤！”扭头跑向三面悬崖的万年灯。这时，敌人也扑到跟前来，马宝玉一步步向崖边走去，其他同志也跟了过去。马宝玉在向战友们嘱咐后，扭身跑向万年灯边沿那块大山崖，高喊着“打倒日本帝国主义！”“中国共产党万岁！”纵身跳下悬崖。紧随其后，其他四人葛振林、胡德林、胡福才、宋学义也飞快地向崖边跑去，高呼着口号，跳进大山深谷。

五勇士跳下悬崖，马宝玉、胡德林、胡福才壮烈牺牲。葛振林和宋学义被悬崖上的树枝挂住，脊背和腰部负伤，后被游击队救起。

★狼牙山五勇士纪念塔

反“扫荡”结束后，晋察冀军区一分区召开反“扫荡”祝捷大会。会上，军分区司令员杨成武代表军区党委和聂荣臻司令员宣读了对五勇士嘉奖令，并号召全军将士向五勇士学习。

为纪念狼牙山五勇士的英雄事迹，1942 年 9 月，晋察冀一分区在五勇士跳崖处修建了“三烈士纪念塔”，后毁于日军炮火。1959 年，易县人民委员会决定重新修建纪念塔。聂荣臻题写塔名“狼牙山五勇士纪念塔”。“文化大革命”中，由于人为和地震的缘故，又一次遭到损坏。1986 年河北省委、省政府决定再次修建狼牙山五勇士纪念塔。1986 年 3 月 16 日正式动工，1986 年 9 月 25 日全面竣工。重建后的纪念塔呈乳黄色，全部是钢筋混凝土结构，占地 69 平方米，底座直径 3.06 米，塔高 21.5 米，塔身五层，呈正五边形，塔顶设凉亭式黄琉璃瓦塔帽，塔身正面（南面）嵌有聂荣臻题写的“狼牙山五勇士纪念塔”九个金色大字。塔身底部镶嵌着五勇士汉白玉浮雕像。与塔底层相连向东有一碑廊，碑廊东端是一个碑亭，亭内有一六棱大理石碑，碑上刻有彭真、聂荣臻、杨成武等领导人的题词。

2001 年，河北省委、保定市委和易县县委共同建造了狼牙山五勇士陈列馆，由杨成武题写馆名。陈列馆坐落在上山的必经之路上，犹如一座雄浑的山门，端坐山脚。750 平方米的展览大厅内共陈列六个方面的内容：狼牙山根据地创建篇；

狼牙山根据地贡献篇；日寇扼杀狼牙山根据地罪行篇；狼牙山之战国威篇；狼牙山五勇士光辉篇和狼牙山五勇士英雄精神永存篇。展览通过大量图片、历史资料和文物等再现了边区抗日军民在中国共产党领导下抗击日军、保家卫国的英雄业绩和悲壮历史。

狼牙山五勇士跳崖处于 1982 年 7 月被河北省人民政府公布为河北省文物保护单位。狼牙山五勇士纪念塔于 1986 年 10 月被民政部公布为全国重点烈士纪念建筑物保护单位，1995 年被河北省委、省人民政府公布为河北省爱国主义教育基地。

晋冀鲁豫烈士陵园

★

晋冀鲁豫烈士陵园位于河北省邯郸市邯山区陵园路 60 号。

为纪念八路军总部前方司令部、政治部、晋冀鲁豫军区及八路军 129 师牺牲的烈士，1946 年 3 月，晋冀鲁豫边区决定在邯郸修建晋冀鲁豫烈士陵园。陵园始

★晋冀鲁豫烈士陵园大门

建于1946年3月，落成于1950年10月。陵园位于邯郸市中心，是我国建设较早、规模较大的烈士陵园之一。

陵园正门，横额上镶嵌着朱德1946年3月的题字“晋冀鲁豫烈士陵园”，两侧是毛泽东的诗词“为有牺牲多壮志，敢教日月换新天”。大门背面横额上是朱德的题字“浩气长存”。陵园分南北两院，占地面积320亩。北院由正门、烈士纪念塔、人民英雄纪念墓，形成南北中轴线。中轴线西侧有陈列馆、四八烈士阁和影视厅；东侧有左权将军墓、左权将军纪念馆、张兆丰烈士墓和烈士纪念堂。

★晋冀鲁豫烈士纪念塔

南院由大门、烈士骨灰堂形成南北中轴线。东侧有椭圆形莲花池，烈士纪念亭、晋冀鲁豫人民解放军烈士公墓和烈士东墓区；西侧是松柏林和烈士西墓区。

烈士纪念塔，圆形台基直径23米，塔高24米，整体呈方锥体。底座正面刻有云纹、五星，背面有火炬与橄榄枝。塔身上部正面刻有红五星，背面是金色的党徽。纪念塔正面镌刻有毛泽东的题词“英勇牺牲的烈士们千古　无上光荣”，其他三面为周恩来的题词“革命先烈永垂不朽”，刘少奇的题词“永垂不朽”，朱德的题词“你们活在我们的记忆中，我们活在你们的事业中”。塔两侧石碑上刻有彭德怀、陈毅、林伯渠、董必武、任弼时、杨立三的题词。

人民英雄纪念墓，是纪念晋冀鲁豫革命烈士的半球体象征性纪念建筑。坐落在2500平方米的平台上，墓高11米，直径13米，与正面两侧的大型群雕“八路军”、“民兵”浑然一体，其三面松柏环绕，气势恢弘，庄严肃穆，是人们谒陵祭奠的场所。与墓相连的石碑上刻有刘伯承、陈毅、徐向前等的题词。

陈列馆是一座造型秀美、幽雅的古典庭院建筑，它原是侵华日军东亚神社遗址，1946 年修建了陈列馆，馆名为刘伯承题写。馆内是《晋冀鲁豫边区革命史迹陈列》，共五个部分：第一部分为序厅；第二部分“创建根据地，点燃边区抗日烽火”；第三部分“巩固根据地，克服困难渡过难关”；第四部分“壮大根据地，夺取抗战最后胜利”；第五部分“军民齐鼎力，支援全国解放事业”。陈列反映了晋冀鲁豫边区从小到大，从弱到强的艰苦创建历程，形象地展示了边区军民在中国共产党领导下，为民族独立和中国人民解放事业所做出的卓越贡献，表现了边区军民在残酷的战争环境中，英勇奋战、前仆后继的英雄主义气概。

四八烈士阁，是为纪念 1946 年 4 月 8 日在山西兴县黑茶山因飞机失事而遇难的王若飞、秦邦宪、叶挺、邓发、黄齐生等 13 人而修建的。林伯渠手书的“四八烈士阁”、“为人民民主而死”竖匾和横匾分别高悬在二层和一层正面，阁内有毛泽东撰写的祭文、烈士遗像和生平简历。

左权将军墓，由碑亭和墓体组成。碑亭横额上刻有谢觉哉的题词“人民共仰”，两侧是“大节忠贞彪史册，正气磅礴壮山河”，汉白玉墓碑上的“左权将军之墓”为周恩来所题。墓碑亭上是朱德的挽诗：“名将以身殉国家，愿拼热血卫吾华。太行浩气传千古，留得清漳吐血花。左权将军是八路军副总参谋长。1942 年 5 月 25 日，在太行山指挥反“扫荡”作战中壮烈殉国。左权牺牲后八路军总部在河北涉县石门的莲花山下为左权修建了陵墓。1950 年 10 月 21 日晋冀鲁豫烈士陵园落成，左权将军灵柩从石门移葬至此。左权将军是八路军在抗日战争时期牺牲的最高将领。

左权将军墓东侧安葬有抗日战争时期牺牲在太行山的冀东抗日联军第三路军政治部主任杨裕民、新华日报（华北版）社长何云、中共中央北方局政权工作部秘书张衡宇；西侧安葬有冀南银行第一、二任行长高捷成、赖勤，朝鲜国际主义战士陈光华。

与左权将军墓南北遥相对应的是左权将军纪念馆。馆内陈列了大量的图片、实物、景观和绘画作品，展示了左权将军一生的光辉业绩。

与左权将军纪念馆相连接的拱桥，叫“朱德桥”。朱德曾三次来陵园指导建设工作。1948 年 4 月，朱德在指挥鲁西北作战间隙，来到邯郸，就住在陵园，听取关于陵园建设的汇报，亲自到工地询问大家的工作和生活情况，看到工人们工作热情很高，不怕苦、不怕累、干劲十足，深为感动。回去后不久给陵园寄来奖金

200 万边币，以资鼓励。当时工人们的生活虽然很苦，但谁也不愿分了这笔钱，为了永远不忘朱总司令的亲切关怀，工人们一致建议把钱用在陵园的建设上，后来用此款修建了左权将军纪念馆前的石拱桥，命名为“朱德桥”，以示永久的纪念。

烈士纪念堂，始建于 1952 年，1954 年落成，是一座宏大的具有典型民族传统风格的宫殿式建筑。堂高 15 米，占地面积 960 平方米，堂匾为周恩来所题，董必武的联语“爆革命火花生有光芒昭日月，作献身金鉴死留正气壮河山”刻在门柱上。馆内是晋冀鲁豫边区革命烈士事迹陈列，展示了在新民主主义革命时期牺牲的 243 位革命烈士的生平事迹。

南院里建有晋冀鲁豫人民解放军烈士公墓，邓小平、刘伯承、聂荣臻、薄一波、张际春、罗瑞卿的题词分别镌刻在公墓两侧。公墓后面是烈士墓区。烈士墓区又分东墓区和西墓区，安葬有八路军前方总部、129 师及晋冀鲁豫军区团以上干部和边区著名杀敌英雄、战斗英雄等 200 多位烈士。

晋冀鲁豫烈士陵园于 1986 年 10 月被民政部公布为全国重点烈士纪念建筑保护单位；1995 年 1 月被民政部公布为全国爱国主义教育基地，1995 年 5 月被河北省委、省政府公布为河北省爱国主义教育基地，2005 年 11 月被中央宣传部公布为全国爱国主义教育示范基地；2003 年 9 月被河北省人民政府、省军区公布为河北省国防教育基地；2005 年被国家红色旅游工作协调小组公布为全国红色旅游经典景区。

山西省

S H A N X I S H E N G

第一批国家级抗战纪念设施和遗址通览

平型关大捷遗址

平型关大捷遗址位于山西省大同市灵丘县白崖台乡。

1937 年 7 月底，侵华日军占领北平、天津后，又沿津浦、平汉、平绥铁路分三路向华北展开全面进攻，企图在三个月内灭亡中国。9 月中下旬，沿平绥铁路

★平型关大捷遗址大门

推进的日军进入山西北部，占领天镇、广灵、大同。一路日军占领大同后准备进犯雁门关，一路企图突破平型关与大同之日军会师雁门关，其总目标是由晋北打开通道，攻占太原，迫使国民党军队撤退。为保卫太原和山西省腹地，阎锡山多次要求八路军开赴晋东北，协助配合第二战区阻止日军的攻势。为此，按照八路军总部命令，林彪、聂荣臻、罗荣桓率领八路军 115 师进至平型关附近，决定利用平型关天险隐蔽集结，从侧面伏击向平型关进攻之敌。

平型关位于山西省的东北部灵丘县西南，为内长城南端重要关隘，两山峡谷中纵贯一条大道——蔚代公路，公路两侧地形复杂，峰峦叠起，地势极为险要，是日军由灵丘进攻雁门关侧背的必经之路。在关前，从平型关山口至灵丘县东河南镇，是一条由西南向东北伸展的狭窄沟道，最窄处仅能通过一辆汽车，能错车的地方极少，而南北沟岸却是比较平缓的山地，有利于部队埋伏，居高临下伏击敌人。

1937 年 9 月 20 日，日军第 5 师团（师团长坂垣征四郎）一部攻占灵丘。21 日，日军从灵丘向平型关方向进犯。9 月 24 日深夜，115 师冒着倾盆大雨，秘密进入平型关东北的白崖台，在小寨村至老爷庙公路附近山地设伏。25 日拂晓，日军第五师团第 21 旅团第 21 联队之第 3 大队，携带大批辎重和车辆沿灵丘——平型关公路由东向西开来。7 时许，该部全部进入第 115 师预伏阵地。

由于雨后泥泞，日军车辆相拥，行动迟缓。第 115 师抓住战机，采取撞拦头断尾、中间突击、分割歼敌的战术，居高临下，突然向敌人发起猛烈攻击。八路军第 685 团迎头截击，歼敌一部，封闭了日军南逃之路。第 687 团分割包围了日军后尾部队，切断了其退路。第 686 团实施突击，冲向公路，与日军展开白刃格斗。激战中，日军出动飞机助战，又以大炮向八路军开火，拼命夺取老爷庙制高点，企图向北突围。八路军第 686 团顽强阻击，战斗激烈，第 5 连 2 排的干部战士全部壮烈牺牲。第 686 团指挥部及时组织第 1、第 3 营协同坚守老爷庙高地。八路军利用地形优势，沉着应战：先让敌人往上爬，待他们爬得气喘吁吁时，瞄准敌人，狠狠打击。后由于第 687 团的增援，第 686 团便乘势冲下公路，对敌形成两面夹击之势，将攻击老爷庙的日军一举歼灭。9 月 24 日到 25 日，担任钳制、阻击任务的第 115 师独立团，在灵丘和涞源之间的腰站打退日军增援部队的多次冲击，歼敌 300 余人，有力完成了打援任务。

为扩大战果，八路军第343旅主力向日军前沿阵地东跑池高地发起进攻。由于国民党晋绥军未按协同作战计划参战，致使敌第5师团21旅在蔚县的余部进入平型关，由大同南下的关东军第2独立混成旅团1部也经浑源增援，25日黄昏，该股日军突破晋绥军防守的团城口阵地逃窜，八路军失去了消灭更多日军的机会。

平型关战斗经一天激战，八路军115师歼灭日军1000余人，击毁汽车100余辆、马车200余辆，缴获步枪1000余支、机枪20余挺、野炮1门，以及大量军用物资。这次战斗，是华北战场上中国军队主动寻歼敌人的第一个大胜仗，有力地配合了正面战场的防御作战。它沉重地打击了日本侵略者的气焰，打破了日军不可战胜的神话，振奋了全国人心，提高了共产党和八路军的威望。

平型关大捷遗址主要指灵丘县城西南30公里的蔡家峪、小寨、乔沟、白崖台、关沟一带。遗址保护面积8.6平方公里，包括13个景点，主要有平型关大捷纪念馆、纪念碑、将帅广场、主战场乔沟、老爷庙争夺战遗址和八路军115师指挥所旧址、烽火台等。

平型关大捷纪念馆，1970年由北京军区主持修建，1971年9月闭馆。1995年修缮后重新开馆，杨成武将军题写馆名。2006年进行改扩建和重新布展。改扩建后的纪念馆基本陈列由序厅、3个独立单元的主展厅和半景画馆组成，二楼设缅怀厅和观景台。基本陈列有丰富翔实的图片、文献资料和文物，通过复制景观、绘画、造型、塑形、声光、视频等多种技术和艺术手法，形象地再现了平型关大捷的历史场面，是全面系统地反映平型关大捷这一战役的专题展馆。半景画馆是平型关大捷纪念馆的重要组成部分，面积约450平方米，由半景油画、地面塑形、

★平型关大捷纪念馆部分陈列

6 台电脑和 6 台投影组成；通过声、光、电等技术手段再现平型关大捷战斗的整个过程。

纪念碑位于平型关大捷纪念馆东侧 1 公里的山岭上，建于 1997 年平型关大捷 60 周年前夕。碑阳刻有杨成武将军题写的“平型关大捷纪念碑”8 个大字，碑阴的碑文记述了平型关大捷的战斗过程及重大意义。纪念碑碑基高 1.15 米，意喻参战部队为八路军 115 师，碑座高 1.937 米、碑体高 9.25 米，表示平型关大捷发生的时间为 1937 年 9 月 25 日。

将帅广场由 115（意在纪念战斗主力部队 115 师）级大理石台阶与平型关大捷纪念馆相连，面积 3000 平方米。广场正面塑有平型关大捷主要参战将领林彪、聂荣臻、陈光、徐海东、肖华、杨得志、李天佑、张绍东、陈锦秀、杨成武 10 尊铜像。铜像两侧 10 面文化墙上，刻着毛泽东、朱德、王稼祥、彭德怀、任弼时、聂荣臻等中央军委和八路军领导人、各级将领及老战士有关平型关大捷的讲话（摘录）、诗词和题词。

门区广场位于东河南镇小寨村西的平型关大捷主战场乔沟北入口处，建筑面积为 6000 平方米。广场主体建筑有 23 米高的“平型关大捷遗址”标志碑，有 468 平方米的大型浮雕墙，墙上刻有平型关大捷简介、大捷遗址景区景点分布图和反映平型关大捷战斗过程的 6 幅大型浮雕画。

主战场乔沟，位于内长城平型关东侧，长 4 公里，东北—西南走向，自秦汉以来即为京冀通往太原的交通要道。为配合第二战区国民党军队防守平型关，1937 年 9 月 25 日上午 7 时开始，八路军第 115 师第 686 团和第 685 团、第 687 团，分别在乔沟及其东、西两侧，伏击日军第 5 师团第 21 旅团后续部队及辎重车队。

老爷庙争夺战遗址。在乔沟伏击战中，被围困在乔沟西段的日军企图从公路北侧的缓坡进行突围，遂在一名军官的指挥下抢占了老爷庙梁高地，并对公路上的第 686 团进行反击。为了掌握战场的主动权，李天佑团长命第 3 营夺回老爷庙梁高地。敌我双方在老爷庙前展开激烈的白刃战，6 架敌机也前来为日军助战。3 营指战员不畏强敌，浴血奋战，全营连排干部大部分牺牲，9 连最后仅剩 10 余人。指挥战斗的副团长杨勇和 3 营长邓克明也身负重伤。在第 685 团、第 687 团各一部的配合下，我军终于夺回了老爷庙梁高地，并将该地区 400 多名敌人全部歼灭。

八路军第 115 师平型关大捷指挥所，设在乔沟东南 1.5 公里的一个小山头上。站在山头指挥所，可以用望远镜观察到整个乔沟敌我双方战斗的情况。1937 年 9 月 25 日，师长林彪和副师长聂荣臻在这里指挥了第 685 团、第 686 团、第 687 团伏击日军的战斗。

林彪、聂荣臻临时住所旧址。平型关战斗结束后，当晚林彪、聂荣臻和孙毅在白崖台村西一个小窑洞内休息。在这座土窑里，林彪、聂荣臻听取了参谋人员关于平型关战斗的战果汇报，讨论了下一步的任务。现在这个小窑洞仍保持着原貌。

驿马岭阻击战遗址。驿马岭是灵丘县东部山区通往河北涞源的一个重要隘口，距灵丘城 30 公里，海拔 1384.9 米。1937 年 9 月 24 日至 25 日，八路军 115 师杨成武独立团根据师部统一部署，在这里成功地阻击了从涞源西援平型关的日军，消灭敌人 300 余名，保证了师主力平型关伏击战的胜利，创造了抗日战争初期我军以少胜多的光辉战例。1995 年 9 月抗日战争胜利 50 周年之际，灵丘县人民政府在驿马岭隘口西北树纪念碑一座，并建了碑亭，杨成武题写了碑名。

平型关关口，位于灵丘县西南与繁峙东北交界的关岭上，海拔 1800 米，距灵丘县城 35 公里。此段南北走向的长城为战国时修筑，隋代重修，明代在原长城基础上包砖砌石，加宽加高，即现存的明代内长城。平型关为内长城上的一个重要关隘。平型关关口为平型关战役标志性遗址。

平型关战役遗址于 1961 年 3 月被国务院公布为全国重点文物保护单位；1995 年 3 月被山西省委、省政府公布为山西省爱国主义教育基地，2001 年 6 月被中央宣传部公布为全国爱国主义教育示范基地；2005 年被国家红色旅游工作协调小组公布为全国红色旅游经典景区。

★平型关大捷纪念馆

百团大战纪念馆（碑）

百团大战纪念馆（碑）位于山西省阳泉市狮脑山。

百团大战，是抗日战争时期中国共产党领导的八路军在华北敌后对日军进行的一次大规模战役，是自抗战以来参战人数最多、时间最长、范围最广、规模最

★百团大战纪念馆外貌

大的交通总破袭战役，八路军参战部队达到105个团20余万人，故称“百团大战”。

1940年夏，日本乘德国军队在欧洲迅速推进，英、美无力东顾的机会，一面加紧诱迫国民党政府投降，一面加紧对敌后抗日根据地的“肃正”讨伐，企图彻底摧毁抗日根据地，除去其南进的后顾之忧。为了粉碎日军的图谋，打破其“囚笼政策”，克服国民党对日妥协投降的危险，华北八路军（不含山东）所属部队乘青纱帐和雨季，对日军发动了一次大规模的进攻作战。

这次战役的主要意图是破坏日军在华北的交通线。早在1940年春，彭德怀、左权、刘伯承、邓小平和聂荣臻等就共同讨论确定了破击正太路的计划。1940年7月22日，八路军总部向晋察冀军区和第119、第120师下达了《战役预备命令》。8月8日，八路军总部下达《战役行动命令》，对作战兵力作了具体部署，同时规定8月20日为战役发动时间。百团大战经历了两个主动进攻阶段和一个反“扫荡”阶段。

战役第一阶段（8月20日至9月10日）是交通总破袭战，八路军破坏敌人在华北所占领的主要交通线，重点是正太路。8月20日夜，参战部队、游击队、民兵同时发起攻击，破坏正太、平汉、德石、平绥、北宁、津浦、白晋等铁路交通线，歼灭大量日伪军。敌人猝不及防，仓皇应战，顾此失彼，损失惨重。八路军攻占许多据点和车站，破坏日军占据的华北重要燃料基地井陉煤矿，并截断正太铁路一个多月。

第二阶段（9月20日至10月5日），八路军继续袭击交通线两侧敌人和摧毁深入根据地内的敌据点，并发动涞（源）灵（丘）、榆（社）辽（县）等战役。在涞灵战役中，晋察冀军区主力部队攻占涞源县城外围三甲村、东团堡等重要据点10多处，歼敌1100余人。为策应涞灵战役，冀中军区主力发动任（丘）河（间）大（城）肃（宁）战役，歼灭日伪军1400余人，攻克据点29处，破坏公路150余公里。第129师在榆辽战役中，连续攻占榆辽公路沿线据点多处，并攻下榆社县城，缴获大批武器，歼敌900余人。第120师继续破击同蒲铁路北段，使该铁路再次中断。

第三阶段（10月6日至12月5日）是反“扫荡”阶段。从10月6日起，日军调集重兵，对华北各抗日根据地进行疯狂的报复性“扫荡”。10月19日，八

★百团大战纪念碑

路军总部下达命令，华北根据地军民转入反“扫荡”。第129师主力在山西新军的配合下，粉碎日军对太行和太岳根据地的“扫荡”，第120师粉碎日军20000余人对晋西北的“扫荡”。

百团大战共进行大小战斗1824次，毙伤日军20645人、伪军5155人，俘日军281人、伪军18407人，日军投降47人，伪军反正1845人；破坏铁路474公里，公路建1500多公里，桥梁、隧洞和火车战站260多处，摧毁大量敌堡和据点；缴获各种炮53门，各种枪5900余支和一批军用物资。

百团大战的胜利，打出了共产党领导的敌后抗日军民的声威。它使全国人民看到，八路军在极为困难的条件下，不仅发展壮大起来，而且能够给敌人以强有力的打击。这次战役振奋了全国军民争取抗战胜利的信心，以事实驳斥了国民党顽固派对共产党、八路军“游而不击”的诬蔑。从战争全局来看，百团大战牵制了日军的兵力，推迟了日军“南进”的时间，并对支持国民党领导的正面战场作战，遏制妥协投降暗流，争取时局好转，起到了积极作用。

为纪念百团大战的伟大胜利，缅怀为国捐躯的抗日英烈，1985年4月，中共阳泉市委、市政府报请中共山西省委批准，在狮脑山修建百团大战纪念碑、“长城”、添翠楼、钟楼、蘑菇亭等建筑群，于1987年6月30日建成开放。该建筑

★百团大战纪念馆一展厅

群坐北朝南，东西宽180米，南北长345米，占地面积6.21万平方米。其中，以纪念碑为中心的纪念园区包括纪念碑3座（主碑、示意图碑、记事碑）、纪念馆1座、浮雕铜碑3座。园区的东西两侧为蜿蜒曲折的“长城”和“烽火台”。

百团大战纪念碑主碑，高40米，寓意百团大战发生在1940年。碑身呈钢枪的三棱刺刀形，用灰白大理石罩面。碑身的三面分别是彭真的题词“战绩辉煌，永垂史册”；徐向前的题词“参加百团大战的烈士们永垂不朽”；薄一波的题词“百团大战，抗日战争中最光辉的一页，必将载诸史册，永放光芒。”第一座题字碑正面是“百团大战纪念碑”七个大字，背面镌刻着“百团大战”。第二座题字碑的正面和背面分别镌刻着《百团大战纪念碑记》和《狮脑山战斗纪略》。三个纪念碑相距105米，象征参战的105个团。

1995年8月15日，为纪念抗日战争胜利50周年，阳泉市委、市政府在狮脑山纪念园区内增建了“百团大战纪念馆”。2010年12月29日，在纪念抗日战争胜利65周年、纪念百团大战胜利70周年之际，经改扩建的百团大战纪念馆新馆落成。新馆建在百团大战纪念碑主碑以西约400米处，建筑面积3232平方米，以“太行山上”为设计主题，通过馆内浮雕等元素再现当年的战斗、生活情景。馆内收藏历史实物800余件，文物750余件，史料照片近300张，客观地记载了百团大战的历史。

百团大战纪念馆（碑）于1995年3月被山西省委、省政府公布为山西省爱国主义教育基地，1997年6月被中宣部公布为全国百个爱国主义教育示范基地。

八路军总部王家峪旧址和纪念馆

★

八路军总部王家峪旧址和纪念馆位于山西省长治市武乡县韩北乡王家峪村。王家峪村山环水绕，峡谷幽深。1939 年 10 月 11 日朱德总司令、彭德怀副总

★八路军总部王家峪旧址和纪念馆

司令、左权副总参谋长和邓小平政委、刘伯承师长等率领八路军总司令部和129师从砖壁移驻王家峪，至1940年6月，一直在此驻扎。与此同时，中共中央北方局及有关各组织单位移驻王家峪村周围。中共中央北方局驻王家峪（前庄），八路军总政治部驻下合，总供给部驻西堡，抗大总校驻蟠龙，北方局党校驻上北漳，总部特务团驻西营镇，鲁迅艺术学校驻下北漳，总部直属队驻枣林村。朱德、彭德怀、杨尚昆、左权、刘伯承、邓小平、陆定一、杨立三等老一辈革命家曾在这里生活、战斗，指挥华北各根据地的游击战争。这里一时成为华北各抗日根据地的心脏。

八路军总部驻扎王家峪期间，正处于日伪军向中国共产党领导的抗日根据地疯狂进犯的严重时期，也是国民党顽固派的反共活动迅速扩大之时。国民党顽固派由制造小规模的军事磨擦，发展到在几个地区向共产党领导的抗日根据地军民发动较大规模的武装进攻，掀起第一次反共高潮。太行山地区是国民党顽固派制造反共磨擦的一个重点地区。1939年12月初，国民党军第97军朱怀冰部进入冀西，逼近八路军阵地，破坏抗日政权，频繁制造磨擦。所以，八路军总部在王家峪期间，既要指挥对日伪军进行反“扫荡”斗争，又要同国民党顽固派进行斗争。

这一时期，朱德总司令、彭德怀副司令在王家峪指挥了大小反顽战斗135次，打退了国民党第一次反共高潮，进一步巩固了共产党领导的太行山这块重要的抗日阵地。

与此同时，为争取国际上对中国抗日战争的支持和援助，朱德、彭德怀在王家峪总部先后接待了许多支援中国抗战的外国朋友。1939年12月21日，朱德在王家峪接见了从延安来的印度援华医疗队柯棣华、爱德华、巴苏华等国际友人，并安排他们随八路军第129师13团到前线进行战地医护工作。伟大的国际主义战士白求恩大夫逝世后，1939年12月24日，八路军总部在王家峪主持召开了追悼白求恩大夫大会，柯棣华大夫等国际友人也参加了追悼会。这大大鼓舞了当时随总部在华北敌后参加中国抗战的“朝鲜义勇军华北支队”和“日本人民觉醒联盟太行支部”等国际反法西斯团体的抗战热忱。

八路军总部在王家峪驻扎期间，为了粉碎日伪顽的经济封锁，解决根据地的

★朱德旧居

经济困难，朱、彭总、副司令和左权副总参谋长带领军民开展生产自救，并创办了黄崖洞、柳沟、梁沟、高峪沟抗日兵工厂。

1940 年清明节前后，朱、彭总、副司令带领总部机关和抗大全体师生，开展了大规模的自救和植树造林运动，仅在蟠龙和王家峪一带就植树 2 万余株。当时，朱总司令还亲自在王家峪的寨湾栽下一棵白杨树。由于总部首长带领抗日军民自力更生，艰苦奋斗，战胜了重重困难，使根据地不断发展壮大，把广大的华北敌后，变成了强大的抗日战略基地。八路军越战越强，到 1940 年已壮大到 40 万人，收复县城 150 座，为抗日战争的最后胜利奠定了坚实的基础。

1959 年至 1982 年，八路军总部王家峪旧址曾先后进行过 5 次维修。八路军总部王家峪旧址为并列三院民宅，坐北朝南，东西长 78.8 米，南北宽 30 米，占地面积 2364 平方米。北窑 8 孔，东西南房 24 间，现保存完好。旧居皆按总部首长当年的生活和办公情况进行了复原陈列。遗址遗迹有总部旧址陈列馆和

★朱德手植红星杨

朱德、刘少奇、彭德怀、左权、刘伯承、邓小平、陈赓、陈锡联等领导人的旧居，朱德种过的小菜园，总部篮球场、朱德手植的“红星杨”等。纪念馆设在旧址内，以图片和文字简洁生动地展示了八路军总部在王家峪期间领导抗日斗争的历史。1964 年，对旧址进行复原陈列，对外开放。后几经修缮，增设展厅，形成“八路军总部王家峪旧址纪念馆”。

八路军总部王家峪旧址于 1961 年 3 月被国务院公布为全国重点文物保护单位。八路军总部王家峪旧址和纪念馆于 1995 年被山西省委、省政府公布为山西省爱国主义教育基地。

忻口战役遗址

★

忻口战役遗址位于山西省忻州市忻府区高城乡忻口村。

★忻口战役阵亡战士名录碑

忻口位居崞县（今原平市）、忻县（今忻府区）、定襄三县相交之地，在同蒲铁路要点忻县之北，右靠五台山脉，左依宁武山脉东西皆山，中间狭窄，是太原的北大门，为历代兵家必争之地。

1937 年卢沟桥事变后，日本参谋本部急于进行华北会战，以图击溃中国华北军队的主力，迫使中国屈服。日军将攻击目标锁定山西。9 月底，日军突破国民党军队在晋北的防线，兵锋直指太原。国民党政府军事当局为挽回危局，确保山西要地，决定集中优势兵力，趁入侵之敌立足未稳之际，在忻口附近与日军决战。

忻口防守部队以第二战区副司令长官卫立煌为前敌总指挥，以刘茂恩指挥第

15、17、33军为右翼兵团，以郝梦龄为指挥的第9、19、35、61军为中央兵团，以李默庵为指挥的第14军和第66、71、85等师为左翼兵团，在忻口以北的龙王堂、蔡家岗、南怀化和崞县南峪一线布防。此外，以高桂滋等第17军及晋绥军第34军第203旅5个团组成总预备队，并配以10个炮兵团。这样，国民党军队在正面先后投入99个团，再加上在敌兵配合作战的八路军，中国军队投入的总兵力达13万余人。

日军方面，担任进攻任务的是第5师团。日军还将位于内长城以南的关东军察哈尔派遣兵团4个半旅团划归第5师团长板垣征四郎指挥。这样，在晋北的日军大约有3个师团、7万余人，炮250门、战军150辆。

10月13日，日军在飞机、战车、炮火掩护下对中国军队忻口防线实行中央突破，猛攻西北侧第9军防守的南怀化阵地。因南怀化为忻口防线的关键，故国民党军队在此与日军反复血战，阵地多次失而复得，终因日军火力猛烈而失守。激战中，中央兵团指挥官、第9军军长郝梦龄，第54师师长刘家骐，独立第5旅旅长郑廷珍相继阵亡。至16日，战事处于胶着状态。

左翼地区，13日，日军突破国民党军队的大白水阵地，遭到国民党军队反击，改向朦腾和南峪阵地发起攻击。守军据守两村高地，隔河与敌对峙，敌死伤累累。为图报复，敌向两阵地疯狂炮轰。第14军曾派出一支突击队，两次夜袭敌人前进阵地，牺牲百余人，仍未能完成任务。

右翼地区，13日，日军突破灵山阵地。14日，主力转攻南郭下和东西贾一线。15日，双方在南郭下村的神山附近展开激烈的争夺战，第15军多次粉碎日军进攻。

为了阻止敌人前进，国民党军队不断向中央地区增兵。日军在国民党军队的阻止下，未能取得进展。22日，日军约有2000余人的萱岛支队到达忻口前线。24日，日军再次发起大规模进攻，双方激战数日，国民党军队第85师伤亡殆尽，日军突破几道缺口。27日后，日军又大举增兵，再次向中国军队发起全线进攻。日军新增精锐第11师团第71联队2000人向左翼朦腾村猛扑，国民党军队第83师奋勇拼搏，将敌全歼。因该师连日作战，牺牲惨重，全师只剩下不足一个团人员。至31日，日军仍未取得进展。

当忻口正面战场激战时，八路军第115师和第120师各部积极配合，在敌之侧翼和后方频繁出击，多次截断敌后方主要交通线，击毁日军大批运输汽车，袭击敌增援部队，收复一些县城，使日军侧背受到严重威胁，并不能及时得到粮食、弹药的接济。八路军第 129 师第 385 旅第 769 团进至崞县、代县之间，袭扰敌军。该团以第 3 营为主力于 10 月 19 日夜袭击代县阳明堡日军飞机场，毁伤敌机 20 余架，消灭敌守备队 100 余人。这一战斗的胜利，使日军在晋北战场上一时失去空中优势，有力地支援了国民党军队的忻口战役。

日军在忻口受阻，便决定加强晋东攻势。10 月 26 日，日军突破晋东门户娘子关。娘子关失守影响整个山西战局，太原危在旦夕。忻口国民党军队侧后也受到威胁。11 月 1 日，国民党军队第二战区司令长官阎锡山下令卫立煌率忻口部队增援太原，2 日，中国忻口部队撤守。至此，为期一个月的忻口战役结束。

忻口战役历时 20 余日，是抗战以来在华北战场规模最大、作战时间较长、敌我双方伤亡较大的战役，也是抗战以来国共两党军队在华北战场联合御敌最大规模的一次战役。中国方面先后投入的兵力约 16 个师，伤亡 10 万以上，日军伤亡 2 万余人。忻口之役与淞沪、徐州、武汉会战并称全面抗战初期的四大战役。虽然忻口战役因多种因素而失利，但是它所产生的影响及意义远远大于战役本身，不仅打破了日军“一个月灭亡山西，三个月灭亡中国”的神话，而且在战略上有效地配合了淞沪会战。

忻口战役遗址南北长 1000 米，东西宽 500 米，有忻口战役遗址标志碑、纪念墙、战备窑洞 204 号激战高地、郝梦龄指挥所以及日军所造的罪证碑等。

忻口战役标志碑，碑体面向公路而立，位于战备窑洞前，静静地紧贴在山根底下，1986 年由忻州市人民政府所立，石碑上款书“省级重点文物保护单位”。向阳的一侧是以忻州市委、市政府名义撰刻的纪念碑文《忻口抗战记》，背面是部分阵亡将士名单。

忻口战役纪念墙，位于忻口村外的一条沟里，108 国道边土山上，为一座十米多高的白色高墙，汉白玉的四方墙座，墙的正面是“忻口战役纪念墙”7 个大字；下面是一组夜袭阳明堡机场、忻口炮战浮雕；右侧面是阵亡的部分官兵姓名；另一侧是忻州市委、市政府撰写的纪念碑文，上面写明了参战军队，战争的惨烈，记录了毛泽东对是役的高度评价。

战备窑洞，位于忻口村北的后沟至红崖湾，1935 年至抗战爆发前，共筑成窑

★忻口抗战纪念墙

洞 47 孔。每孔窑洞宽约 3 米，高约 4 米，深约 20 余米，石头水泥结构。洞门若城门状，门洞之上有石垛，垛下有“第 X 号”字样的横匾。忻口战役进行期间，中国军队充分利用这些窑洞，指挥作战、储放军火、安置伤员、隐藏战马。其中第 9 号窑洞为国民党将领陈长捷的指挥所，第 6、第 7 号窑洞还分别书有“办公室”、“民国二十六年夏日第二十五团二营”等字样，当时是团、营驻地。

204 高地四周山岭起伏，沟壑纵横，群岭把忻定盆地入口处的 10 公里正面分割为两个管孔通道，南怀化和忻口作为左右通道上的两个小村，恰如两只鸟瞰忻口的眼睛，战略咽喉位置不言而喻。当年这里是忻口战役战斗最激烈的地方，双方在 204 高地展开了激烈的拉锯战，一昼夜易手 13 次，守军第四团在经过反复冲杀后一度只剩下百余人。当年日军曾架起 4 挺轻机枪封锁此路。总指挥兼第 9 军军长郝梦龄将军于此处受伤，后壮烈牺牲。

罪证碑是指日军侵占忻口后，分别于忻口村和下王庄村的公路旁，为炫耀其“战迹”所立的两通石碑。忻口村东公路旁的石碑上书“忻口镇战迹”；下王庄公路旁的石碑上书“忻口镇战迹”（正面）、“昭和十三年一月北川部队建之”（背面）。这两通石碑，是日本侵略者侵略忻口的铁证。

忻口战役遗址于 1986 年 8 月被山西省委、省政府公布为山西省重点文物保护单位；2005 年 1 月被山西省委、省政府公布为山西省爱国主义教育基地。

左权将军殉难处

左权将军殉难处位于山西省晋中市左权县麻田镇北艾铺村西北十字岭。

左权（1905—1942 年），原名左纪权，号叔仁。1905 年 3 月 15 日，生于湖南醴陵黄茅岭一个农民家庭。中学时代参加中共领导的社会科学研究社，开始接触马克思主义。1924 年 3 月考入广州讲武学校，同年 11 月转入黄埔军校第 1 期学习。1925 年 2 月加入中国共产党。后在黄埔军校教导团任排长、连长，曾参加讨伐军阀陈炯明的两次东征。同年 12 月赴苏联，先后在莫斯科中山大学、伏龙芝军事学院学习。1930 年回国后到中央革命根据地工作，历任中国工农红军军官学校教官、中国工农红军军官学校第一分校教育长、闽西工农革命委员会常委、新 12 军军长。1931 年初调红一方面军总司令部任作战参谋，后任参谋处长。12 月任红 5 军团 15 军政治委员，后任军长兼政治委员。1933 年初任中央革命军事委员会

★左权将军纪念亭

作战局参谋，同年12月任红一军团参谋长，参加了中央苏区历次反“围剿”作战。1934年10月参加长征。1936年5月任红1军团代理军团长，率部参加西征，迎接红二、四方面军北上会师。西安事变前夜，指挥取得了山城堡战斗的胜利。全国抗日战争爆发后，历任八路军副参谋长、八路军前方总指挥部参谋长，后兼八路军第2纵队司令员，协助朱德、彭德怀指挥八路军开赴华北前线，开展敌后游击战争。1940年8月，参与指挥了百团大战。

1942年春，华北日军头目冈村宁次先对冀中平原实施“五一大扫荡”，接着又转向太行地区，冈村的第一军主力3万多人，开始“蚕食”太行、太岳地区。5月22日，日军第41师团主力乘汽车开始向辽县、和顺进军，对八路军总部驻地形成包围圈。八路军总部命令主力部队快速开拔，跳出敌人的重兵包围圈到外线作战。5月25日凌晨，数万日军精锐部队将八路军总部包围于辽县麻田以东的南艾铺一带，被包围的还有野战政治部、后勤部、北方局及其党校、新华日报社等机关数千人。敌机疯狂地扫射投弹，很多人中弹牺牲。彭德怀、左权果断决定分路突围。由彭德怀率部向西北，野战政治部主任罗瑞卿率部向东南，总后勤部部长杨立三率部向北。左权坚决要求由自己担任掩护和断后，及带领总直机关、北方局机关及北方局党校突围的重任。

5月25日上午，突围队伍仍然未脱离险境，在南艾铺、高家坡一线的山沟里，集结着八路军总部、北方局、党校、新华社的几千人马，四周都是激烈的枪炮声，日伪军以“纵横合击”战术构成的包围圈在一步步收紧。天空中，日军飞机不时投弹、扫射，将密集的突围队伍挤堵在狭窄的山沟中。左权率司令部和北方局机关人员为1纵队，沿清漳河以东由南向北突围；罗瑞卿率野战政治部直属队和党校、新华日报社为2纵队，由政卫连掩护向东面突围；后勤部门为第3纵队，由杨立三率领向东北角冲出重围。日伪军发觉了八路军分路突围的意图，迅速收缩合围圈，并将一簇簇炮弹砸向密集的人群。面对这一极度危险处境，左权一边鼓舞士气，一边迅速督促彭德怀部赶快转移。

25日下午2时许，左权指挥着大队人马在十字岭高家坡一带实施突围行动。期间，警卫连长唐万成在保护彭德怀突围后，折返回来要保护左权突围，被左权拒绝，命令唐继续赶去保护彭德怀。太阳偏西了，日军的炮火依然很猛烈。当左权率领队伍冲向敌军最后一道封锁线时，敌人火力更加凶猛。突然，一发炮弹落在左权身边，他不顾危险，高喊着让大家卧倒。接着第二发炮弹又接踵而至，左权的头部、胸部、腹部都中了弹片，壮烈牺牲。

突围队伍中的 3 名北方局党校的青年学生发现了牺牲的左权将军，他们将左权的手枪取下，将遗体抬到了荆棘处，拿一床军被盖好，又遮盖一些树枝作掩护。

敌人退去后，总部警卫连指导员带战士登上十字岭，买了附近老乡的棺材，找到了将军的遗体并就地掩埋。没想到的是，日军截获到八路军“左权失踪”的电报后又杀了个回马枪，在十字岭上到处挖掘，最终挖出了左权的棺材，打开后给遗体照了相，登在了敌伪报纸上。

后来，八路军总部在河北涉县莲花山下挑选了一块风景秀丽之处为左权修建了陵墓，彭德怀亲笔写了墓志，朱德题诗。1942 年 10 月 10 日为左权将军公葬日，5000 军民参加了公葬活动。

为纪念左权将军，1942 年 9 月 18 日，辽县党政军民等 5000 余人举行了辽县易名典礼，将辽县改名为左权县。1965 年 5 月，左权县政府在十字岭立碑，上书“左权将军殉难处”。1985 年，左权县政府在十字岭峰顶左权殉难处建起一座四角正方形的“左权将军殉难处纪念亭”。纪念亭坐北朝南，占地面积为 243.63 平方米，高 11 米，亭门上方悬挂着的“左权将军纪念亭”七个镀金大字，是徐向前 1987 年 4 月所题。两边檐柱上刻着“伟烈丰功卓著集民族正气贯古今　忠肝义胆长存铭华夏英碑迪后人”的联句。亭内竖立纪念碑，碑身正面上书“左权将军永垂不朽”，左面为朱德痛悼左权的七绝手迹：“名将以身殉国家，愿拼热血卫吾华，太行浩气传千古，留得清漳吐血花”；右侧为邓小平题词的手迹：“怀念左权同志”，背面刻有彭德怀于 1942年10月10日“敬

★左权将军雕像

撰”的“左权同志碑志”，简要介绍了左权将军的战斗历程。

2012 年 9 月 29 日，是左权将军殉国暨辽县易名左权县 70 周年，当地有关单位在左权将军纪念亭前竖立了“左权将军铜像”，同时在十字岭上竖立“十字岭反扫荡中牺牲的英雄纪念碑”。

左权将军殉难处于1965年5月被山西人民委员会公布为山西省文物保护单位。

内蒙古自治区

NEIMENGGUZIZHIQU

第一批国家级抗战纪念设施和遗址通览

大青山抗日游击根据地旧址

大青山抗日游击根据地旧址位于内蒙古自治区呼和浩特市武川县德胜沟乡蘑菇窑村东的大青山深处。

大青山位于横贯绥远省（后划归内蒙古自治区）全境的阴山山脉的中段，东

★德胜沟（中共绥远省委、大青山支队司令部、绥察行署驻地）

★大青山抗日游击根据地展馆

起集宁以北的灰腾梁，西接包头以西的乌拉山，东西绵延七百余里，南北宽百余里。大青山南麓有富饶美丽的土默四川平原濒临黄河，北麓是广阔的乌兰察布草原与蒙古人民共和国接壤，东南方向有蛮汗山与之相望，并与晋西北形成山水相连的地势。大青山地区峰峦起伏，连绵不断，山与山之间有许多河沟峡谷，比较大的有井尔沟、得胜沟、韭菜沟、万家沟等，众多条支沟穿插其间，抢盘河、得胜河常流不断。抗日战争中，大青山地区是沟通中国华北和西北的重要纽带，对敌我双方都具有极其重要的战略地位。

抗日战争时期，这里曾是八路军大青山支队司令部、绥远省委、省行署机关的驻地，被人称作“塞外小延安”。

1938 年，中共中央从全国抗日战争的发展局势和战略需要出发，作出了建立大青山抗日游击根据地的战略决策。1938 年 5 月 14 日，中共中央、毛泽东给在晋西北的八路军总指挥朱德、副总指挥彭德怀、以及贺龙、关向应、肖克等发出电文：“在平绥路以北沿大青山脉建立游击根据地甚关重要，请你们迅即考虑此事”。6 月 11 日，毛泽东再次发出关于创建大青山抗日游击根据地的电文。按照中共中央和毛泽东关于创建大青山抗日游击根据地的决策和具体部署，120 师抽调 358 旅 715

团和师直骑兵营一个连，组成了八路军大青山支队，358旅政治委员李井泉任大青山支队司令员，姚喆任支队参谋长，彭德大任支队政治部主任，干部战士绝大多数参加过红军长征。与此同时，第二战区民族革命战争战地总动员委员会也在岢岚县城组建了战动总会晋察绥边区工作委员会，在共产党的领导下，太原成成中学师生组建起抗日游击第四支队，准备北上大青山抗日。1938年2月，四支队参加了八路军收复晋西北7县城的战斗。经整训，7月中旬即编为总动委会游击第四支队，军事上受大青山支队统一指挥。1938年7月底、8月初，八路军大青山支队、总动委会及第四支队约2300余人，开始了进军大青山的征途。

从晋西北到大青山400多公里，在日伪军骑兵和机械化交通工具的堵截围攻下，部队跋山涉水，且战且行，历时月余，经过两次北上，终于突破敌防线，于9月1日到达大青山腹地大滩和甘沟子。随后，大青山支队攻克乌兰花镇，开展抗日宣传，李井泉率部进驻武川县井尔沟，开辟根据地，在井尔沟柳沟门村首次召开会议，研究建立乡村基层抗日政权、军事部署等问题。10月间，大青山支队主力部队在归绥县面铺窑子村与杨植霖等领导的蒙汉抗日游击队伍胜利会师。从此，大青山军民以武川为中心，展开了艰苦卓绝的游击战争。

面对数十倍的日伪军，大青山支队展开了游击战争，经过一系列的战斗，逐步开辟了包括绥中、绥西、绥南三块游击区的大青山抗日游击根据地，从而大大推动了内蒙古敌后抗日游击战争的发展。

绥中游击区指归(绥)武(川)公路以东，平绥铁路以北，集宁至土木尔台一线以西地区。大青山支队经过以夜袭陶林县城、突袭绥中重镇乌兰花、在归武公路蜈蚣坝伏击日军车队等几次较大战斗和群众工作的开展，胜利地开辟了绥中游击区。

绥西即归武公路以西，包括武川、归绥西部、萨拉齐、固阳县全部。敌人获得部队西进情报后，从包头、固阳出动满载日军的汽车37辆，向大青山支队攻击，支队三战三捷后，绥西游击区局面很快打开了。

绥南指平绥铁路以南，以蛮汗山为中心，包括凉城、清水河、和林格尔县及归绥、托克托、丰镇县的一部分。当时蛮汗山区敌人据点不多，主要是小股匪对群众危害大。根据群众要求，部队坚决打击了蛮汗山的几股土匪，归还群众财物，解救被掠妇女，赢得了群众极大拥护。绥南部队利用缴获的百余匹战马和枪支，组织了骑兵。这是大青山支队组织骑兵的开始。

1938年12月，大青山抗日游击根据地初步建立。在东起灰腾梁，西到包头、固阳，南到黄河、长城，北到四子王旗的广阔地区，形成了绥中、绥西、绥南三块游击区，紧密配合山西的抗日游击战争。

1938年12月间，日伪军近7000人从大同、丰镇、集宁、归绥、包头一线出动，兵分三路，发动冬季大“扫荡”，妄图一举摧毁刚刚建立的大青山抗日游击根据地。在绥南、绥中、绥西，我军经过奔袭包头、韩沁坝、马场梁、九道拐、明安川等数次战斗，彻底粉碎了日伪军对大青山抗日游击根据地的第一次大“扫荡”。

从1938年底到1939年初，大青山支队还分别在绥中、绥西、绥南进行了剿匪斗争，通过剿除匪患，使八路军进一步得到蒙汉各族各阶层人民的信任和支持，真正在大青山地区站稳了脚跟，为大青山抗日游击根据地的建立和发展创造了必需条件。

1938年底，党中央决定让120师挺进冀中等地。12月下旬，大青山支队第715团主力奉命随第120师师部开赴冀中抗日根据地后，按师长贺龙部署，留下4个连的兵力和独立第4支队共500余人，坚持大青山地区的斗争。至1939年上半年，部队发展到1700余人，扩编为3个营，改编为大青山骑兵支队。1940年夏，支队扩编为3个团。7月，李井泉调回晋西北后，姚喆接任司令员。8月，大青山抗日根据地在逐步建立乡、区县各级抗日民主政权的基础上，成立了绥察（察，察哈尔省，今分属内蒙古、河北）行政办事处，辖绥南、绥中、绥西3个行政督察专员公署。1941年4月15日，绥察行政办事处改称为绥察行政公署，辖绥南、绥中、绥西、绥东4个专员公署。

由于中央总部部署，主力被调走，大青山抗日游击根据地遭到日军和国民党顽固派的多次围攻，根据地面积缩小，1942年，绥中区丧失，八路军仅能在绥西、绥南一带坚持游击战争。10月，中共晋绥分局将绥远和雁北合并成立塞北军分区，绥远区党委改为中共塞北工作委员会。与此同时，大青山党政军机关组织武装工作队、骑兵分队和两个工作组，进入绥中区开展工作。1944年8月，大青山根据地军民配合晋西北八路军的秋季攻势，扩大了解放区。到1944年底，大青山根据地基本恢复。1945年6月，国民党顽固军进攻大青山地区。8月中旬，顽军被逐回河套。八路军随即发起战略大反攻，以骑兵旅、第27团1部会同教导第2队等

★大青山抗日游击根据地教导队遗址

武装，由偏关向托克托、和林格尔挺进，扫清了平绥路沿线敌军据点，夺取了抗战的最后胜利。

大青山抗日游击根据地旧址现有司令部、卫生队、教导队等遗址，李井泉、姚喆等领导人住过的窑洞和办公用的石磨、树墩，存有八路军作战使用过的电台、战刀、手榴弹、马蹬、火盆、粮食袋、火镰等珍贵文物，李齐沟有郝秀山等老一辈领导人成立的“郝区政府”原址，并存有大量的革命历史文物。

为充分挖掘境内丰富珍贵的革命历史文化遗产，彰显大青山抗日军民革命先烈前辈们的丰功伟绩，弘扬革命传统，培育民族精神，1985 年 10 月，在武川县可可以力更镇南大街，兴建了大青山英雄纪念碑，由公墓、碑座、碑身和碑顶四部分组成。碑座南北端镶嵌着“蒙汉军民团结创建根据地”和“打击敌人欢呼胜利”两幅汉白玉浮雕。1997 年，对得胜沟八路军司令部和李齐沟“郝区政府”等革命遗址、遗迹进行了修复、重建，恢复了原貌，后又建成了陈列馆。2005 年，武川县委、县政府报请国家发改委和全国红色旅游协调工作小组审批立项，建设“大青山抗日游击根据地展馆”和“红旅公路”工程。两个项目从从 2006 年开始建设，于 2008 年 9 月 9 日正式竣工和落成。“红旅公路”全长 55 公里，是展馆通往外界的通道。“大青山抗日游击根据地展馆”建筑面积 1600 平方米。展馆陈列项目分别由以毛泽东题词、武川地势岩石题材群体为主题的主题正厅和以抗日战争、大青山之鹰、全民抗战、决战大青山、抗战胜利为题材的五个展厅组成。

大青山抗日游击根据地旧址于 1964 年被内蒙古自治区公布为自治区重点文物保护单位；2008 年 12 月被内蒙古自治区党委宣传部公布为内蒙古自治区爱国主义教育基地，2009 年 5 月被中央宣传部公布为全国爱国主义教育示范基地。大青山英雄纪念碑于 1989 年被国务院公布为全国重点烈士纪念建筑物保护单位，2005 年被内蒙古自治区党委宣传部公布为内蒙古自治区爱国主义教育基地。

世界反法西斯战争海拉尔纪念园

世界反法西斯战争海拉尔纪念园位于内蒙古自治区呼伦贝尔市海拉尔区北山。

世界反法西斯战争海拉尔纪念园是由当年侵华日军海拉尔要塞北山遗址改造而成。侵华日军海拉尔要塞（也称海拉尔筑垒地域），是日本关东军在海拉尔修筑的以内陆防御为主的军事工事，是第二次世界大战期间，日本关东军在中国东北边境设立的15处军事工事中最大的两处之一（另一处为黑龙江省东宁要塞），于1934年6月动工，1937年末竣工，距今已有70多年的历史。该工事利用海拉尔地区四周高地，共建有5个主阵地和4个辅助阵地，共占地21平方公里。其中的北山阵地，是国内同类遗址中地上地下工事最为复杂、规模最大、设施最全、保存最完好的一处环行防御阵地，是整个军事工事的指挥中心，日本关东军第80混成旅团司令部设在这里，曾被当时的军事家称为“东方的马其诺防线”。其中地下工事距地面17米深，总建筑面积10000多平方米，均为钢筋混凝土浇铸而成，地下通道总长4000余米。北山地下军事工事为东西走向，地下工事总面积5000余平方米。通道两侧排列着规格不等、用处不同的房间50余间。地上部分建有30多个钢筋混凝土结构的明暗堡和顶盖工事，还有钢筋混凝土结构的掩蔽部及观察所、指挥所，有迫击炮、火炮阵地和防坦克壕等。

海拉尔要塞遗址是日本军国主义侵华史和中国劳工修建工事的血泪史的见

★世界反法西斯战争海拉尔纪念园景区

证。该工程修建过程中，日本侵略者用哄骗“招工”的办法从东北、河北、山东等地抓来大批劳工。劳工们在这里食不果腹，衣不遮体，每天干十几个小时重体力活，累死、病死、饿死、被打死的不计其数，尸体被日军用汽车运到北山和敖包山之间的沙地掩埋。工程结束时，为了保密，惨无人道的日军把劳工分批用铁丝把肩胛骨穿在一起，集体枪杀、活埋，海拉尔河北岸“万人坑”内的嶙嶙白骨就是铁证。

1945 年 8 月 9 日，苏军 36 集团军对日军作战的满洲战役全面打响。12 日，苏军对固守海拉尔要塞的近 7000 名日军发起猛烈攻击，至 16 日，共俘虏 3827 人，打死 3000 余人，彻底摧毁了这个“地下魔窟”。苏联红军在攻占海拉尔的战斗中付出了巨大代价。在海拉尔东郊小孤山上，有 24 座苏军烈士合葬墓，安葬着以上校普什卡列夫为首的约 1130 名苏军烈士。

2008 年 6 月，中共海拉尔区委、区政府在侵华日军海拉尔要塞遗址修建了世界反法西斯战争海拉尔纪念园，作为弘扬爱国主义、国际主义、革命英雄主义的基地。园区总面积 110 公顷，为国家 5A 级战争主题公园。分为地上、地下两部分。地上建筑有：海拉尔要塞博物馆、主题广场、战场遗迹、模拟战争场景、游客服务设施等；地下工事遗迹复原了日军司令部、士兵宿舍、卫生室、通讯室等。

纪念园大门设计独特，镌刻着用中、俄、蒙文书写的“世界反法西斯战争海拉尔纪念园”的基座上雄踞着一辆真实的苏制坦克。它高耸伟立，彰显着维护和平的力量。坦克炮口所对准的是两座被炸得摇摇欲坠的日军炮楼（真正用途是售票口）。穿过大门，走过 45 级台阶，一座宽阔的广场展现在面前。广场正中间伫立着一尊 18 米高，表现中、俄、蒙三国士兵高举长枪、马刀欢呼胜利场面的雕像。这尊雕像既是整个广场的灵魂，也是纪念园爱国主义、国际主义、革命英雄主义的集中体现。广场右侧是米格 −15 战斗机、红旗 2 型导弹、高射炮、日本军车等军事装备的展示。

广场南端是侵华日军海拉尔要塞遗址博物馆。博物馆地上部分以展示 1931—1945 年间呼伦贝尔地区抗战的实物和图片为主，共分 4 个展厅、9 个单元，展出了抗战各个时期的文字资料 100 余万字，珍贵历史照片 1000 余张，地图 39 幅以及大量的战争实物。内设电影厅、射击场等游客参与项目。一厅“东亚烽火兴安怒”，运用较多实景模拟介绍九一八事变后，苏炳文将军成立东北民众救国军，发动著名的“海满抗战”，并利用中俄红色秘密交通线进行的一系列抗日壮举。二厅“炼狱硝烟草原焦”，运用大型沙盘、大量实物说明海拉尔的地势地貌、日军在此修筑军事要塞的目的、作用及修建要塞中国劳工的悲惨遭遇，并运用高科技手段全景展示了世界最早的大规模立体战争——诺门罕战役。三厅“塞外惊雷万木春”，以大量实物、图片讲述苏、蒙军与东北抗日联军全力策应配合，于 1945 年 8 月 9 日进攻海拉尔要塞，并于 18 日取得决定性胜利的艰苦历程。四厅“世界和谐传友情”，运用照片、实物讲述了改革开放以来呼伦贝

★侵华日军在海拉尔地区罪行展厅

尔地处中、俄、蒙三国交界地区，中国向北开放的最前沿，积极推动三国友好合作交流、互利互赢、和谐发展的新局面。

地下部分则完全以侵华日军海拉尔要塞为主体，完整地展出日军指挥所、通讯室、弹药库、射击口、卫生所等，使人们对战争的感受更加直观。地面军事遗迹主要包括指挥部、重机枪阵地、野炮阵地。景区四周摆放 50 余辆仿真坦克。

世界反法西斯战争海拉尔纪念园 1996 年被内蒙古自治区政府公布为内蒙古自治区重点文物保护单位，2009 年 5 月被中央宣传部公布为全国爱国主义教育示范基地，2010 年被国家国防教育办公室公布为国家国防教育基地，2012 年被国家红色旅游工作协调小组公布为全国红色旅游经典景区。

诺门罕战役遗址陈列馆

★

诺门罕战役遗址陈列馆位于内蒙古自治区呼伦贝尔市新巴尔虎左旗所在阿木古郎镇以南 60 公里处。

★诺门罕战役遗址陈列馆景区

诺门罕全名诺门罕布尔德，在海拉尔西南 180 公里处，是清代呼伦贝尔过哈拉哈河，穿越蒙古，走古北口进北京的必经之路。

诺门罕地区，是指罕达盖—将军庙—阿木古郎一线至哈拉哈河地区。哈拉哈河自大兴安岭的达尔滨湖发源，流入贝尔湖，全长近 400 公里，沿途有 12 条小河汇入，河宽 50—80 米，河的西岸比东岸高 50 米，在东岸一侧看不到西岸台地的情况。一条名叫胡鲁斯台河的小河，河宽不过 8 米，从东北向西南流入哈拉哈河，将诺门罕地区分为南北两片。在古代这里就是一个大战场。

1939 年 5 月，在诺门罕布尔德地区及今蒙古国哈拉哈河中下游两岸，爆发了一场日本关东军和苏蒙军的大规模战争，史称诺门罕战争。

诺门罕战争的中心地带，是以诺门罕布尔德为起点，沿着胡鲁斯台河—哈拉哈河两岸进行的，向西北 50 公里到贝尔湖，向东南 70 公里到罕达盖。哈拉哈河西岸的哈玛尔达巴山，是苏军前线指挥部的所在，日本军队的前线指挥部则设在诺门罕东北邦库诺尔附近的将军庙。

1939年5月11日，约90名蒙古骑兵在哈拉哈河以东、诺门罕附近的地区（今中国内蒙古呼伦贝尔盟西南部，阿尔山以西）放牧。日本关东军及伪满洲国认为，满、蒙边境应该在哈拉哈河，蒙古骑兵放牧的地区应当是伪满州国国土，而苏、蒙则认为边界在河东约 16 公里，诺门罕的东面。于是，蒙古骑兵被伪满洲国骑兵驱逐。两天后，蒙古骑兵带领援军到达，再次在该地驻扎。

实际上，日本关东军早就想在这一带进攻蒙古人民共和国，占领其东部哈拉哈河地区，作为下一步入侵苏联远东地区的跳板，进而实现蓄谋已久的“北进计划”。

这一冲突事件，让日本关东军找到了发动战争的借口。5 月 13 日，关东军司令部依据签发不久的《满苏边境纠纷处理纲要》，指示 23 师团团长小松原道太郎中将，立即扩大战事，出兵诺门罕。苏联政府依据《苏蒙互助协定》，也开始向出事地区集结兵力，储运军需。

5 月 28 日，山县大佐率部 2520 人，在 12 辆装甲车的掩护下，从 3 个方面向苏蒙军围攻。同时，东中佐指挥一个约 200 人的骑兵联队和一个装甲车中队，偷袭外蒙军第 6 师司令部得手，蒙军师长沙日布阵亡。当天晚上，苏蒙军在 4 门重炮和无数迫击炮、山炮、野炮，以及 39 辆坦克掩护下，对日军发起了猛烈反击。

草原上毫无遮挡，一发发炮弹打得日军骑兵人仰马翻。第一次诺门罕战役，以日军23师团的骑兵联队被全歼而告终。日军迂回包抄苏蒙联军的计划彻底破产。

此后的6月间，双方加紧调兵遣将。此间，苏联任命朱可夫将军为前线指挥官。6月底，日军发动反攻，从北面分两路进攻哈拉哈河以东的苏军，其中部分兵力在7月1日渡过哈拉哈河，进入河的西岸，意图阻隔苏军的援兵，切断河东苏军的退路。朱可夫集合约200辆坦克及300辆装甲车，以装甲兵反攻，河西的日军攻势受阻。7月3日，日军撤回河的东岸。而河东的日军亦未能将苏军击退。此后，双方一直维持相持局面。8月20日，苏军在朱可夫的指挥下，投入总兵力约57000人，在30公里长的前线发动主力进攻。北翼最先以机械化步兵进攻，吸引日军增援。中部则以步兵牵制日军主力。南翼集中一个步兵师、一个装甲旅，约10000人及300部坦克，配合火炮、空军快速向北迂回，从侧翼包围河东的日军。

日军的作战策略则是以前线部队阻挡苏军进攻，等待苏军的进攻力减弱后，以援军从侧面包围苏军。但是苏联闪电式的立体机动作战，特别是大量投入的装甲兵，令前线的日军快速溃败。8月24日，苏军南北两翼在诺门罕合围，两个日本关东军师团（第7师及第23师）的主力被包围。8月27日，日军试图突围失败。朱可夫在日军拒绝投降后，以火炮及空军集中歼击被围的日军。8月31日晚，苏军放松了攻势，小松原带领残部2000余人从包围圈逃了出来。后日军又调兵遣将，妄图决一死战。这时国际形势发生变化，苏德签订了苏德互不侵犯条约，使苏联可以全力对付日本。9月3日，日本东京方面作出了停战决定，并和苏联进行外交谈判。9月16日，苏日两国发表了停战公报。

诺门罕战役历时135天，双方投入战场兵员20余万人，大炮500余门，飞机900余架，坦克装甲车上千辆，死伤6万余人。无论空战或坦克战，在当时规模都是空前的，可以说是世界上最早的一次大规模立体战争。骄横不可一世的日本关东军在这片不足600平方公里的沙丘地带损耗了5.4万兵员和大量重武器。这是自日俄战争以来，日军第一次遭受到如此惨重的失败。

诺门罕战役遗址占地2.97平方公里，现有战争陈列馆、万人焚尸坑、将军庙、日军野战医院遗址、胡鲁斯台河战争遗址等。1989年，新巴尔虎左旗设立了诺门罕战役遗址陈列馆。2005年，旗委、政府加强对诺门罕战役遗址景区建设，

★朱可夫（前苏联）将军到蒙古高原指挥诺门罕战役展示厅

编制完成诺门罕战役遗址景区总体规划，分为四个功能区：主接待区、军事娱乐区、军事博览区、综合服务区。包括六大景区，即入口景区、罪证景区、覆灭景区、和平永恒景区、野战野营景区、素质训练景区。诺门罕战役遗址陈列馆主体工程于 2007 年 5 月动工，2008 年完工。2009 年，又对陈列馆进行了重新布展。

诺门罕战役遗址陈列馆外观设计成为一个密封的碉堡造型，建筑面积为 2264 平方米，采用框架结构，主体为四层建筑：一、二、三层分别为陈列馆、战场模型沙盘、放映厅等；顶层为观礼台，正前方对着诺门罕战争主战场。馆内布展的整体色调以岩石般的凝重灰色为主，辅以刚强的金属色，反映当年的战争场面和政治时局。形式上采用声、光、电等高科技手段进行布展，并展出有 3000 余件战争遗物及大量文字资料。

诺门罕战役遗址陈列馆于 2008 年 9 月被内蒙古自治区政府公布为内蒙自治区重点文物保护单位；2008 年 12 月被内蒙古自治区党委宣传部公布为内蒙古自治区爱国主义教育基地。

辽宁省

L I A O N I N G S H E N G

第一批国家级抗战纪念设施和遗址通览

“九·一八”历史博物馆

“九·一八”历史博物馆，位于辽宁省沈阳市大东区望花南街 46 号。

日本对中国的侵略是蓄谋已久的。早在清朝末年，日本就通过发动甲午战争和 1904 年至 1905 年在中国东北进行的日俄战争等侵略扩张行动，迫使清政府订

★“九·一八”历史博物馆展厅入口及《国难》浮雕

立不平等条约，侵占中国台湾，并把中国东北的南部地区强行划为自己的势力范围。日本在中国东北设立殖民机构，如关东都督府、南满洲铁道株式会社（简称满铁）、驻奉天总领事馆等，建立关东军，对东北进行全面的政治、军事控制和经济掠夺。1927 年 6 月至 7 月，日本田中内阁召开专门研究对华政策的东方会议。会后，田中内阁将会议决策以“帝国对满蒙之积极政策”为题上奏天皇，这就是后来被称《田中奏折》的秘密文件。在该《奏折》中，田中将日本的大陆政策进一步明确表述为：“惟欲征服支那，必先征服满蒙；如欲征服世界，必先征服支那”的侵略路线。东方会议的召开和田中奏折的形成，已十分清楚地表明了日本帝国主义在它认为必要的时候，不惜动用武力扩大对东北侵略的方针。事实证明，日本帝国主义正是按照这一方针，逐步加快了侵略中国的步伐。

1931 年，日本趁英美等国忙于对付国内经济危机、无暇东顾，蒋介石政府也在忙于内战之机，决定实行其先侵略中国东北、后实现侵吞中国的计划。为此，日本关东军在沈阳周围开始进行一系列军事演习，并蓄意挑起“万宝山事件”和“中村事件”，为发动侵略战争制造借口。

1931 年 9 月 18 日夜 10 时 20 分，驻沈阳的日本铁道独立守备队第 2 大队第 3 中队所部河河本末守中尉带领几名士兵，以巡查铁路为名，到达沈阳北郊柳条湖附近南满铁路，炸毁距离中国东北军第 7 旅驻地沈阳北大营约 800 米的铁轨。这就是柳条湖事件的真相。接着，日本在此布置了一个假现场，摆了三具身穿中国士兵服装的尸体，诬为炸铁路的凶犯。同时，河本末守采取贼喊捉贼的伎俩，用其随身携带的电话机向守备队第 2 大队本部和奉天特务机关作了报告，诬称中国军队破坏南满铁路，袭击日本守备队。紧接着，预先埋伏在铁路爆炸地点以此约 4 公里处的日本独立守备队步兵第 2 大队第 3 中队立即向东北军驻地北大营袭击。日本关东军随即按照预定计划，命令驻抚顺、铁岭的铁道守备队和驻辽阳的第 2 师团迅速向沈阳集中，连同在沈日军分别向沈阳城发起进攻。

驻北大营的独立步兵第 7 旅是东北军精锐部队之一，有官兵 7000 余人。在日军爆破铁路并开始向北大营进攻时，旅长王以哲未在营区，参谋长赵镇藩几次用电话请示在城内的东北边防军参谋长荣臻和旅长王以哲，而得到的命令是：“不准抵抗，不准动，把枪放到库房里，挺着死，大家成仁，为国牺牲。”这样，面对日军的步步进逼，驻北大营官兵虽然满腔激愤却只得服从不抵抗命令。夜 11 时半左右，部分日军冲进营区，向官兵扫射、刺杀，忍无可忍的驻守官兵一面组织撤退，一面被迫向日军还击。19 日晨 6 时 30 分左右，日军占领北大营。9 月 19 日拂晓，日军分 3 路会攻沈阳城。同日，太阳旗插上城头，一夜之间沈阳沦陷。日军在城内四处残杀百姓，掠夺财物，使中国人民蒙受重大损失。

日军在占领沈阳之后，随即在几天内侵占安东（今丹东）、海城、营口、铁岭、本溪、抚顺、四平、长春、吉林等 20 多座城市及其周围广大地区。9 月，辽宁（除锦州及辽西）、吉林两省沦陷。11 月，黑龙江省基本沦陷。1932 年 1 月，锦州及辽西地区沦陷。2 月，哈尔滨沦陷。至此，在短短四个多月内，中国东北三省百万平方公里的大好河山和 3000 万同胞，完全陷入日本帝国主义的统治之下。

日本之所以能够如此轻易地实现它的侵略计划，主要是以蒋介石为首的国民党政府对日本的侵略实行不抵抗政策的结果。蒋介石采取不抵抗主义的基本理由是“攘外必先安内，统一方能御侮”。他所谓的“安内”，主要是指继续“围剿”红军、镇压抗日爱国力量和排除内部异己力量。他所谓的“攘外”，在此时其实不过是谋求同日本侵略者的妥协。他把制止日本侵略的希望寄托在企求英、美等国出面干涉上，幻想依赖国际联盟（以下简称国联）压迫日本撤兵。9 月 21 日，国民党南京政府就九一八事变向国联提出申诉，并向全国宣告，“要求国人镇静忍耐”，“依赖国联公理处断”。

但是，为英、法等国操纵的国联并不像国民党政府所希求的那样，对日本实行制裁措施。国联理事会对日本人的侵略不作任何谴责，只是劝告中日双方协商日方撤兵事宜。日本对国联作出的限期撤兵决议拒绝接受，国联也无可奈何。1932 年 1 月，国联成立由英、美、法、德、意五国代表组成的调查团，随即来中国东北进

★“九·一八”历史博物馆标志性建筑“残历碑”

行调查，并于 10 月公布国联调查报告书。报告书总的倾向是牺牲中国，姑息日本的侵略行为。

日本对中国东北的大规模侵略强烈地震动了中国社会。各阶层爱国人士看到大片国土迅速沦陷，政府屈辱退让，无不痛心疾首，义愤填膺。一个群众性的抗日救亡运动很快在全国许多城市和村镇兴起。工农商学兵各界民众团体和知名人士，纷纷发表通电，抗议日本的侵略暴行，要求国民党政府抗日。中共中央和中华苏维埃共和国临时中央政府也多次发表宣言、作出决议，号召工农红军和被压迫民众以民族革命战争驱逐日本帝国主义出中国。

从此，中国开始了长达 14 年的与侵华日军抗争的历程。

为了警示后人，勿忘国耻，沈阳市人民政府于 20 世纪 90 年代开始修建“九·一八”历史博物馆。建设过程分为两个阶段。

第一阶段。1991 年，九一八事变 60 周年之际，“九·一八”事变陈列馆竣工。这是一座造型十分独特的建筑，整个陈列馆是一本翻开的巨大“台历”，又称残历碑。馆内陈列很多九一八事变的历史资料。在残历碑一侧有 1938 年日军为九一八事变立的纪念碑，因碑体呈炸弹尾翼状，故名“炸弹碑”。作为日本帝国主义的侵略罪证，该碑被移到陈列馆旁边，推翻在地。沈阳市政府于 1985 年将其公布为市级文物保护单位。

第二阶段。1997 年 9 月，沈阳市政府决定在陈列馆的基础上筹建“九·一八”历史博物馆。经过两年施工，新馆于 1999 年 9 月 18 日正式落成。新馆占地 35000 平方米，建筑面积 12600 平方米，展厅面积 9180 平方米，设有 8 个展厅和 10 余个大型场景。展厅内有历史照片 800 余幅，实物 300 余件，文献档案 100 余件。

★“九·一八”历史博物馆东侧浮雕及胜利纪念碑

“九·一八”历史博

物馆通过大量文物、史料及多种展示手段，反映了从 1931 年 9 月 18 日日本军国主义发动侵华战争到 1945 年 8 月 15 日日本宣布无条件投降期间，中国人民历经 14 年不屈不挠的奋起抗争，最终夺取胜利的历史画卷。

“九·一八”事变陈列馆于 1997 年 6 月被中央宣传部公布为全国爱国主义教育示范基地。“九·一八”历史博物馆于 2003 年被辽宁省国防教育委员会公布为辽宁省国防教育示范基地址；2004 年被中央宣传部等公布为全国中小学生爱国主义教育示范基地，2005 年 3 月被辽宁省委宣传部公布为辽宁省爱国主义教育基地；2008 年被国家文物局公布为国家一级博物馆。

中国（沈阳）审判日本战犯法庭旧址陈列馆

★

中国（沈阳）审判日本战犯法庭旧址陈列馆位于辽宁省沈阳市皇姑区黑龙江街77号。

1945年8月15日，日本宣布无条件投降，第二次世界大战以侵略者的彻底失败而告终，战争罪犯也被押上了历史的审判台。继远东国际军事法庭、德国纽伦堡国际法庭、中国国际军事法庭、苏联伯力军事法庭等审判之后，中华人民共和国最高人民法院特别军事法庭，于1956年6月9日至7月20日，分别在沈阳、太原两地对45名在押的日本战犯进行了审判，在沈阳审判的有36名。

★中国（沈阳）审判日本战犯法庭旧址陈列馆外貌

1956年6月9日，特别军事法庭在沈阳开庭。审判的日本战争罪犯是：前日本陆军第177师团中将师团长铃木启久、第59师团中将师团长藤田茂、第59师团第53旅团少将旅团长上坂胜、第39师团中将师团长佐佐真之助、第59师团第54旅团少将旅团长兼济南防卫司令官长岛勤、第137师团第375联队大佐联队长船木健次郎、前日本关东军第731部队第162支队少佐支队长木神原秀夫和第39师团第232联队本部中尉俘虏监督军官兼情报宣抚主任鹈野晋太郎等8人。

开庭当天，旁听席上坐满了专程赶来的中国人民政治协商会议全国委员会的代表、各民主党派和人民团体的代表，沈阳各界人民群众的代表和许多新闻记者。

9日上午8时30分，最高人民法院特别军事法庭正式开庭。8名被告被带上被告席。审判长通知被告说："你们在庭审过程中，可以向证人和鉴定人发问，除辩护人为你们辩护外，你们还可以自己辩护。另外，你们还有最后陈述的权利。"

开庭之后，国家公诉人宣读了起诉书。当日下午，开始对被告人的犯罪事实进行法庭调查。起诉书中列举了8名被告人在日本侵略中国战争期间所犯下的执行侵略战争政策、严重违反国际法准则和人道原则等罪行。法庭出示了大量的物证，并传召证人出庭作证，以无可辩驳的事实，证实了这8名战争犯罪分子所犯下的罪行是极其严重的。

法庭首先讯问了被告人铃木启久。1941年12月到1944年10月，他在日本侵略军中先后任联队长和师团长时，指挥所属部队对河北省冀东地区和河南省浚县等地进行了残酷的"扫荡"和"讨伐"，制造了6起集体屠杀和平居民的罪行。1942年10月，铃木启久为了执行"三光政策"，曾向所属第一联队和骑兵队下过"彻底肃清潘家戴庄"的命令，制造了潘家戴庄惨案。

在调查这一罪行时，法庭传召了证人周树恩。这位44岁的农民，是当年在日寇对潘家戴庄集体屠杀时从埋人的坑里逃出来的受害人，至今身上仍留着日军残害的伤痕。他在法庭上作证，详细叙述了1942年10月28日早晨，铃木部队在潘家戴庄进行大屠杀的野蛮暴行。他的一家20口人，被日军杀害了6口，村中血流成河，粮食牲畜被洗劫一空。他满腔悲愤地诉说了这个惨景，又解开衣服，露出遍体伤痕。在确凿的证据面前，被告人铃木启久"扑通"一声跪倒在地上，连连喊着"饶命！饶命！"并承认："这完全是事实，我诚恳地谢罪。"

第二天，法庭继续进行事实调查。被告人藤田茂，被控犯下多种罪行，其中之一是，1939 年 4 月，在他担任联队长时，指挥命令部下包围山西安邑县的上段村，杀害和平居民 100 余人。法庭传召了幸存的受害者张葡萄出庭作证。当时，33 岁的张葡萄和上段村许多无辜居民一同被日军驱赶到一口井旁，她的公公、婆婆、丈夫和年仅 4 岁的女儿都被杀害后投入井内，她也被打伤投入井内。她当庭哭诉了家破人亡的经过，说到亲人们的惨死时泣不成声，旁听者和法庭工作人员都不禁为之落泪。在法庭上，藤田茂的其他罪行，也都有证人出庭作证。在他当联队长到师团长期间，经常训示部下军官要用活人作“靶”，对士兵进行“试胆教练”，又曾下令“将俘虏在战场杀掉算入战果”。此外，藤田茂还有强迫居民“踏探地雷”等残酷罪行。对于这些罪行，藤田茂供认不讳，表示：“一切都是事实，我愿接受任何严厉处罚。”

起诉书上所控告的 8 名被告人的犯罪事实，是根据 920 人的控诉，266 人的检举，836 人的证词一件一件核实的。在大量人证、物证面前，8 名被告人一一低头认罪。

调查结束后，律师为各被告人作了辩护。

辩护人进行辩护之后，公诉人就辩护词的某些问题提出意见，辩护人又再次发言，直到双方都表示没有意见需要再陈述时，审判长才宣布辩护结束。

法庭辩论结束之后，由各被告人作最后陈述，8 名日本战犯在法庭上都对自己的罪行表示了忏悔，愿意诚恳接受法庭的正义裁判。

法庭在被告人最后陈述后，退庭进行评议。经过 3 天评议后，在 19 日上午 8 时 30 分开庭，宣读了特别军事法庭的判决书：判处铃木启久徒刑 20 年，藤田茂、上坂胜徒刑各 10 年，佐佐真之助、长岛勤徒刑各 16 年，船木健次郎徒刑 14 年，鹈野晋太郎、木神原秀夫徒刑各 13 年。各被告人的刑期，自判决之日起算，判决前关押的日数，以一日抵徒刑一日。

7 月，特别军事法庭在沈阳又审判了武部六藏、古海忠之等 28 名日本战犯。这些战犯都曾在伪满洲国担任过各种不同的重要军政职务，分别犯有积极执行日本帝国主义的侵略政策，操纵或参与操纵伪满洲国傀儡政府，僭夺中国国家主权，违反国际法准则和人道原则等罪行。

在法庭上，伪满洲国“皇帝”溥仪详细供述了被告人武部六藏、古海忠之奉行日本帝国主义侵略政策，操纵伪满洲国政府，统治和奴役东北人民的罪行。在审讯武部六藏时，因被告人患有重病不能到庭，法庭特派审判员到被告人住地进行讯问，国家公诉人和被告人的辩护律师也一同前往，充分体现了法庭的人道主义。

7月20日，法庭对武部六藏、古海忠之28名罪犯分别判处徒刑12年到20年不等。其中，武部六藏判处徒刑20年，古海忠之判处徒刑18年。

在此期间，中国政府先后分三批释放了1017名罪行较轻和悔罪表现较好的日本战争犯罪分子。7月22日，特别军事法庭又将身患重症的武部六藏予以假释。至此，中国关押的1060名日本战争犯罪分子全部处理完毕。

这些战争犯罪分子，在回到日本之后，绝大多数都成为中日友好的使者，为促进中日友好关系的发展、恢复中日邦交正常化积极奔走。当年曾经从事侵略中国战争的日本军人，组成了“中国归还者联络会（正统）”。他们痛恨昔年充当了军国主义的帮凶，决心以有生之年为促进日中友好而献身。中国（沈阳）审判日本战犯法庭旧址陈列馆前身为中国科学院东北分院俱乐部。1956年6月9日，最高人民法院特别军事法庭在此正式开庭，对36名战犯进行审判。1957年，沈阳市电影公司正式接管，更名为北陵电影院，2002年停止营业。其后，经政府投入资金修缮改造，恢复了当年审判时的原貌。

2014年5月18日，即第38个国际博物馆日，重新修建后的中国（沈阳）审判日本战犯法庭旧址陈列馆正式揭牌开馆。重新修建后的陈列馆是一幢二层小楼。陈列馆内的展区面积达1100多平方米。步入陈列馆，“正义审判”四个大字格外醒目，繁体字书写的“中华人民共和国最高人民法院特别军事法庭”牌匾高高悬挂。展厅门口，摆放着一台现代化的多媒体触摸屏，可查看36名日本战犯的资料。

★中国（沈阳）审判日本战犯旧址陈列馆纪念碑

在陈列馆正厅内，再现了1965年的审判庭场景，审判席、被告席、公诉人席、证人席、辩护人席均按照当年陈设布展。观众席前的大屏幕上，不间断地在播放着当年审判日本战犯的原始录像。这份珍贵的影像资料与这幢小楼一样，成为历史永远的记忆。二楼的图文展区，“审判背景”、“审判准备”、“庄严审判”、“尾声”四个板块再现了这段审判历史。一系列展示中有两大亮点，一是当年新闻电影制片厂现场拍摄的审判纪录片；二是蜡像复原战犯受审和谢罪的场景。

阜新万人坑死难矿工纪念馆

★

阜新万人坑死难矿工纪念馆位于辽宁省阜新市太平区孙家湾街道新园街 1 号。

阜新万人坑又称“满炭墓地”，形成于 1936 年至 1945 年间，是日伪时期满洲炭矿株式会社阜新矿业为埋葬死亡中国矿工及家属而建立的墓地。

阜新煤矿是我国大型煤矿之一。早在 1914 年，日本大仓组合就开始觊觎阜新煤矿，先后开办了大新矿业合资公司（以下简称“大新”公司）和大兴矿业合资公司（以下简称“大兴”公司），名为“中日合办”，实为独占。两公司向中国政府请领新邱 6 个矿区。1916 年 7 月，日本的南满洲铁道株式会社（以下简称“满铁”）以 64.3 万日元买得以大仓组合名义获得的 6 个矿区的全部权利。此后，日本吞并中国业主矿区、盗买矿权的活动不断加剧。

1931 年九一八事变后，东北沦为日本的殖民地，日本开始了对东北煤炭资源的大肆开采掠夺。1933 年 3 月，伪满洲国第二军接管原属东北矿务局之孙家湾煤矿，后将该矿交由日本关东军特务部经营。1934 年 5 月，日本操纵的伪满洲国在长春成立“满洲炭矿株式会社”（以下简称“满炭”），专门经营东北所属煤矿，孙家湾煤矿由伪满洲国折价作股交“满炭”经营；“满铁”也将“大新”、“大兴”公司折价作股交给“满炭”经营。“满炭”在阜新分设新邱、孙家湾两个煤矿，并确定了“开发”阜新煤田的计划。

1936 年 10 月，由日本一手操纵的满洲炭矿株式会社阜新矿业所（以下简称

“矿业所”）成立，开始全面掠夺阜新煤炭资源。到1939年4月，矿业所下辖的采炭所由初建时的1个增至8个，各采炭所计有生产斜井44个，露天3座；在建斜井1个，露天2座，成为“满炭”系统的最大煤矿。1939年10月，阜新矿业所实现日产万吨。从1936年到1945年8月，日本侵略者从阜新共掠夺煤炭2527.5万吨。

为大规模掠夺中国煤炭资源，日本资本家实行“人肉开采”政策，在对待“煤”与“人”的关系上，坚持“要煤不要人”的原则，以中国劳工生命攫取资源。他们通过把头招骗、摊派劳工、抓捕战俘和平民百姓等手段，每年将数万人赶到井下挖煤。由于井下没有安全措施，冒顶、透水、瓦斯爆炸等矿难不断，加上煤矿卫生条件差，瘟疫流行，以及政治迫害、精神摧残等等因素，致使大批中国劳工死亡。为埋葬这些死亡的劳工及家属，日伪当局先后在阜新矿区设立了4个“满炭墓地”（即“万人坑”），分别是：新邱兴隆沟墓地、城南墓地、孙家湾墓地、五龙南沟墓地。孙家湾万人坑是迄今为止保存完好的墓地。这四处万人坑除城南万人坑外，其余三处四周都竖有“满炭墓地”石碑。这四处万人坑总占地面积50多万平方米。

1945年8月日本帝国主义投降后，在阜新的日本人将大部档案销毁，致使万人坑究竟埋葬多少死难者无据可查。但根据后来的研究史料显示，当时死难的

★阜新万人坑死难矿工纪念馆广场

★死难矿工遗骨馆遗骨

矿工总数至少在7万以上。据阜新矿务局1974年编写的《阜新煤矿简史》记载：从1936年至1945年埋葬于“万人坑”内的矿工达13万人。在此期间，日寇掠夺开采煤炭3000万吨，平均每千吨就有4人死亡。据1985年阜新市委党史征集办公室出版的《阜新党史资料》第1集记载：自阜新矿业所建立后十年间（1936—1945）以各种方法搜刮劳动力总数在50万人以上，掠夺煤炭2526万吨，死难矿工总数约为7万多人。

1968年，阜新市及阜新矿务局对孙家湾满炭墓地进行挖掘，发掘出3个群葬大坑、10个受各种残害致死的典型尸骨坑、千余个日伪时期遗留未埋尸体的墓坑，并在原址保持原葬形态基础上，分别建立了死难矿工遗骨馆（西馆）、抗暴青工遗骨馆（东馆）、矿史展览馆及殉难矿工纪念碑、典型馆和百骨厅，筹建了阜新万人坑阶级教育展览馆，1992年更名为阜新煤炭博物馆，2007年10月改名为阜新万人坑死难矿工纪念馆。

死难矿工遗骨馆（西馆）墓坑分南北两坑，间距22米。南坑于沟坡挖就，东高西低，高低差约1米，南北长11.1米，宽3.5米，坑深不及1米。坑里埋尸52具。北坑平低，南北长13米，宽3.5米，深约1米。坑内埋尸58具。两坑露出的尸骨中均有肢体残缺者，有的肢骨、椎骨、肋骨折断或颅骨穿洞、断裂。由此不难想象死难矿工所受的残酷折磨。其中还有一具尸骨，两臂撑地、双腿后蹬、上身挺起、头微扬、斜卧于别尸（全坑尸体均单尸仰摆）之上，呈前爬之势，显系被活埋者，当时意欲爬出。

★抗暴青工遗骨馆

★典型馆

抗暴青工遗骨馆（东馆）墓坑由北及南，顺东山坡挖就，北高南低，长16米，宽2米，底深不足1米，共摆放137具尸骨。据初步考察，这些人在生前是关押在日本警备队参加过下菜园子大暴动的“特殊工人”和关押在思想矫正院的反满抗日矿工。坑内所埋尸身分作5组，有的单层摆放，有的码摆5层，发掘后露出尸骨或仅外露头骨的共83具。

七个单人尸骨的典型馆，总计建筑面积56平方米。典型馆之一是两条小腿骨被砍断，残害致死；之二是脖子上被绑上铁丝，在脖子后面坠上一块大石头，被活活勒死；之三是因反满抗日被活埋，埋时左臂挡在脸上，用力挣脱；之四是双手捂着肚子，被摁在坑里活埋；之五是一矿工有病，日本监工硬逼着下井，走路慢了一点儿，就用镢头照脑袋打了两个窟窿致死；之六是被铁丝捆住两只胳膊和两只手、两只脚致死；之七是大小腿折断（左腿），在脖子上绑上麻绳吊打致死。

百骨厅，建筑面积45平方米，1968年建馆时把满山遍野的散落矿工遗骨归敛一起，建成的百骨厅。另外还有一座建筑面积400平方米的图片陈列馆。

阜新煤矿万人坑是日本侵略者掠夺阜新煤矿资源的产物，是中国人民惨遭荼毒的缩影，是日本帝国主义侵占中国期间屠杀、残害中国人民留下的历史遗迹，是日本侵略中国的铁证。

★百骨厅

阜新万人坑于2006年5月被国务院公布为全国重点文物保护单位。阜新万人坑死难矿工纪念馆于2005年3月被辽宁省委宣传部公布为辽宁省爱国主义教育基地，2009年5月被中央宣传部公布为全国爱国主义教育示范基地。

抚顺战犯管理所旧址陈列馆

抚顺战犯管理所旧址陈列馆位于辽宁省抚顺市新抚区宁远街 43 号。

抚顺战犯管理所旧址，原是 1936 年日伪统治东北时期开始修建的“抚顺典狱”。当时日本人修建它的名目，是关押违法的日本人。因为，日本扶植伪满洲

★抚顺战犯管理所旧址陈列馆

★抚顺战犯管理所主楼

国成立之后，把“满铁”附属地的行政权“移交”给了伪满洲国，并撤销了日本的治外法权。日本人在伪满洲国犯了法，不再受治外法权庇护，也要进监狱。但事实上，抚顺典狱是关押中国抗日志士和日本反战人士的监狱。抚顺典狱原有建筑面积 6600 平方米，其中有 1/3 以上的建筑是用做刑讯的地方，仅刑具库就占了 100 多平方米，还设有刑讯室、绞刑室、试验室、“镇静间”等。

1948 年 11 月，抚顺解放后，抚顺典狱被中华人民共和国政府接管，改称为“辽东第三监狱”。1950 年 6 月，根据中共中央指示，东北人民政府将该监狱改建为抚顺战犯管理所。1950 年夏，969 名日本战犯由苏联移交给中国政府，被关押在抚顺这所监狱中，同时被关押的还有溥仪等伪满洲国战犯 58 名。

1949 年 12 月至 1950 年 2 月，毛泽东访问苏联期间，中苏签订了友好同盟互助条约，同时商定，苏联将在押的日本战犯和伪满洲国战犯移交给中国，按照新中国的法律进行处理，以宣示新中国主权国的地位和权威。

1950 年 7 月 19 日，由苏联移交给中国政府的 969 名日本战在中国边境小城绥芬河火车站登上了中国的列车。7 月 21 日凌晨，押运日本战犯的专列抵达抚顺车站。战犯管理所已经做好接站准备，沿途所经路面实施短时间戒严，除将官级战犯和病号坐车以外，其他战犯集体步行押送监区。

在接收这批日本战犯之前，东北人民政府司法部对这座监狱进行了改建，给监房安装暖气，扩大窗口，新建礼堂、医院和浴池等，彻底清除各种刑具和刑讯室，处决犯人的刑场被改建成运动场，用于折磨抗日军民的“镇静间”变成了理发室和浴室。狱中还辟出了一个图书室和一个电影放映室。这时，狱内共有 7 栋监房，其中第五、第六栋监禁校佐级以上战犯，6 人一个监舍；第三、四栋是尉官以下战犯，12 人一间；第七栋安排病患战犯；第一、二栋留给同样从苏联引渡回来的伪满洲国战犯爱新觉罗・溥仪等。

在抚顺战犯监狱关押的日本战犯中有操纵和控制伪满洲国的国务院总务厅长官武部六藏和总务厅次长古海忠之，日本陆军第 117 师团中将师团长铃木启久，第 57 师团中将师团长藤田茂，第 39 师团长佐佐真之助等。这些战犯初到抚顺战犯管理所之时，寻找各种说辞有意反抗中国政府的管理教育。

为了将这些曾经罪恶累累的侵华刽子手改造成人，中国政府充分给予其人道主义待遇。当时正值新中国成立之初，国家百业待兴，正处于艰苦创业时期，但对战犯却给予了宽厚的生活待遇。按照国际惯例，依据战犯原来的级别，参照中国军队的供给制标准，按将官、校官和校官以下三个级别，分小、中、大灶三种待遇，全部供给细粮。并且对在押的战犯做到不打不骂，不侮辱人格，尊重风俗习惯，从思想上对他们进行教育和改造。

朝鲜战争爆发后，当时因为美帝国主义飞机不断袭扰中国丹东、沈阳等地，为安全起见，战犯管理所曾暂时迁往哈尔滨。1952 年，管理所迁回抚顺后，开始对日本战犯开展认罪悔罪教育。其实，认罪悔罪教育从战犯们进入管理所之后就一直在进行着，比如组织理论学习，认清帝国主义、军国主义实质等等。而这一次教育的主要形式是交代、揭发罪行，触及了每个人的具体罪行。一开始，并不是每个日本战犯都能老老实实地坦白。他们或是怕供认罪行会招致严惩，或是仍没有褪掉军国主义的幽魂，有人推诿隐瞒，有人直接对抗。在各种形式的教育活动和润物无声的感化影响下，绝大多数日本战犯开始转变，他们重新审视自己在侵华战争中的所作所为，表示了认罪的态度，坦白交代了大量罪行，到 1953 年年底，80% 的战犯有认罪悔罪表现，交代出 2998 条罪行，写出了 637 份检举材料。

1954 年 3 月，最高人民检察署向抚顺战犯管理所派出了工作团，全面展开了对日、满战犯的侦讯立案工作。由此，进入了对战犯正面讯问和调查罪行的阶段，也进入了向战犯们深入进行认罪悔罪教育的阶段。在耐心细致的思想工作和正义力量的感召下，伪满州国国务院总务长官武部六藏、伪满国务院总务厅次长古海忠之、藤田茂等都表示认罪、悔罪。

从 1950 年到 1955 年，在抚顺和太原两个战犯管理所，1113 名战犯全部低头认罪，他们每人都亲笔写下了自己的罪行供述，等待他们的将是一场最终的审判，多数人认为自己的罪行“不能免死”。

1956 年 2 月到 8 月，管理所组织战犯分三批参观了十几座城市。当他们到达抚顺平顶山惨案纪念馆、南京大屠杀纪念馆、武汉惨案现场参观时，战犯们纷纷跪下向中国死难者谢罪，哭声不绝。在抚顺平顶山惨案遗址，听了幸存者方素荣的血泪控诉，战犯们跪地不起，恳求中国政府就地枪决他们。

1956 年 6 月至 7 月，中国沈阳特别军事法庭对在抚顺战犯管理所关押的日本战犯进行了公开审判。判决结果，最高的有期徒刑 20 年，最低的有期徒刑 8 年，没有一个死刑。

1956 年 6 月至 1964 年 3 月间，在抚顺战犯管理所关押的日本战犯被分期分批全部释放回国。1959 年 12 月到 1975 年 3 月，在此关押的伪满战犯和蒋介石集团战犯也被分期分批全部特赦。

抚顺战犯管理所在完成历史使命后于 1975 年正式关闭。1986 年，经国务院批准后，抚顺战犯管理所开始向公众开放。由于修建年代久远，2008 年 4 月，抚顺战犯管理所旧址正式闭馆，开始进行全面修缮。2010 年 6 月，重新开放的抚顺战犯管理所旧址恢复建设了原有的五所、六所、铁工厂等主要建筑，将原有的末代皇帝改造展馆增加到 400 平方米，并新建了一座占地 2000 平方米的改造日本战犯陈列

★抚顺战犯管理所旧址内的“谢罪碑”

馆。利用现代声、光、电多媒体手段，将当年管理所工作人员对战犯进行教育、改造、侦讯的真实情景进行还原。重新开放的抚顺战犯管理所中还展出了近千张照片和数百件历史实物，其中有末代皇帝溥仪手书的认罪书原件、原生录音带和1950年中苏引渡日本战犯原版视频等，都是首次公开的珍贵历史资料。

抚顺战犯管理所旧址大门上方的方柱顶上挂着一只铜钟，意在警示世人“远离战争，珍爱和平”。在院中，十分醒目地矗立着一座白色花岗岩石碑，这是由当年在这里被改造释放的日本战犯自发在20世纪90年代建立的“谢罪碑”。碑身正面上书“向抗日殉难烈士谢罪碑”，碑阴用中、日两种文字刻有简介：“我们在参加长达十五年的日本军国主义侵略中国的战争中，犯下烧、杀、抢的滔天罪行。战败后被关押在抚顺和太原战犯管理所，在那里受到中国共产党政府和人民“恨罪不恨人”的革命人道主义待遇，开始恢复人的良心。没想到，根据宽大政策，一名也没有处以死刑，全部释放回国。正当抚顺战犯管理所恢复原貌之际，在这里建碑表示向抗日殉难的烈士谢罪的诚意。刻下决不允许再发生侵略战争，为和平与日中友好的誓言。落款：中国归还者联合会，时间：1988年10月20日。”

抚顺战犯管理所旧址陈列馆于1988年被辽宁省人民政府确定为省级文物保护单位；1993年10月被中共抚顺市委、抚顺市人民政府公布为爱国主义教育基地，1995年被中共辽宁省委、省政府公布为辽宁省爱国主义教育基地。

东北抗联史实陈列馆

★

东北抗联史实陈列馆位于辽宁省本溪市本溪满族自治县小市镇滨河东路。

东北抗联全称为东北抗日联军（简称“抗联”），是中国共产党领导下建立和发展起来的一支人民抗日武装。

东北人民自日本帝国主义侵入东北时起，就展开了英勇顽强的抗日斗争。1931 年 9 月 22 日，中国共产党发出了“组织东北游击战争，直接给日本帝国主义以严重的打击”的号召，其后，东北各地人民纷纷建立抗日游击队。驻守的部

★东北抗联史实陈列馆

分东北军与东北义勇军、东北各界民众悲壮地揭开了中华民族抗日战争的序幕。

1936年1月，为适应战争形势发展的需要，中国共产党将东北的各主要抗日武装整编为东北抗日联军，并决定成立东北抗日联军总司令部，杨靖宇为总司令、赵尚志为副司令、李红光为参谋长。2月20日，发表了《东北抗日联军统一军队建制宣言》。根据宣言精神，原东北人民革命军先后改编为东北抗日联军：第一军，军长兼政治委员杨靖宇，政治部主任宋铁岩；第二军，军长王德泰，政治委员魏拯民，参谋长陈龙（刘汉兴）；第三军，军长赵尚志，政治部主任冯仲云；第四军，军长李延禄，政治委员吴平；第五军，军长周保中，副军长柴世荣；第六军，军长夏云阶，政治部主任李兆麟，参谋长冯志刚；第七军，军长陈荣久。

1936年至1937年，抗日联军在与敌人的不断斗争中发展壮大，由原来的七个军发展为拥有11个军4万余人的强大武装力量。游击区也得到了扩大，从长白山到松花江畔，从绵延的兴安岭山区到松嫩平原，到处都有抗联战士纵横驰骋。其间，抗日联军与敌交战达3976次，其中与日军交战1891次，与伪军交战2085次。

1937年，为了适应全国抗日高潮和东北游击战争发展的新形势，东北抗日联军整编成三路军：第一路军由杨靖宇任总指挥，转战辽东和辽南；第二路军由周保中任总指挥，主要活动于西起哈长线东侧，北达松花江右岸，东抵乌苏里江畔的广大地区；第三路军由赵尚志任总指挥（后又改为由李兆麟任总指挥），主要活动在松花江下游、小兴安岭和松嫩平原等广阔区域。各路军协同作战，并积极发动群众，开展各种形式的抗日斗争。

日本侵略者视抗联为“满洲国治安之癌”，频繁地对抗联进行“围剿”、“扫荡”、“讨伐”。在这种形势下，抗联的斗争异常艰苦。七七事变后，日军为了解除其向关内进攻的后顾之忧，确保东北这一侵华后方基地，急欲消灭南满的抗日联军，于是大量增兵，对抗联第一路军进行“围剿”。

针对这一困难局面，中共南满省委决定实行战略远征，向敌人统治力量薄弱的西部进军，以跳出敌人的重重包围与封锁，打乱敌人的“围剿”计划，开辟新的游击区。根据这一部署，抗联各部队从1938年春开始突围西征。由杨靖宇率领的抗联第一路军的部分人员活动在长白山地区，曾屡次试图西征，但由于敌军的追截而未能成功，且伤亡较大。杨靖宇便率领部队在长白山一带坚持游击战争，给日伪军以沉重打击，特别是在摩天岭两次击溃伪军，歼敌1000多人，影响很大。

日军为消灭抗联第一路军，拟定了自1939年秋至1941年春“东边道治安肃正计划”，抽调日伪军7万余人实行“大讨伐”。抗联第一路军遂分编成小部队活动，以缩小目标，保存实力。1940年初，敌人在蒙江发现杨靖宇和第一路军指挥部的行踪后，即用大批兵力跟踪“搜剿”。在一望无际的林海雪原里，抗联战士无处觅食，饥寒交迫，只能靠吃树皮、嚼草根来维持生命。2月23日，杨靖宇只身一人在三道崴子陷入敌军重重包围，经激战后壮烈牺牲。残忍的日军毫无人性地解剖了杨靖宇将军的遗体，当发现他的肠胃里竟然没有一粒粮食，只有棉絮、草皮和树根时，在场的敌人惊愕不已。

与此同时，敌人以松花江下游地区为重点，实行所谓的“三江省大讨伐”，企图消灭抗联第二路和第三路军。由周保中率领的抗联第二路军在吉东地区进行艰苦的反“围剿”斗争，并于1938年2月西征。在西征途中多次遭到日伪军围攻，活动非常艰难，便决定返回牡丹江地区休整，再图西征。当部队行进到乌斯浑河下游的柞木冈山下时，突然遭到日伪军“讨伐”队的袭击。冷云等八位女战士为了掩护大队突围而被包围在乌斯浑河岸边，她们奋力还击，宁死不屈，弹尽援绝后，手挽手毅然跳入滚滚的乌斯浑河激流中。这就是东北抗联史上著名的英勇悲壮的“八女投江”。

1942年，由于日伪军连续对抗联部队进行“大讨伐”，使得抗联斗争进入低潮，许多优秀干部相继牺牲，部队人数也由原先的4万多人锐减到1000余人。为了，积蓄革命力量，同时也为了锻炼部队，中共东北党委决定将抗联的主力部

★密营场景

★半景画——五道岗截击战

队转移到中苏边境进行隐秘整训，留下一些小分队在东北边境继续坚持游击活动。1942年秋，东北抗日联军被改编为“东北抗日联军教导旅”，又称“国际旅”，由周保中任旅长。此时，东北抗联部队下降到800人。教导旅成立后，一方面加强军事训练，为反攻东北做准备；一方面仍不断派遣小部队返回东北战场打击日军。东北抗联部队对敌斗争一直坚持到苏联红军出兵东北。1945年8月，东北抗联部队和进入东北的人民解放军（当时称东北民主联军）一起，为迅速解放东北全境作出了贡献。

辽宁省是东北抗联活动的重要区域，本溪是杨靖宇率领抗联第一路军第1师抗击日军的主要战区。为展示东北抗联抗击日本侵略军的英雄业绩，2005年，由国家、辽宁省、本溪市开始兴建东北抗联史实陈列馆，2007年5月建成开馆。

东北抗联史实陈列馆占地面积6.9公顷，建筑面积5040平方米，陈列面积3000平方米，展示照片、史料、实物1000余件。陈列布展以东北抗联重要历史事件、历史人物、历史战役为线索，分为抗联概况、抗联斗争史实、抗联英烈形象展馆和纪念性展厅四部分。该馆是目前全国抗联史实陈列专题中规模最大、史料最全的陈列馆。

东北抗联史实陈列馆于2005年3月被辽宁省委宣传部公布为辽宁省爱国主义教育基地，2005年11月被中央宣传部公布为全国爱国主义教育示范基地；2009年11月被国家国防教育办公室公布为国家国防教育示范基地。

吉林省

J I L I N S H E N G

第一批国家级抗战纪念设施和遗址通览

伪满皇宫博物院暨东北沦陷史陈列馆

★

伪满皇宫博物院暨东北沦陷史陈列馆位于吉林省长春市宽城区光复北路。

1931 年 9 月 18 日，日本关东军自行炸毁沈阳北郊柳条湖附近的南满铁路的一段路轨，反诬国民党军队破坏铁路，并以此为借口，炮轰国民党军队驻地北大

★伪满皇宫博物院暨东北沦陷史陈列馆

营和沈阳城。这就是震惊中外的九一八事变。以九一八事变为发端，日本开始了大规模的侵华战争。

在沈阳向北大营进攻的同时，日军关东军第2师第3旅第29团向奉天城攻击。1931年9月19日凌晨，关东军司令本庄繁下令：驻辽阳的第2师主力增援对奉天的进攻；独立守备队第3营进攻营口、第4营进攻凤凰城、安东（丹东）；第2师第3旅主力、骑兵第2团、独立守备第1营分别进攻长春宽城区、二道沟、南岭等地。至1931年9月19日10时，日军先后攻占奉天、四平、营口、凤凰城、安东等南满铁路、安奉铁路沿线18座城镇。长春地区的东北军自发反击，战至次日，长春陷落。1931年9月21日，东北边防军驻吉林省副司令长官公署参谋长熙洽率部投敌，日军第2师主力占领吉林。

9月22日，关东军将部队开进郑家屯，24日占领洮南，企图占领黑龙江省，但遭到黑龙江省主席马占山的坚决抵抗。然而由于力量悬殊，马占山部于11月18日撤往海伦。11月19日，关东军侵入齐齐哈尔。至此，日军侵占了辽、吉、黑三省省会。

1931年11月8日，日本陆军大将土肥原贤二制造“天津事件”，指使以李际春、张壁为首组成便衣队，以天津日租界日本兵营海光寺为基地，向租界开枪攻击，妄图以此制造摩擦，达到两个目的：一是制造纠纷，可以支援天津日军名义进犯锦州；二是借机将溥仪秘密运送到东北。但迫于国际舆论压力，日军只能利用土匪侵犯锦州。为制造进攻辽西的借口，土肥原于11月26日至29日又制造了第二次“天津事件”。同时，日军大力向东北增兵，12月15日，日本参谋本部批准关东军以“讨匪”之名进攻锦州。17日，又向关东军颁发了增派第八混成旅团的奉敕命令。21日，日军对辽西展开全线进攻。26日，日军完成进攻锦州的准备。27日，日军再一次大规模增援关东军，抽调了第9师团的第37混成旅团和第3师团的重型轰炸机中队。29日，关东军第2师团占领盘山。30日，日军混成第39旅团完成对辽西重镇打虎山的占领。当日，国民党军队奉命向关内全面撤退。1932年1月3日，关东军第二师团占领锦州。

锦州陷落后，日军立即北侵哈尔滨。此前，板垣征四郎指使哈尔滨东三省特殊区长官张景惠于1931年9月27日成立东三省特别区治安维持会，名为维持治安，实为镇压当地军民的反日行动。1932年初，日军利用吉林伪军于琛征部，打着剿匪名义北上进犯哈尔滨，但因遭到冯占海、李杜等部的痛击而溃败。

利用于琛征的阴谋失败后，日本第2师团于1932年1月29日在长春集结。在哈尔滨，抗日的冯占海、李杜、丁超部也严阵以待。1月31日，日军开始疯狂进攻哈尔滨。抗日军与日军激战3天3夜，终因实力相差太大而败退。1932年2月5日，日军占领哈尔滨。自1931年9月18日起，在1年零4个月的时间里，辽吉黑热四省全部沦陷，3000万东北人民沦为亡国奴。

伪满皇宫是中国末代皇帝爱新觉罗·溥仪充当伪满洲国傀儡皇帝时的宫廷旧址。伪满皇宫博物院是在此基础上建立起来的。2005年，在伪满皇宫博物院东部区域开始修建东北沦陷史陈列馆，2006年9月18日正式对外开放。该馆占地2.65万平方米，建筑面积1.06万平方米，是一座集收藏、展示和学术活动于一体的历史类专题展馆。该馆为地下一层、地上三层，分为基本陈列厅和交流展厅两部分。基本陈列为《勿忘九·一八——日本侵略中国东北史实展览》，由阴谋篇、残暴篇、抗战篇三大板块构成，展出历史图片1200余张，文物及罪证实物1000多件，原始音像资料14个专题。具体分“武力侵占中国东北”、“炮制傀儡政权”、

★伪满皇宫博物院暨东北沦陷史陈列馆内景

“摧残民族意识”、“残酷镇压”、“疯狂掠夺”、“移民侵略”、“以东北为基地继续侵略扩张”、“东北人民的抗日战争”和“历史的反思”九个部分，采用了声、光、电等高科技手段。展览以大量且无可辩驳的史实、实物、资料，全面展示了东北沦陷的屈辱历史，深刻揭露了日本帝国主义武力侵占中国东北、炮制伪满洲国傀儡政权、推行法西斯殖民统治的罪行，歌颂了中国共产党领导东北人民的抗日战争和中华民族同仇敌忾，在世界反法西斯战争中坚守东方战场，与世界人民一道共同夺取抗日战争与世界反法西斯战争最终胜利的伟大壮举。

伪满皇宫博物院暨东北沦陷史陈列馆于 2013 年 5 月被国务院公布为全国重点文物保护单位，2009 年 5 月被中央宣传部公布为全国爱国主义教育示范基地，2009 年 11 月被国家国防教育办公室公布为全国国防教育示范基地。

杨靖宇烈士陵园

★

杨靖宇烈士陵园位于吉林省通化市浑江东岸靖宇山。

杨靖宇（1905—1940），原名马尚德，河南省确山县人。1923 年考入开封纺织工业学校。在学校期间，受到中国共产党和共产主义青年团组织的培养和教育，阅读进步书刊，接受共产主义思想，参加革命活动。1926 年加入中国共产主义青年团。同年冬，受中共河南党组织派遣，回到家乡确山从事农民运动。

1927 年 4 月，为配合国民革命军的北伐战争，杨靖宇参与领导了确山农民暴动，并取得成功。同年 5 月转为中国共产党党员。大革命失败后，杨靖宇按照党的八七会议的要求，再次组织确山起义，任农民革命军总指挥，在作战中负伤。1928 年春，在负伤未愈时，受党派遣先后到确山、信阳、开封、洛阳一带从事党的地下工作。期间曾几次被捕，屡受酷刑，坚贞不屈。脱险后，党组织派他到上海学习并从事党的秘密工作。

1929 年春，杨靖宇调赴东北，担任中共抚顺特别支部书记。他化名张贯一，深入抚顺煤矿，联系工人群众，恢复重建被破坏的党组织，领导工人同侵占中国煤矿的日本矿主进行斗争。九一八事变后，先后担任中共哈尔滨市委第一任书记、满洲省委委员，后又兼满洲省委军委代理书记。1932 年 11 月，杨靖宇以省委代表身份被派往南满，整顿各县党组织、抗日游击队和义勇队，组建中国工农红军第 32 军南满游击队，任政治委员，创建了以磐石红石砬子为中心的游击根据地。

1933年1月26日，中共驻共产国际代表团以中共中央名义发出《中共给满洲省委各级党部及全体党员的信》（即“一二六指示信”）中，要求在东北建立全民族的抗日统一战线，以党领导的抗日游击队为骨干，联合其他抗日武装，共同进行抗日斗争。杨靖宇积极贯彻落实这一指示，于同年9月领导成立了东北人民革命军第一军独立师，任师长兼政治委员。1934年4月，他联合17支抗日武装成立了抗日联合军总指挥部，任总指挥。同年11月，任东北人民革命军第一军军长兼政治委员。1936年春任东北抗日联军第一军军长兼政治委员，同年6月任东北抗日联军第一路军总司令兼政治委员。杨靖宇是东北抗日联军的主要创建人和领导人之一。他率部长期转战东南满大地，打击日伪军，有力配合了全国的抗日战争。中共六届六中全会曾致电，向以杨靖宇为代表的东北抗日武装表示慰问，称之为“冰天雪地里与敌周旋7年多的不怕困苦艰难奋斗之模范”。

从1939年秋开始，日伪军发动了对东北抗日联军的大“讨伐”。杨靖宇与魏拯民等指挥部队化整为零、分散游击，自己率警卫旅转战于濛江一带。在与敌周旋5昼夜后，他弹尽粮绝。1940年2月23日，杨靖宇在吉林濛江三道崴子壮烈牺牲，时年35岁。

杨靖宇牺牲后，日本侵略军无法理解这位英雄的坚强行为，他何以能够在冰天雪地里长时间被围困、且完全断绝粮食的情况下，顽强坚持战斗。日军将他割头剖腹，发现他的胃里尽是枯草、树皮和棉絮，竟无一粒粮食！日军也无不为之震惊。抗日战争胜利后，为纪念杨靖宇这位抗日民族英雄，1946年东北民主联军通化支队改名为杨靖宇支队，濛江县改名为靖宇县。

★杨靖宇雕像

杨靖宇烈士陵园占地面积2万平方米，始建于1954年7月，1957年9月竣工，1958年2月对外开放。陵园由5座民族式建筑组成，正面为灵堂和墓室，安葬着靖宇将军的遗首遗骨，两侧的 4 个偏殿是杨靖宇将军的业绩展厅。陈列室内展出了杨靖宇青少年时期和他在抗日战争时期的有关文物、文献、照片共 280 余件。陵园中央矗立着杨靖宇将军的戎装铜像。在陵园内，2005 年建成东北抗日联军纪念馆。纪念馆共分 7 个展区，陈列展出图片 356 张，实物 344 件，反映了东北抗联艰苦卓绝的战斗历程。

杨靖宇烈士陵园于 1986 年被民政部公布为全国重点烈士纪念建筑物保护单位，1997 年 6 月被中宣部公布为全国爱国主义教育基地，2006 年 11 月被国家旅游局公布为国家 AAAA 级旅游景区，2009 年 11 月被国家国防教育办公室公布为全国国防教育示范基地，2010 年 5 月被中央纪委公布为全国廉政教育基地。

黑龙江省

HEILONGJIANGSHENG

东北烈士纪念馆

★

东北烈士纪念馆位于黑龙江省哈尔滨市南岗区一曼街。

东北烈士纪念馆原为东省特别区图书馆，1928 年 6 月动工修建，乳白色的大

★东北烈士纪念馆正门

★东北烈士纪念馆展厅

楼正面耸立着6根雄伟立柱，是具有西欧古典主义建筑风格的3层楼房。1932年2月，日本帝国主义侵占哈尔滨后，这座楼又成为伪哈尔滨特别市政筹备所。1933年7月，被伪哈尔滨警察厅占用，成为日本侵略者镇压中国人民的场所。抗日民族女英雄赵一曼曾在这里遭受酷刑后走上刑场。1946年哈尔滨解放后，为缅怀和纪念抗日战争和解放战争初期在东北牺牲的革命先烈，东北行政委员会决定将该楼辟建为东北烈士纪念馆。1948年10月10日上午9时，东北烈士纪念馆正式开馆，是中国共产党最早建立的烈士纪念馆之一。

★东北烈士纪念馆内景

东北烈士纪念馆总建筑面积1.6万平方米，基本陈列面积6200多平方米。基本陈列展出东北地区有影响有代表性的 245 位烈士事迹。展出文物、图片和资料 1000 余件。目前，馆藏文物 5000 余件，图书、档案、文献、照片共 3.5 万余件，初步构成了一部史诗般的东北革命文库。馆藏文物包含抗联军事斗争、密营生活、文化学习、群众支援等方面。重要藏品有东北抗日联军代表人物杨靖宇穿过的大衫、赵尚志用过的手枪、赵一曼用过的大碗及写给宁儿的信、李兆麟牺牲时穿过的血衣、全国著名战斗英雄董存瑞舍身炸碉堡后荣获的特级军功章——毛泽东奖章、东北抗日第一战江桥战役打下的第一架日本飞机等珍贵文物，以及侵华日军七三一部队的细菌弹弹壳等反映侵华日军暴行的罪证。纪念馆还运用场景复原、大屏幕显示等现代手段，再现抗日烈士战斗生活和牺牲的场面。

东北烈士纪念馆于 1999 年 1 月被黑龙江人民政府公布为黑龙江省文物保护单位，1997 年被中宣部公布为全国爱国主义教育基地。

侵华日军第七三一部队罪证陈列馆

侵华日军第七三一部队罪证陈列馆位于黑龙江省哈尔滨市平房区新疆大街47号。

侵华日军第七三一部队，其前身是石井四郎于1932年在中国东北哈尔滨市

★侵华日军第七三一部队遗址正门

郊的背阴河设立的东乡部队，是日本军国主义准备细菌战的特种部队，在战略上占有重要地位。日本军人所谓的“小小的哈尔滨，大大的平房”，在某种意义上正说明了这一点。就其规模来说，实属世界上最大的细菌工厂。它归属日本陆军省、日军参谋本部和日本关东军司令部领导。1938年9月，该部队在中国哈尔滨市平房地区筹建了生物武器研究、试验和生产基地，并成为世界上进行最大规模生物战的指挥中心。1941年8月，为了加强隐蔽性，部队名称变更为满洲第七三一部队。

七三一部队拥有从事细菌战研究工作人员2600余人，其中将级军官5名，佐级军官30余名，尉级军官300余名。从1936年到1942年7月由石井四郎中将为部队长，1942年8月到1945年2月北野政次少将接任部队长，1945年3月到同年8月石井四郎又重任部队长。它的直属各个部以及各个支队都配备佐级军官负责，对一些重要部门都配备了少将级军官负责。

为实现独霸世界的目的，七三一部队网罗当时日本国内最先进的细菌学研究人才，在这个被称为“食人魔窟”的庞大特别军事区域内，突破人类细菌学研究极限，不仅进行了规模巨大的杀伤性细菌武器的研究、试验和生产，而且惨无人道地用健康人做细菌试验。从1939年至1945年，至少有3000人被当作试验材料惨遭杀害。

1945年8月七三一部队溃逃时，为了掩盖其罪行，对这一机密设施进行了大规模的销毁和破坏。目前，尚有罪证遗址31处，包括本部大楼、四方楼细菌实验室及特设监狱基址、地下室通道、黄鼠饲养室、小动物地下饲养室、吉村班冻伤实验室、笠原班病毒实验室基址、二木班结核菌实验室、动力班锅炉房、南门卫兵所、铁路专用线、给水塔、瓦斯发生室、地下瓦斯储藏室、地下蓄水库、航空班、山口

★侵华日军第七三一部队本部大楼旧址

班细菌弹组装储存室、田中班昆虫动物培植室、北岗焚尸炉、北洼地焚尸炉、兵器班、城子沟野外实验场、细菌弹壳制造厂等。

侵华日军第七三一部队罪证陈列馆始建于1982年。1985年8月15日，原七三一部队本部大楼的东侧正式对外开放，陈列照片120余幅，陈列文物200余件。1995年在纪念世界反法西斯战争胜利五十周年和中国人民抗日战争胜利五十周年之际，新馆正式建成对外开放。2001年，因展示空间受到限制，又将展馆迁回原七三一部队本部旧址，在二楼东西侧和中间走廊布展，于2001年6月12日正式对外开放，总面积2680平方米，设15个展厅，陈列照片470余幅、罪证实物70余件和大量证人证言。对外开放内容还包括104000平方米的遗址区和七三一国际图书资料中心。

★侵华日军第七三一部队罪证陈列馆展厅

该馆基本陈列为："侵华日军细菌战罪证展"和"阳光下的罪恶——侵华日军化学战罪证展"。

"侵华日军细菌战罪证展"在本部大楼二楼东侧。展出文物86件，复制文物3件，地理图1幅，资料4份，图表5张，图片144幅，微缩景观7处，灯箱示意图4幅，灯箱图片8幅，还有墙面证言、展柜证言、电子沙盘等。布展面积1500平方米，开设13个展室。此展厅展出了根据原七三一部队队员回忆制作的七三一部队进行细菌实验的各种方法的微观景象、细菌生产表格，展示了七三一部队原队员的证词及曾在七三一部队劳动过的劳工的证言以及七三一部队野外人体实验使用的工具，包括：用于解剖的挂架、医用托盘、标本瓶、温度计、二木班字样的木盒、注射器等等，还复原了安达野外实验场进行野外人体实验的情形。此展厅还展示了研究七三一部队历史的中外友好人士及专家的研究成果。

"侵华日军化学战罪证展"位于七三一本部大楼二楼西侧，与细菌战展室比邻相呼应。于 2011 年 1 月 8 日正式对外开放。展览共分 6 个展室，面积 720 平方米，展线 277 米。陈列展览开辟 5 个专栏：1. 国际社会禁止化学武器的努力；2. 日本对化学战的各种准备；3. 侵华日军的化学战；4. 化学武器战后遗留问题；5. 举步维艰的日遗化武受害者对日诉讼。其中，小橱窗 17 个，超大橱窗 2 个，陈列文物 110 件（套）。具有史料价值和参考价值的图片 219 幅，图表 61 幅，模拟微缩景观 1 处，沙盘 3 个。其中武汉会战配有多媒体演示，还有军民抗战群雕 1 座，双面人塑像 1 个，投影视频银幕 1 个。布展选取的素材，涉及第一次世界大战期间的公约、协议、宣言、和约与议定书等。

中心走廊位于“侵华日军细菌战罪证展”和“侵华日军化学战罪证展”之间，是七三一本部大楼通往细菌实验室的中心通道，它与器材供应部、四方楼、鼠疫研究室等有机相连，形成一个庞大的建筑群。1945 年，七三一部队溃逃时，将四方楼等建筑物全部炸毁，中心走廊原长 200 米，炸毁后仅剩下室内这一段。中心走廊两面墙上记录的近 3000 名人员名单，都是有据可查的在细菌实验和细菌战中的受害者，包括中国人、苏联人、蒙古人和朝鲜人。其中以“特别移送”手段通过这条长廊运送到“特设监狱”而惨遭杀害的有 1467 人，余下的 1000 多人多是中国南方细菌战的受害者。

侵华日军第七三一部队罪证陈列馆于 1983 年 3 月被黑龙江省人民政府公布为黑龙江省文物保护单位，2006 年 5 月被国务院公布为全国重点文物保护单位；1996 年 6 月被中央宣传部公布为全国爱国主义教育示范基地，1998 年 1 月被黑龙江省委公布为黑龙江省爱国主义教育基地；2005 年被国家红色旅游工作协调小组公布为全国红色旅游经典景区。

孙吴日本侵华罪证陈列馆

★

孙吴日本侵华罪证陈列馆位于黑龙江省黑河市孙吴县城东。

孙吴日本侵华罪证陈列馆是在侵华日军军人会馆遗址基础上维修复建的。侵华日军军人会馆始建于 1939 年，1940 年竣工使用，是供日军高级军官休闲娱乐的场所，是高级“慰安所”，也称将校俱乐部。主建筑是一栋二层楼，建筑面积约 3000 平方米，当时有“慰安妇”30 人。该军人会馆是目前已知的日军二战期间亚洲面积最大、服务级别最高、保存最为完整的一处日本关东军高级“慰安所”。

★孙吴日本侵华罪证陈列馆“慰安妇”房间

孙吴日本侵华罪证陈列馆始建于 1983 年，原址位于胜山要塞主阵地之内，第一卫兵室东北侧。1993 年陈列馆扩建，展厅面积达 200 平方米，厅内展出图片、文稿和实物共 489 件（其中国家一级文物 6 件），电视资料片 3 部，二战历史研究专稿

★孙吴日本侵华罪证陈列馆

101篇，大型立体仿真景窗1个，大型流动展册6个，大型实物橱窗1个。2010年，孙吴县委、县政府决定异地扩建陈列馆，新馆址为侵华日军军人会馆遗址一楼。

新建孙吴日本侵华罪证陈列馆2010年4月开工建设，2011年建成开馆。设计原则按照收集到的原日军侵占孙吴期间的军人会馆外貌为依据，采取主大门、附大门局部复原的设计方案。同时，进一步修缮军人会馆遗址，在保护罪证的同时发挥爱国主义教育基地的作用。按照局部复原，分列、分类展陈的设计方案，新馆采用声光电立体式手段布展。主展厅面积1000平方米，展览内容分为“日军侵占中国东北”、“日伪统治时期的孙吴”、“关东军军事要塞 · 东方马奇诺防线”、“抗战胜利 · 要塞覆没”4个部分共17个版面，以文物为载体，通过沙盘、模型、绘画、多媒体演示等辅助展示手段再现历史。

孙吴日本侵华罪证陈列馆于1998年1月被黑龙江省委、省人民政府公布为黑龙江省爱国主义教育基地。

侵华日军东宁要塞遗址

★

侵华日军东宁要塞遗址位于黑龙江省牡丹江市东宁县三岔口镇。

侵华日军东宁要塞遗址是侵华日本关东军第1国境守备队于1934年至1937年修建的地下防御工程。当时，日本驻军最多时达4个师团13万多人。为了修建要塞，日本从中国山东、河北、吉林榆树等地用欺骗手段招募劳工，还有一些是中国战俘。前后约17万名劳工参加了东宁要塞的修建。中国劳工和战俘受到了非人的待遇，每天都有十几个至几十个劳工死于非命，有的还被日军残酷杀害，在占地2万多平方米的地区内就发现有大小坟包一千多个。

★侵华日军东宁要塞三角山要塞地面储水池

1945年8月8日，苏联对日宣战。8月9日零时，苏联红军在大炮、坦克、飞机的支援下分三路对东宁要塞发起进攻，战斗持续了7天之久。在苏军的强行攻击下，日军不得不向

★侵华日军东宁要塞三角山要塞阵地隐蔽部出入口

★侵华日军东宁要塞勋山要塞炮口

吉林方向溃退，一小部分日军则留在要塞中。8月15日，日本天皇下诏书宣布投降后，由于通讯全部中断，据守在东宁要塞中的日军不知道天皇已经宣布投降，仍然拼死固守。后来苏军用飞机将日军第3军后勤参谋河野贞夫中佐从牡丹江运来，打着白旗进入东宁要塞，向日军传达了天皇的投降诏书，日军才彻底放弃抵抗。

要塞依山势修建，南起东方红煤矿以南的高地，北至太平岭的十八盘山，正面宽20公里，纵深约8公里，平均海拔高度480米左右。原有永久性阵地7处，用钢筋混凝土构筑的野战阵地45处，一般性野战阵地3处。现遗址包括勋山要塞、胜哄山要塞、朝日山要塞、409高地要塞、三角山要塞和麻达山要塞等。要塞地下主要有指挥所、兵室、弹药库、发电室、厨房、医院、航空无线电室、监视哨所等，地面有主战壕、反坦克战壕、重炮阵地、飞机场、竖井口、掩体、碉堡、营房址、蓄水池等。

目前开放的勋山要塞是东宁境内保存最完好的一处要塞，位于东宁县三岔口镇矿山村北2公里的勋山上，平面呈长方形，东西长425米、南北宽225米，占地面积约为95600平方米。要塞呈东北—西南走向，分为上、中、下三层，通过

★侵华日军东宁要塞西胜哄山要塞地下通道

甬道连接，四通八达。胜哄山要塞位于东宁县三岔口镇矿山村东2公里的胜哄山上，分为东、西胜哄两个山头，平面呈圆形，直径约700米，总占地面积约为165400平方米。朝日山要塞位于东宁县三岔口镇矿山村东北2000米的朝日山上，平面呈长方形，东西长370米、南北宽110米，占地面积约为43000平方米。麻达山要塞位于东宁县三岔口镇庙沟村东北2000米的麻达山上，平面略呈长方形，东西长650米、南北宽680米，占地面积为435000平方米。

1999年在勋山地下要塞建立了东宁要塞陈列馆，2008年正式命名“东宁要塞博物馆”。馆前广场中心树立着苏联红军烈士纪念碑和第二次世界大战最后战场纪念碑，在广场左侧是劳工殉难纪念碑，右侧是抗联英雄纪念碑。

侵华日军东宁要塞遗址于1999年1月被黑龙江省人民政府公布为黑龙江省文物保护单位，2006年5月被国务院公布为全国重点文物保护单位；2005年11月被中央宣传部公布为全国爱国主义教育示范基地。

“八女投江”殉难地

★

★“八女投江”殉难地及纪念馆

“八女投江”殉难地位于黑龙江省牡丹江市林口县刁翎镇三家子村。

“八女投江”的壮举，发生在1938年10月下旬。此前，中共吉东省委和东北抗联第二路军总指挥部决定：为了冲破日军企图将活动在松花江下游地区的抗联部队“聚而歼之”的阴谋，跳出包围圈，所属部队第4军、第5军向黑龙江省西南的五常地区进行远征，同时和在吉林地区活动的抗联第一路军及第二路军所属的第10军打通联系，开辟新的游击区。

1938年5月间，第二路军所属的第4军、第5军开始集结行动，第5军妇女团在指导员冷云率领下奉命参加此次远征。部队由于不断遭到敌人的阻击，直到6月下旬才到达远征集结地牡丹江下游刁翎地区。

7月2日，西征军袭击了牡丹江岸的三道通小镇，缴获了一部分给养和武器弹药。接着由四道河子向西进，经过300多里高山密林地带，越过老爷岭，于7月上旬进入苇河县境。8月，西征部队进入苇河、五常县境后，遭到日军重兵围堵，伤亡很大。在此形势下，第5军第1师剩下的100多人决定返回牡丹江下游刁翎地区寻找军部。

10月下旬一天夜里，这支队伍露宿在刁翎县境（今林口县）内三家子屯附近乌斯浑河西岸柞木岗山下的河滩上，准备休息后从这里过河，再绕道去克斯克山里，寻找第5军军部。不料被日本密探、特务葛海禄发现，向日本守备队报告了抗联第5军第1师的行踪。驻刁翎日军司令熊谷大佐当即命令所属各部和伪军各团，计千余人，连夜向第5军第1师的露营地扑来。

第二天拂晓，抗联队伍整装待发。师长命令师部参谋金世峰带领妇女团幸存的8名女战士先行渡河。冷云等8位女战士正要渡河，突然枪声大作，潜伏的日伪军发起攻击，战斗异常激烈。抗联队伍在河滩上仓促应战，边还击边向西边密林地带转移。而8位女战士却被隔在了河边。

冷云为了掩护大队尽快撤离，便让队友们向敌人射击，掩护大部队。日军火力分散了，抗联大队趁势冲了出去，进入密林。已突围的大队领导，发现冷云等8位女战士为掩护大队突围，仍据守在河边，处境非常危险，于是又率队折转回来，向日军进行反击。但日军火力凶猛，反击队伍伤亡很大。这时日军集中火力向冷云她们据守的河岸阵地猛扑过来，虽然8位女战士人少力单，弹药不足，但还是沉着还击，杀伤了十多个日伪军。

天亮之后，日军用迫击炮向河边射击，冷云等用手榴弹还击，日军暂时停止了进攻。此时，黄桂清、郭桂琴已负伤，冷云命令安顺福等架起受伤的战友，借浓烟掩护，撤到河边土坎下。她们前面面对的是火力凶猛的敌人，后面是奔腾汹涌的大河，8人都不会泅水，摆在面前只有两条路：被俘或战死。在危险时刻，8位女战士决定以身报国，她们把最后两颗手榴弹奋力扔向敌人，互相搀扶着下到河里，壮烈殉国。历史将永远记住这八位女烈士的名字，她们是冷云、杨贵珍、安顺福（朝鲜族）、胡秀芝、郭桂琴、黄桂清、王惠民、李凤善（朝鲜族）。其中年龄最大的23岁，最小的仅13岁。

1980年，史学家正式确定林口县刁翎镇三家子村乌斯浑河畔为烈士殉难地

★“八女投江”纪念碑

遗址。1982年在此修建了“八女投江”纪念碑。1995年，又重新修建了纪念碑，新建纪念馆。“八女投江”纪念碑高10米，正面刻有“八女英魂 光照千秋”字样，前方是5000余平方米的纪念广场，左侧是150多平方米的纪念馆，陈列着抗联和8位女烈士的英勇事迹。

“八女投江”殉难地于1990年12月被黑龙江省政府确定为省级文物保护单位，2010年12月被黑龙江省委、省人民政府命名为省级爱国主义教育基地。

第一批国家级抗战纪念设施和遗址通览

上海监狱陈列馆

★

上海监狱陈列馆位于上海市虹口区长阳路 147 号。

提篮桥监狱是由 10 余幢楼房组成的建筑群，始建于 1901 年，启用于 1903 年 5 月，后经陆续扩建、改建，直到 1935 年才形成如今规模，并使用至今。由于建

★上海监狱陈列馆

★上海监狱陈列馆内景

筑精良，规模宏大，提篮桥监狱曾号称“远东第一监狱”。

上海监狱原为提篮桥监狱内高6层的十字监楼，陈列馆于《中华人民共和国监狱法》颁布实施五周年之际的1999年12月29日正式开馆。馆内设有序厅和中国监狱史、上海监狱史、日本战犯审判执行、监狱报刊图书、罪犯书画艺术等展厅。陈列馆通过各类具有监狱特色的实物、场景和图片展示了中国从夏、商、周以来4000多年和上海地区从元、明、清以来700多年的监狱历史和现状。陈列馆内还完整地保存着国内罕见的防暴监（橡皮监房）和室内刑场（绞刑房）。陈列馆通过实物、照片和文字等形式，对曾关押于提篮桥监狱的部分志士仁人和革命者作了比较系统的介绍，其中有一生曾七次被通缉，三次入狱的章太炎，谦称“马前卒”、写下《革命军》的邹容，中共早期马列主义理论家杨匏安，皖东北革命根据地创始人之一江上青，延安时期中共中央书记处五大书记之一的任弼时，以及在监狱刑场英勇就义的上海杨树浦发电厂工人、共产党员王孝和烈士等。

二楼的大厅是抗战胜利后中国境内第一次审判日本战犯的法庭所在地。1946

年 1 月至 9 月间，先后共有 47 名日本战犯在此受到盟军美军军事法庭的审判。受审人员有日本第 13 军军长长泽田茂、日本驻台湾第 10 军区参谋长谏山春树、日本第 34 军司令田中久一、第 34 军参谋长镝木正隆等。1946 年 4 月 22 日上午，镝木正隆等 5 名日本战犯就在这幢监楼的室内刑场（绞刑房）内执行绞刑。抗日战争胜利后这里先后关押过几百名日本战犯，如日本驻台湾总督安藤利吉、日本第六方面军司令冈部直三郎等。在这栋监狱楼内，每间 8 平方米，铁床、铁桌、铁凳和抽水马桶的监舍，按原样陈设。上海监狱陈列馆特地辟建了日本战犯关押、审判和处决的展示区，通过图片、文字、实物揭示这些鲜为人知的史实。1997 年 8 月，经上海市人民政府批准，提篮桥监狱日本战犯关押、审判、执行处已列为上海市抗日纪念地，并立碑存史。

上海淞沪抗战纪念馆

★

上海淞沪抗战纪念馆位于上海市宝山区友谊路 1 号临江公园。

上海淞沪抗战纪念馆是国内唯一一座全面反映一二八淞泸抗战、八一三淞泸会战的专题纪念馆。

★上海淞沪抗战纪念馆外景

1932年1月28日晚，日本军队在上海挑起事端，向闸北、江湾、吴淞等处大举进攻，制造了一二八事变。1月28日午夜，陆战队分三路突袭闸北，攻占天通庵车站和上海火车北站。上海军民义愤填膺，担负沪宁地区卫戍任务的第19路军3个师共3万余人，第60师、第61师分驻苏州、南京一带，第78师2个旅驻守上海，在总指挥蒋光鼐、军长蔡廷锴指挥下奋起抗战。防守市区的第156旅，在前来接防的宪兵第16团主动配合下，打退由横浜路、虬江路、宝山路进攻的日军，于29日夺回天通庵车站和上海北站。日军败退租界，通过英、美等国领事出面"调停"，达成停火协议，缓兵待援。至2月2日，日军从国内增调航空母舰2艘、各型军舰12艘、陆战队7000人援沪。蒋光鼐急调第60师、第61师参战。3日，日军破坏停火协议再向闸北进攻，被守军击退。日本内阁遂增派第3舰队和陆军久留米混成旅援沪，由第3舰队司令野村吉三郎接替盐泽指挥。7日，野村改变攻击点，以久留米旅进攻吴淞，陆战队进攻江湾，企图从守军右翼突破。第19路军依托吴淞要塞及蕴藻浜水网地带与日军激战，第61师将进攻纪家桥、曹家桥及偷渡蕴藻浜的日军各个消灭，其余日军又龟缩租界，由英、美等国领事再次出面"调停"，以待援兵。

上海战况于日军不利，日本内阁于2月14日又调陆军第9师参战，改由第9师师长植田谦吉统一指挥。同日，中国政府派请缨抗日的张治中任第5军军长，率所部第87师、第88师及中央陆军军官学校教导总队增援上海，归第19路军统一指挥，接替从江湾北端经庙行至吴淞西端的防线，为左翼军。第19路军为右翼军，担负江湾、大场以南及上海市区的防御。18日，植田发出最后通牒，要挟国民党守军于20日17时前撤退20公里，被蔡廷锴严词拒绝。20日，植田令日军全线总攻，采取中央突破，两翼卷击的战术，以第9师主突江湾、庙行结合部，企图北与久留米旅围攻吴淞，南与陆战队合围闸北。守军第19路军与第5军并肩作战，密切配合，利用长江三角洲水网地带及既设工事顽强抗击，并组织战斗力强的部队夹击突入江湾、庙行结合部之敌。经过6昼夜争夺战，日军遭受重创，由全线进攻转为重点进攻，再由重点进攻被迫中止进攻。

淞沪抗战激励全国，后方官兵纷纷请缨抗战，蒋介石拒绝再向上海增兵。而日本内阁决定组建上海派遣军，派前陆军大臣白川义则任司令官统一指挥。2月27日起，上海日军又得到陆军第11师、第14师的增援，总兵力增至9万人、军舰 80 艘、飞机 300 架，战斗力骤增。当时国民党守军总兵力不足 5 万，装备又差，而且经一月苦战，伤亡比较严重，左侧浏河地区江防薄弱。白川汲取前三任指挥官正面进攻失利的教训，决定从翼侧浏河登陆，两面夹击淞沪守军。3 月 1 日，他指挥第 9 师等部正面进攻淞、沪，以第 3 舰队护送第 11 师驶入长江口，从浏河口、杨林口、七丫口突然登陆，疾速包抄守军后路。淞沪守军腹背受敌，被迫退守嘉定、太仓一线。2 日日军攻占上海，3 日战事结束。

是役，国民党军队在人民支援下浴血奋战，连续击败日军进攻，使敌三易主将，数次增兵，死伤逾万，受到沉重打击。但政府当局妥协退让，不派援兵，守军寡不敌众，防线终被日军从翼侧突破而被迫撤退。后在英、美、法、意等国调停下，中日双方经谈判，5 月 5 日，中国政府与日本签订丧权辱国的《淞沪停战协定》。不久，国民党政府将英勇抗战的第 19 路军调往福建“剿共”。

八一三淞沪会战是 1937 年 8 月 13 日至 11 月 12 日中国军队抗击侵华日军进攻上海的战役。1937 年，日本侵略军在大举进攻华北的同时，又以第三舰队向上海集结。8 月 9 日，日海军陆战队西部派遣队队长大山勇夫驱车闯入虹桥机场侦查国民党军队的设施，被卫兵当场击毙。13 日，日本内阁议决大规模进攻上海。同日，日海军陆战队 6000 余人炮击上海市区，向国民党守军发起攻势。是晚，国民党守军奋起还击，开始了淞沪会战。15 日，日军组成以松井石根为司令的上海派遣军，23 日在吴淞、川镇登陆，31 日占吴淞镇，9 月 6 日占定山，17 日进逼北站、江湾、庙行一线。此时，日军增兵至五个师团，月底发起全线攻击。10 月上旬，蒋介石将进沪部队编为三个方面军，亲自兼任第三战区司令长官，指挥以大场为中心的对日作战。在中国共产党及全国人民的支持下，会战持续了三个月。日军投入 10 个师 28 万人的兵力，动用军舰 30 余艘、飞机 500 余架、坦克 300 余辆；中国投入 70 余个师的兵力，动用舰艇 40 艘、飞机 250 架。中国官兵同仇敌忾，斗志昂扬，以劣势装备与敌人拼搏，毙伤日军 4 万多人，粉碎了日本帝国主义速战速决的迷梦。

淞沪会战期间，上海人民以各种方式积极参加抗战，支援前线。各界群众组织了文艺界救亡协会、学生界救亡协会、上海市纱厂工友救亡协会等团体，开展了宣传、募捐、演出、慰劳等活动。全国各界民众积极支援上海抗战。湖南学生战地服务团和福建省民众组织的慰问团，到前线进行慰劳。海外华侨踊跃捐献，

★淞沪馆内景

支援祖国抗战，到10月16日，捐款330余万元。

中国共产党领导的抗日武装挺进敌后，也从战略上配合了淞沪抗战。

为了反映两次淞沪战役和上海人民14年的抗日斗争历史，1999年3月22日，上海淞沪抗战纪念馆正式动工兴建，2000年1月28日竣工开放。纪念馆占地面积5100平方米，建筑面积3490平方米，主体是一座以钢材、玻璃等现代建筑材料表现传统建筑形式美的纪念塔，塔高53米，共12层。1—2层为陈列区，主要有：概要介绍淞沪抗战历史的《抗日战争与上海》陈列，以场景、多媒体等高科技为手段，与文物紧密结合为特点的《淞沪抗战史事掇英——血沃淞沪》陈列，《抗战文化系列——张明曹抗战美术作品展》以及影视放映等。3层为《上海郊县人民抗日武装斗争图片展》。辅助用房二楼为《侵华日军在上海的暴行》。4层以上为塔，11层设观景室，可远眺长江口，俯瞰宝山城。这里还有30米长的“淞沪魂”长卷石刻墙、大型雕塑、国歌墙等艺术品，建有文化广场和大草坪，陈化成纪念馆、姚子青营牺牲处等人文历史景点。

上海淞沪抗战战场纪念碑位于上海淞沪抗战纪念馆展区大门内。碑为深褐色大理石，长1.5米，宽1米，高0.2—0.4米，横卧在一片砌有多枚石制炮弹模型、象征旧战场的绿色草坪上，碑上浮雕钢盔和战地。该碑既是当年日军侵略上海罪恶的见证，也是上海军民浴血奋战，抗击日本侵略军的丰碑。

上海淞沪抗战纪念馆于2000年5月被上海市人民政府公布为上海市青少年教育基地，2003年1月被上海市人民政府公布为上海市爱国主义教育基地。

江苏省

JIANGSUSHENG

第一批国家级抗战纪念设施和遗址通览

侵华日军南京大屠杀遇难同胞纪念馆

★

★悼念广场

侵华日军南京大屠杀遇难同胞纪念馆位于江苏省南京市建邺区水西门大街418号。

南京大屠杀是对侵华日军于1937年12月12日或13日至1938年2月6日或7日在南京及其附近地区杀人、强奸、抢劫、纵火等一系列暴行的统称，主要发生在日军攻占南京最初的6个星期内。南京大屠杀是日军在侵华战争中制造的一系列暴行中最集中、最突出、最典型的案例，是日本军国主义为用武力迫使“中国畏服”而展开的有组织、有计划、有预谋的罪恶行动。日本军国主义惨绝人寰的恐怖政策和行动，使南京成为“人间地狱”。战后东京审判认定：日军在南京杀人、强奸、抢劫、放火，制造了种种暴行。在日军占领后最初6个星期内，南京及其附近被屠杀的平民和俘虏，总数达20万以上；在日军占领后的1个月中，在南京市内发生了2万起左右的强奸事件；南京全市的三分之一建筑设施都被焚毁了。战后南京审判认定，在侵华日军南京大屠杀中，中国被俘军民被害总数达30万人以上。

1937年12月至1938年2月间，侵华日军在攻占中国首都南京市区及郊县期间，实施杀人、强奸、抢劫、放火等暴行，甚至西方人士所设立的南京国际安全区（难民区）亦有所发生。

1. 疯狂的杀戮

1937年11月，日本侵略军在从上海向南京进攻的沿途即开始大肆屠杀中国人民。据载：日军在杭州湾登陆后即下达过“逢人便杀”的文件。日军在侵占河北、山西等地的过程中，已经肆意杀害中国民众、强奸、放火，在占领上海后亦是如此。11月，苏州失陷后，该地未能躲避的许多居民都被日军杀害了。日军在从上海至南京的攻击途中，屠杀中国兵民达到疯狂程度。日军第16师团的向井敏明及野田毅两名少尉，竟于无锡约定，进行谁先砍杀100名中国人的杀人比赛。至12月10日，两人在南京城外紫金山见面时，野田杀了105人，向井杀了106人。由于不能确定谁先杀到100之数，因此两人不分胜负，于是再赌谁先杀满150名中国人。

1937年12月13日，日军攻占南京后，立即对城内外进行所谓“扫荡”、“肃正”，即搜捕国民党军队的败残兵，杀害俘虏。日军采取了“大体不保留俘虏之方针，故决定全部处理之”。日军在南京城无论对平民还是对解除了武装的军人，肆意进行大规模的屠杀，制造了骇人听闻的血腥恐怖。日军以各种残酷、暴虐手段，有组织地对大批中国战俘和平民进行集体屠杀。这样的集体屠杀，少则一二十人，多至数千甚至上万人。日军不许接受中国兵投降，俘虏全部处死。大批中国士兵在交出武器投降后，于最初72小时内，在城外被机枪扫射处决，大多数在扬子江边。这一批被杀士兵即有3万人。日军所谓“全部处理”俘虏的方针，在实施中进一步发展为“青壮年都可以看作败残兵，或是便衣兵”，因此对于一般男子也进行有组织的大屠杀。日军将南京普通民众和徒手士兵用绳索捆绑，每百人或数百人围成一团，用机枪扫射，或用汽油焚烧，或抛尸江河湖塘。日军在大街小巷逢人便杀。南京城到处血流成河，到处是屠场。12月17日，日军举行“入城式”时，在南京的屠杀达到高潮。仅12月以内，日军在汉中门外，鱼雷营江边，中山码头，下关，煤炭港，草鞋峡，水西门外上新河一带，城南凤台乡、花神庙一带，燕子矶江边，宝塔桥一带，制造了10起杀害千人以上的集体屠杀，被害者达 19 万人。日军分散屠杀被害者，仅 3 个较大的慈善团体掩埋的，计有 10 多万人。还有一些屠杀的被害人数不包括在此之内。战后对南京大屠杀主犯谷寿夫的判决书中认定：12 月 12 日至 21 日，计于中华门外花神庙、宝塔桥、石观音、下关草鞋峡等处，被俘军民遭日军用机关枪集体射杀并焚尸灭迹者，有单耀亭等 19 万余人；此外，零星屠杀，其尸体经慈善机关收埋者 15 万余具，被害总数在 30 万人以上。远东国际军事法庭认定，日军占领南京的最初 6 个星期内在南京及其附近屠杀俘虏和平民的总数达 20 万人以上，“这由掩埋队及其他团体所埋尸体达十五万五千人的事实就可以证明了。这个数字还没有将被日军所烧弃了的尸体、投入到长江，或以其他方法处分的人们计算在内”。

2. 肆意的奸淫

日军在占领南京后大肆强奸妇女。远东国际军事法庭判决中说：“全城中无论是幼年的少女或老年的女人，多数都被奸污了。并且在这类强奸中，还有许多变态的和淫虐狂行为的事例。许多妇女在强奸后被杀，还将她们的躯体加以斩断。在占领后的一个月中，在南京市内发生了二万左右的强奸事件。”这个数字显然是非常保守的估计。日本兵到处强奸、轮奸妇女。有一个中国妇女在公墓内被 17 个日本兵强奸。还有一日之内一个妇女被连续轮奸 37 次者。因日军施暴而跳河自尽或自杀的中国妇女不计其数。

日军在南京杀戮奸淫的暴行，甚至在西方人士所设立的南京国际安全区（难民区）亦有所发生。1937 年 11 月下旬，当日军向南京进攻期间，金陵大学校董事会董事长杭立武与南京外籍人士，包括教会学校中的美国友人和英、德两国的教师、商人，为了救护城内的大批平民，预筹组织了国际救济机构“南京安全区国际委员会”（International Committee for the Nanking Safety Zone）。由德国西门子公司驻南京代表约翰 ·D. 拉贝任主席，金陵大学历史系美籍教授 M.S. 贝德士等人为委员，金陵大学社会学系教授 S.C. 史迈斯为秘书。开始由杭立武任安全区主任，后由安全区副主任费吴生代理主任。安全区国际委员会成立后，日本方面也曾保证：“难民区倘无中国军队或军事机关，则日军不致故意加以攻击。”南京城沦陷后，成千上万的当地居民和外地难民避入“安全区”。但是“安全区”并未能使难民逃脱日军肆意的杀戮和奸淫。

日军到“安全区”抓捕身体健壮的男人，注意头上的帽痕、手上的老茧、肩上的压痕等。若有，即指为中国兵，抓走处死。日军还不分昼夜地进“安全区”抓捕妇女。金陵大学校园内，在圣诞节前平均每天即发生10起强奸案件，那里总计发生过几百起强奸案件。其中有一个9岁的女童和一位76岁的老妪被奸污。日军士兵还到“安全区”难民营抢拉妇女强奸，甚至当着其他人的面，包括在家属的面前发泄兽欲。他们还冲进外国大使的住房，要求把躲藏在那里的妇女交给他们。德国人、美国人多次抓获这些强奸中国妇女的日本兵，挺身而出解救受害者。“安全区”人士为救助保护南京城内，特别是躲入“安全区”的平民和放弃武装的士兵，常常冒着生命危险与施暴的日本兵进行抗争。据史迈斯说：在最初的6个星期中，曾每天提出两次抗议。但是，他们的抗议并未能阻止日军的暴行。

3. 野蛮的焚掠

日军对南京城大肆焚掠。日本在南京城中抢劫他们所想要的任何东西，无数的住宅和商店被抢劫的物资用卡车拉走。日军在抢劫了店铺和仓库后，经常是放一把火烧掉它。最重要的太平路商业区被焚毁，大批平民的住宅也被烧掉。焚掠持续了6个星期之久。夫子庙建筑群化为灰烬；南京博物院的3000箱文物、中央图书馆等公私藏书80万册图书文献以及小九华山三藏塔里的唐僧舍利，均被日军劫运到日本。

日军对住在南京的外国人也未放过。路透社记者史密斯报告：日军挨家挨户地搜刮抢劫，什么都要。他们把该城抢劫一空。中国人的房屋无一例外地都遭日本人的抢劫。连欧洲人的房子也大部分遭到了日本人的抢劫。屋顶上飘着的欧洲国家国旗被日本人降了下来。德国人报告也说：“来自任何国家的所有使馆都遭受抢劫。”德国人60幢房屋有40幢遭不同程度的抢劫，4幢房屋被烧毁。

★遇难同胞名单墙

日军在南京城内大肆放火焚毁，致使南京全市1/3都被日本人所毁。焚

★侵华日军南京大屠杀遇难同胞纪念墙标志碑和灾难之墙

烧紧接在抢劫一系列商店以后。苏联大使馆1938年初被烧掉。两处主要的德国商业房产，上面还飘着纳粹旗，都在焚烧之列。日军的暴行一直延续到1938年2月6日或7日。此后直到夏季，仍有许多严重案件发生。

为悼念南京大屠杀遇难同胞，启迪后人牢记历史、珍爱和平，1985年8月15日纪念馆正式落成开放，后经1994年至1995年，2005年至2007年两次扩建，占地面积约7.4万平方米，建筑面积2.5万平方米，展陈面积达11449平方米。纪念馆新馆于2007年12月13日南京大屠杀30万同胞遇难70周年之际建成开放，是一座纪念性的遗址型历史博物馆。整个展馆分展览集会区、遗址悼念区、和平公园区和馆藏交流区4个功能性区域。展览集会区（陈列馆）分广场陈列、遗骨陈列、史料陈列三大部分。广场陈列由悼念广场、祭奠广场、墓地广场3个外景陈列场所组成。悼念广场内由刻有南京大屠杀事件发生的时间的标志碑、“倒下的300000人”的抽象雕塑、“古城的灾难”大型组合雕塑及和平鸽等部分组成；祭奠广场有用中、英、日三国文字镌刻的“遇难300000”的石壁；墓地广场有灰色石刻浮雕、17块小型碑雕、大型石雕母亲像、遇难者名单墙、赎罪碑、绿树、草坪等。遗骨陈列区有从江东门“万人坑”中挖出的部分遇难者遗骨，是侵华日军南京大屠杀罪行的铁证。史料陈列区陈列着“侵华日军南京大屠杀暴行”专题史料，共展出400多幅日军现场屠杀照片、60多件实物和数十件档案资料等。

侵华日军南京大屠杀遇难同胞纪念馆于1997年6月被中央宣传部公布为全国爱国主义教育基地。

南京抗日航空烈士纪念馆

★

南京抗日航空烈士纪念馆位于江苏省南京市玄武区钟山北麓。

南京抗日航空烈士纪念馆是世界上首座国际抗日航空纪念馆，主要反映第二次世界大战期间，中、美、苏等国空军在中国大地上联合抗击侵华日军的英勇历史。

★抗日航空烈士纪念碑

为纪念英勇献身的抗日航空烈士，抗战胜利后，国民政府在南京紫金山北麓修建南京航空烈士公墓，陆续安葬了170余名在中国抗日战争期间牺牲的中国和援华的苏联、美国、韩国航空人员。1995年9月，在公墓上方建成了抗日航空烈士纪念碑，镌刻着3305名中外航空烈士的英名（其中中国烈士870名，美国烈士2197名，苏联烈士236名，韩国烈士2名）。为了展现当年航空烈士的功绩，2008年南京市政府在紫金山北麓建设南京抗日航空烈士纪念馆，2009年9月建成。纪念馆占地30亩，建筑面积2200多平方米，分别由一号馆“奋勇抗敌”、二号馆“国际援华”、三号馆“壮志凌云”和四号馆“缅怀先烈”以及陈列雕塑、战机模型两个室外实物展品组成，通过实物、文字、图片、影像等形式全面展示了中国空军和国际援华空军共同抗击侵华日军的英雄事迹。一、二号馆为一个整体，主要讲述了当年抗日空战情况，其中包括“八一四”空战大捷、南京保卫战、武汉大空战、奇袭海南岛等重要空战，以及“驼峰空运”等场景。形象展示中外空军血战长空、英雄杀敌的豪气与壮举。展厅内，一架苏联“霍克-3”驱逐机昂首挺胸停放在钢制平台上，平台下的地面坑坑洼洼，象征重庆被轰炸后的废墟街道。三、四号馆为另一个整体，主要讲述航空烈士的具体事迹。

★南京抗日航空烈士纪念馆内的“正义之神”雕塑

纪念馆正前方是高达8.14米的“正义之神”雕塑。8.14米是为了纪念1937年8月14日中国空军第一次对日本侵略军大规模袭击并大获全胜。这一天，中国空军在未伤一人一机的情况下，击落了日机5架，击毁击伤日舰10多艘，炸毁大批日军营房及仓库，打破了“日本空军不可战胜”的神话。此后，中国空军与美国、苏联等国的增援部队，一起在中国战场上抗击日本帝国主义。1939年，中国政府为纪念“八一四”空战的胜利，规定该日为“空军节”。“正义之神”雕塑三头六臂，神情坚毅，骑在飞虎之上，手持弓箭奋力向上射去。雕塑取意“后羿射日”的中国神话传说，采取西方艺术表现形式创作而成。“三头”代表了中、苏、美三国的航空将士，“飞虎”代表飞虎队战机，底部的云彩代表蓝天。雕塑整体反映了在世界反法西斯战争中，中、苏、美等国航空勇士结成正义之盟，联手抗击德、意、日等国发动的侵略战争。

南京抗日航空烈士纪念馆于2002年10月被江苏省人民政府公布为江苏省文物保护单位。

中国战区侵华日军投降签字仪式旧址

★

中国战区侵华日军投降签字仪式旧址位于江苏省南京市南京军区大院内。

1945年8月15日，日本天皇裕仁正式宣告日本无条件投降。当日，国民政府主席蒋介石在重庆中央广播电台发表《对日抗战胜利告全国军民及世界人士书》，说明抗战胜利的意义及"以德报怨"政策。同日，蒋介石以中国战区最高统帅名义，致电南京日本中国派遣军总司令官冈村宁次，指示投降原则。21日，日本中国派遣军副参谋长今井武夫等8名投降代表飞抵湖南芷江，中国陆军总司令部参谋长萧毅肃代表总司令何应钦接见了他们，并向他们提交《第一号备忘录》，略谓"奉中国战区最高统帅特级上将蒋中正之命令，接受在中华民国（辽宁、吉林、黑龙江三省除外），台湾及越南北纬16度以北之地区内，日本高级指挥官及全部陆海空军与其辅助部队之投降"，并指示日军投降应行准备之事项。23日，今井武夫等离芷江飞回南京。27日，国民政府派陆军副参谋长冷欣从芷江飞到南京，设立中国陆军总司令部前进指挥所。同日，国民党军先遣部队开始空运到南京、上海、北平、开封等地。

9月8日，中国陆军总司令何应钦飞抵南京。9月9日上午9时，何应钦在南京国民党中央陆军军官学校大礼堂主持受降典礼，冈村宁次在日本投降书上签字。仪式结束后，何应钦在发表广播演说时说："中国战区日军投降签字已于本日上午9时在南京顺利完成。这是中国历史上最有意义的一个日子，这是八年抗

★中国战区侵华日军投降签字仪式旧址

战艰苦奋斗的结果。”

中国战区侵华日军投降签字仪式旧址为国民党中央陆军军官学校大礼堂所在地，建于 1929 年 3 月，为混合结构，欧式风格，建筑面积 1530 平方米。新中国成立后，大礼堂成为解放军军事学院礼堂。南京军区有关部门先后多次进行保护性修缮。2008 年 6 月，在这里建成南京军区军史馆。整个展馆分序厅和 6 个部分展出，序厅的内容是中国战区侵华日军投降签字仪式原址，并用蜡像形式反映当时场景；6 个部分展出紧扣“党指挥枪”的军魂主题，按照“史”和“事”两个脉络，陈列新四军、华东野战军的文献资料和部分实物，以 4D 立体电影等手段，反映新四军和华东野战军在各个历史时期贯彻执行党中央、中央军委的路线方针政策，英勇作战的光辉历史。

中国战区侵华日军投降签字仪式旧址于 2006 年 6 月被江苏省人民政府公布为江苏省文物保护单位。

拉贝故居

★

拉贝故居位于江苏省南京市鼓楼区广州路小粉桥1号。

约翰·拉贝（1882—1950），出生于德国汉堡。1908年来到中国。1930年任西门子南京分公司经理。后来加入纳粹，并成为南京地区纳粹党领袖。拉贝在南京与金陵大学签订了一份协议，由学校建一座集办公与居住为一体的房屋出租给拉贝。

1937年8月，日军开始进攻南京。拉贝在院子里修筑了一个防空洞，提供给家里的佣人和附近的居民使用。11月，他和一些西方人设立了一个“安全区”，希望在南京沦陷的最危险时刻，为难民提供一个躲避的场所。他被推为安全区的主席。安全区内设有25个难民收容所，聚集了近30万难民。拉贝利用自己的“纳粹”身份，与日军斗智斗勇，与日本领事馆反复交涉、抗议，阻止日军的恣意侵犯和屠杀。他把他租住的院子设为“西门子”难民收容所，收留了600多个附近的居民。他在这里写下了著名的《拉贝日记》，记录了日军制造的500多个惨案。他积极寻求国际援助，募集资金，购买粮食和药品，特别是历尽艰辛，从上海搞来了能预防脚气漫延的蚕豆供难民使用。1938年2月，拉贝应西门子总部要求，返回德国。他把躲在他家养伤的中国飞行员王光汉，扮作他的佣人安全地带到了上海，又护送到香港。拉贝回到德国后，在柏林连续作了五场报告，揭露日军在南京的暴行。他播放了南京红十字会主席约翰·马吉牧师拍摄的日军暴行影片。他还给阿道夫·希特勒本人和赫尔曼·戈林寄了一份暴行报告，期望德国赶快出面阻止盟友日本仍在继续的非人道暴行。为此，他受到盖世太保的迫害。第二次世界大战结束后，拉贝因曾是纳粹党员而先后被苏联和英国逮捕。在面见了朱可夫元帅并证实他没有犯罪之后，他在 1946 年 6 月被同盟国去纳粹化和释放，生活拮据。宋美龄很快就找到了拉贝一家的下落，希望拉贝能在东京审判中作为南京大屠杀的证人出席，但被拉贝婉言拒绝。鉴于拉贝在南京时的功绩，他得到南京市民的捐助及国民政府每月金钱和粮食接济，全家得以渡过战后物质匮乏的难关，包括苏联封锁西柏林的艰难日子。这种接济一直持续到国民政府撤离南京为止。

★拉贝故居

★拉贝雕像

1950 年，拉贝在柏林患中风去世。拉贝逝世后，日记资料由家人保存。1996 年 12 月,《拉贝日记》问世，立即在全世界引起极大轰动，约翰·拉贝这个名字也随之驰名世界，被誉为中国的“辛德勒”。1997 年，他的墓碑由柏林搬到南京大屠杀遇难同胞纪念馆保存。

2009 年 10 月，拉贝当选“十大国际友人”。

拉贝故居是一座德式两层小洋楼，建筑面积约 650 平方米，坡顶红瓦，青砖外墙，二楼设有平台。院内芳草成茵，绿树成行，有拉贝塑像 1 座，高约 2 米（含底座），有平房 6 间。2006 年，南京市政府对拉贝故居进行了修缮，并对外开放。

拉贝故居于 2013 年 5 月被国务院公布为全国重点文物保护单位。

抗日山烈士陵园

★

抗日山烈士陵园位于江苏省连云港市赣榆县班庄镇。

抗日山，是我国唯一一座以抗日命名的山，抗日山烈士陵园是中国共产党领导下的抗日军民为纪念因抗战而死难的烈士兴建的时间最早、规模最大，安葬八

★抗日山烈士陵园

路军、新四军抗日烈士最多的陵园。陵园总面积 24 万平方米，依山而建，自上而下建有抗日烈士纪念塔、马鞍石、抗日烈士纪念堂、滨海军区抗日烈士纪念塔、符竹庭将军陵寝、国际友人纪念碑、小沙东海战烈士冢、革命烈士纪念馆、碑廊、国防园、集会广场及东西两大墓群等主要纪念建筑物。1941 年 7 月，由八路军 115 师教导 2 旅在原马鞍山上动工兴建，至 1944 年 7 月 7 日初步建成。马鞍山更名为抗日山，陵园亦称抗日山烈士陵园。目前，墓区中有 1604 座烈士墓（含 853 座零散烈士集中安葬墓群），安葬着 1700 余位烈士的忠骨，9 座大型纪念碑上镌刻着 3576 位烈士的英名。

陵园共分为八个坡段，每个坡段均建有不同风格的纪念建筑物。

顶峰抗日烈士纪念塔于 1941 年 7 月 7 日动工兴建，1942 年 8 月 2 日落成。纪念塔为正四面体，边长 1.45 米，高 14 米。塔顶为地球造型，上面矗立着铸铁八路军战士戎装像，一手执旗，一手持枪，面向东南方。纪念塔南面为塔铭："抗日烈士纪念塔"，北面为《抗日烈士纪念塔序文》，东、西两面为烈士英名录。

陵园的第七坡段为抗日烈士纪念堂和纪念碑，于 1943 年 7 月 7 日落成。纪念堂为延安窑洞式建筑，共 5 间，总面积 130 平方米。纪念堂东西走廊的两端各有一长碑，刻有抗日烈士纪念塔建成时新发现之烈士英名录。堂前广场正中立有一刺刀形状的纪念塔，用整块花岗岩建造。塔南面的铭文为"烈士英名垂千古"，西面是烈士英名录，东面为抗日烈士纪念塔续序，北面为第 18 集团军总司令朱德所作《抗战五周年挽八路军阵亡将士》诗。

陵园的第六坡段为滨海军区抗战烈士纪念塔，是一座花岗石雕刻的大炮形建筑，炮口直指蓝天。塔基部镌刻山东省临时参议会和参议长杨希文的挽词，以及 1942 年至 1943 年的战绩和烈士英名。

陵园的第五坡段为符竹庭烈士墓。符竹庭，江西省广昌县人，1912 年出生，1927 年参加革命，1928 年参加红军并入党，1934 年 10 月参加长征。到达陕北后，于 1936 年 12 月由红 1 军团 2 师政治部主任调任红 4 军团政治部副主任。1937 年 9 月任八路军 115 师 343 旅 686 团政治处主任，率部参加平型关战役。1938 年 9 月，与萧华率八路军东进挺进纵队进抵山东，先后创建冀鲁边、鲁西、滨海等抗日根据地。1940 年 10 月调任 115 师教导 2 旅政委，率部东进滨海区，组织指挥了著名的青口战役、海陵反"蚕食"斗争、郯城斗争、赣榆斗争等战役，对巩固和发展滨海抗日根据地作出巨大贡献。1943 年 3 月，符竹庭任中共山东滨海区党委书记兼滨海军区政委。1943 年 11 月 26 日，在粉碎日寇“扫荡”中，符竹庭不幸壮烈牺牲，遗体葬在抗日山烈士陵园第五坡段，墓为六角亭式建筑，由灰色花岗石砌成。

陵园的第四坡段为汉斯·希伯纪念碑和金野博纪念碑。汉斯·希伯（1897—1941），德国共产党中央委员，著名作家兼记者。1925 年、1932 年两次到中国，倡导成立反侵略阵线。全面抗战爆发后，不断发表中国抗日战争的报道，并多方筹款购买药品支援新四军。1938 年到延安采访，受到毛泽东的接见。1939 年到新四军军部，与叶挺、刘少奇、陈毅等新四军领导人会见，撰写了大量文章，向世界报道八路军、新四军英勇抗战的事迹。1941 年 9 月到达山东滨海区，与罗荣桓、朱瑞、黎玉等领导人会见并随军采访，11 月 30 日在沂南县大青山战斗中壮烈牺牲，被誉为身着八路军军装，拿起武器与日本侵略者英勇战斗壮烈牺牲的欧洲第一人。因汉斯·希伯的遗体当时安葬在沂南獾子沟，1943 年八路军滨海军区在抗日山上为其立碑，以志纪念。汉斯·希伯纪念碑为一子弹形建筑，用花岗石雕制，系山东军区司令部、政治部所立。碑南刻：“国际友人希伯同志纪念碑”，北面刻有罗荣桓、黎玉、萧华所题挽词：“为国际主义奔走欧亚，为抗击日寇血染沂蒙。”碑左另立一通卧碑，用雪花白大理石制成，碑文为希伯生平。

金野博（1919—1944），日本本州秋田县人，1939 年春被征入伍，5 月随部侵华，8 月 2 日到山东梁山“扫荡”被俘，在八路军 115 师政治部工作人员的感化和教育下，认识到日本帝国主义发动侵华战争的反动本质，毅然参加八路军，任反战同盟鲁中支部支部长，从事反战工作。1943 年夏，到赣榆、日照等地配合八路军武工队做瓦解日军工作。1944 年春在返回根据地汇报工作的途中，恰遇日伪军“扫荡”，不幸负伤被捕，后被日本宪兵队秘密杀害。1991 年 4 月，赣榆县人民政府为其在抗日山烈士陵园第四坡段建立一手榴弹造形的纪念碑，用花岗石雕制，碑文为：“日本国友人金野博同志纪念碑”，碑右另立一通雪花白大理石卧碑，碑文为金野博生平。

陵园的第三坡段为小沙东海战烈士冢。1943 年 3 月 17 日，新四军第 3 师团以上干部及随员一行 51 人，由第 3 师参谋长彭雄、第 8 旅旅长田守尧率领，从苏北盐阜区乘船出发，计划到赣榆县柘汪口登陆，然后从陆路转赴延安学习。船行到赣榆县小沙村东部海面，与日军巡逻艇遭遇，发生激战，敌我双方各牺牲数十人。后来干部队伍在滨海警备团及当地军民接应下胜利登陆。此役阵亡烈士有：第3师参谋长彭雄、第8旅旅长田守尧及夫人，团政治处主任吴毅、张友来、军实科长曹云等16人。烈士遗体合葬在抗日山烈士陵园第三坡段。烈士冢墓碑前，分别有陈毅元帅和陈士榘上将的亲笔题词——“浩气长存”、“英灵千秋”。

陵园的第二坡段，西为革命烈士纪念馆，东为碑廊。革命烈士纪念馆于1973年11月建成，原建筑面积795平方米，2002年续建450平方米。设四个展厅，展线面积1160平方米。东为建筑面积达1400平方米的碑廊，镶嵌着200余黑色花岗石抛光镌刻的各级领导人、知名人士为纪念抗日烈士而题写的诗、词。

抗日山烈士陵园第一坡段为花岗岩块石铺设的大型集会广场，总面积3000余平方米，可一次性容纳近万人开展各种类型的纪念活动。

抗日山烈士陵园于1982年被江苏省人民政府公布为江苏省重点文物保护单位，1989年被国家民政部公布为全国重点烈士纪念建筑物保护单位，1995年被团中央公布为全国青少年教育基地，2005年被中央宣传部公布为全国爱国主义教育示范基地，2009年被国家国防教育办公室公布为成为国家国防教育基地，2008年被国家旅游局公布为国家AAAA级旅游景区。

刘老庄八十二烈士陵园

★

刘老庄八十二烈士陵园位于江苏省淮安市淮阴区刘老庄乡刘老庄村。

1943 年 3 月 17 日，驻守淮海的日军开始对华中抗日根据地淮海地区展开大规模“扫荡”，企图合围六塘河一带的中共党政军领导机关。灌云、东海的日军

★刘老庄八十二烈士陵园正门

于当日晚上进入淮海区的福地高沟、扬口秘密隐蔽，乘着夜暗继续向中心区移动；泗阳（众兴）的日军连夜赶到后庄圩子，继续向钱集方向进犯；涟水的日军已从对岸的码头偷渡盐河；守备在徐州战略要地的日军也偷偷出来增援沭阳守军，连夜沿淮沭公路南下。同时，侵华日军主力之一——65师团也从淮阴城出发，师团长川岛纠集3000多人马，携带大量轻重机枪和100多门火炮，向六塘河逼近。就在日军即将占领盐河南岸的古寨镇和大槐树渡口时，新四军3师7旅19团4连已急行军赶在敌人之前到达川岛部队北犯的必经之路——刘老庄。

刘老庄是苏北平原上一个普通村庄，人不足百户，地不足百亩，距淮阴城约25公里，离六塘河约10公里，紧靠淮沭公路右侧，地理位置十分重要。在日军大举进犯的形势下，新四军决定以一个连的兵力，在刘老庄一带阻击日军，打乱其部署，掩护党政军领导机关和人民群众安全转移。第4连担当的就是这一艰巨任务。

3月18日，日军逼近第4连阵地，在距阵地只有五六十米时，连长白思才率先用重机枪开火，接着全连火力猛扫，日军仓皇后撤。川岛首战失利后，指挥各路人马从四面向刘老庄迂回，形成包围圈。白思才和指导员李云鹏经过商讨，为了牵制日军重兵，同时不使刘老庄群众受大损失，果断将连队撤出庄子，在村北新修工事用于固守。

日军第一次冲锋被打垮后，随后组织一个中队向第4连发起猛攻。当日军距第4连阵地尚有百米远时，第4连的手榴弹集中打向日军机枪火力点，使其立刻失去火力掩护，白思才趁势组织轻重机枪一齐开火，日军伤亡甚多。有20几个日本兵冒死爬到4连阵地前，被跃出战壕的战士用刺刀刺死。

一场激战后，4连弹药所剩无几，李云鹏决定成立突击小组，匍匐接近敌人尸体将子弹抢回。突击小组冒着弹雨，不仅抢回数千发子弹，还陆续运回二三十支三八式步枪。但4连付出的代价也很沉重：为了掩护战友，一排长尉庆忠在返回途中壮烈牺牲。

中午时分，日军又连续发起三次冲击。投入的兵力一次比一次多，火力一次比一次猛，但都以失败告终。下午2时，日军暂停冲击。4连党支部抓住空隙召开支委会，决定一定要坚持战斗到天黑，待领导机关安全转移后，再组织突围。同时向全连发出英勇杀敌的号召。全连群情高涨，有的战士在战壕里向党组织提出了入党申请。党支部根据这些战士的志愿和战斗表现，接收一批战士火线入党。

在进攻未能得逞的情况下，日军集中上百门大炮，接连向4连进行猛烈轰击。4连凭借防御的一条宽5尺、深4尺的壕沟，几乎被日军炮火摧平，伤亡不断增加。白思才被一发炮弹夺去了左手，李云鹏也多处负伤。

★八十二烈士纪念馆

当晚，日军停止了炮击，4连只剩下30余战士，并且大部分负伤，子弹和手榴弹几乎打光。白思才和李云鹏估计领导机关已经安全转移，便决定把剩余的子弹集中起来使用，拆毁多余的武器。李云鹏最后一次向全连做了战斗到底的动员。

日军借夜幕掩护逼近4连阵地时，4连弹药已全部用光。面对包围而来的日军，4连战士与日军开始了白刃格斗，终因实力悬殊，全部壮烈牺牲。

7旅旅部为表彰4连八十二烈士忠勇殉国的英雄主义精神，命名4连为“刘老庄连”。淮阴人民于战后将烈士的忠骸收敛，举行公葬，修建了新四军抗战八十二烈士公墓与陵园。1947年，烈士墓遭到国民党军破坏。新中国成立后，1955年，人民政府重建八十二烈士墓。1992年扩建陵园，建设了八十二烈士纪念碑，2000年修建了八十二烈士纪念馆。园内建有纪念馆、纪念塔、壮志亭、墓碑、浮雕、石柱、石刻、碑廊等，还有象征八十二烈士的八十二棵青松。2010年淮阴区将刘老庄八十二烈士陵园扩建为新四军刘老庄纪念园，另外建设了浴血刘老庄主题战壕遗址、红星广场等设施。

刘老庄八十二烈士陵园于1982年被公布为省级文物保护单位；1987年被江苏省人民政府公布为江苏省重点烈士纪念建筑物保护单位；1996年被江苏省委宣传部公布为江苏省爱国主义教育基地；2010年被国家红色旅游工作协调小组公布为国家级红色旅游经典景区。

新四军纪念馆

★

★新四军纪念馆

新四军纪念馆位于江苏省盐城市亭湖区建军东路。

新四军全称“中国国民革命军陆军新编第四军”，是中国共产党领导的坚持华中抗日斗争的人民军队。在国共两党合作抗日的形势下，经国民党当局同意，由江西、福建、广东、湖南、湖北、河南、浙江、安徽八省十四个地区的红军游击队从 1937 年 10 月起陆续改编而成。以 10 月 12 日为建军纪念日。军长叶挺，副军长项英，参谋长张云逸，副参谋长周子昆，政治部主任袁国平，副主任邓子恢。辖 4 个游击支队，10 个团，1 个特务营，共 10329 人。1937 年 12 月 25 日在汉口建立军部，1938 年 1 月 6 日移驻南昌。同年 3 月和 4 月，根据中共中央关于向敌人后方发展的指示和国民政府军事委员会关于集中整训的命令，军部和第 1、第 2、第 3 支队先后到达皖南歙县岩寺地区，第 4 支队在皖西霍山地区集中后向皖中开进，随后即在长江南北作战略展开。第 1、第 2 支队相继进入苏南，开辟了以茅山为中心的抗日游击根据地，并将丹阳县的抗日武装改编为新四军挺进纵队。第 3 支队留在皖南担任长江防务。第 4 支队在皖中、皖东以游击战频繁打击日军。1939 年 2 月，中共中央军委副主席周恩来到皖南视察，与新四军领导人商定了“向南巩固，向东作战，向北发展”的战略方针。根据这一方针，5 月成立江北指挥部，统一领导第 4 支队和 7 月新编的第 5 支队，江北游击纵队。第 4 支队开辟了以安徽省定远县藕塘为中心的津浦路西抗日根据地。第 5 支队开辟了以安徽省来安县半塔为中心的津浦路东抗日根据地。江北游击纵队在安徽省长江北岸开展游击战争，保持和皖南的联系。第 1 支队派出第 6 团向苏南东部发展，与当地的抗日武装合编为江南人民抗日义勇军（简称江抗），直抵上海郊区。1939 年 9 月，江抗西撤到长江中的扬中县与挺进纵队合编，并向苏北发展。10 月，第 2 支队第 4 团一部北渡长江，在扬州以西改编为苏皖支队，打通了与第 5 支队的联系。11 月，第 1、第 2 支队领导机关合并组成江南指挥部，统一领导在苏南和向苏北发展的部队。这一时期，新四军还增加了两支部队。1938 年 9 月 30 日，在河南省确山县竹沟镇组建的新四军游击支队东征，开辟了豫皖苏边区抗日根据地，1940 年 2 月正式改称为新四军第 6 支队，辖 3 个团和 4 个总队。1939 年 1 月，在竹沟组成的新四军豫鄂独立游击大队向武汉外围挺进，先后与豫南、鄂中、鄂东的抗日武装合编为新四军豫鄂独立游击支队、新四军豫鄂挺进纵队，开辟了豫鄂边区的抗日根据地，辖 5 个团队和 3 个游击总队。

1940 年 10 月 19 日，蒋中正发出“皓电”，限令黄河以南新四军于一个月内撤到黄河以北。1941 年 1 月 4 日夜晚，新四军军部和皖南部队 9000 余人由泾县云岭地区出发，准备分左、中、右三路纵队，经江苏南部向长江以北转移。5 日，部队行至茂林地区时，顾祝同以新四军“违抗中央移防命令，偷袭围攻国军第 40 师”为理由，包围并袭击新四军军队。命令国民党军双方火线冲突进行了七天七夜，新四军因兵力薄弱陷于绝境。为保全部队，新四军军长叶挺致书上官云相，表示愿往上官总部协商。14 日叶挺一到上官处即被扣押，新四军政治部主任袁国平于突围时阵亡。新四军副军长兼政委项英和副参谋长周子昆被副官刘厚总用手枪杀害于泾县蜜蜂洞。同日，新四军茂林阵地完全被占领，除约 2000 人突围外，大部被俘、失散或阵亡。

皖南事变爆发后，蒋介石命令取消新四军番号。中共中央军委于 1941 年 3 月 20 日发布重建新四军军部的命令，任命陈毅为新四军代军长，刘少奇为政治委员，张云逸为副军长，赖传珠为参谋长，邓子恢为政治部主任。新四军新的军部在江苏盐城。将活动于陇海路以南的八路军、新四军部队统一整编为 7 个师和 1 个独立旅，全军 9 万余人，继续在华中活动。1941 年至 1943 年，新四军进行了反“扫荡”、反“清乡”、反“蚕食”、反磨擦斗争。

新四军总结皖南事变的教训，加强了中国共产党的领导和部队的正规化建设及抗日根据地建设，并根据斗争需要，实行主力地方化，先后成立苏中、淮南、苏北、淮北、皖江等军区以及许多军分区，发展了地方武装和民兵。

1944 年，新四军展开局部反攻，发起了包括车桥战役、苏中 1944 年夏季攻势、苏中 1944 年秋季攻势等一系列战役，先后歼灭日伪军 5 万余人。根据中共中央军委关于向浙江、河南发展、迎接战略反攻的部署，新四军第 1 师主力渡江南下，与苏南部队和浙东游击纵队会师，成立苏浙军区。新四军第 4 师主力西征豫东，恢复了豫皖苏抗日根据地。第 5 师派出河南挺进兵团北上，开辟了豫南、豫中抗日根据地。新四军第 5 师还与南下的八路军第 359 旅会师，成立了鄂豫皖湘赣军区。

1945 年抗战胜利后，根据中共中央“向北发展，向南防御”的方针，新四军主力北移山东，江南的新四军部队移往苏北。1946 年 1 月 7 日，新四军军部与山东军区合并，成立新四军兼山东军区和山东野战军，陈毅为新四军军长、山东军区兼山东野战军司令员，饶漱石为政治委员，张云逸、罗炳辉为副军长兼副司令员，黎玉任副政治委员兼山东野战军政治委员，陈士榘任参谋长，袁仲贤任副参谋长，舒同任政治部主任，唐亮任政治部副主任。新四军兼山东军区下辖胶东、鲁中、鲁南、滨海、渤海五个二级军区，山东野战军辖第 1、2 纵队，第 7、8 师，兵力约 27 万人。

留在苏皖边境的新四军编为华中军区，司令张鼎丞，政委邓子恢，辖淮南、苏中两个二级军区，5、6、7、8 四个军分区，海防纵队，雪枫军政大学，解放第 1、2、4 军；华中野战军，司令粟裕，政委谭震林，辖第 6、7、8、9 纵队，兵力约 18 万人，归新四军兼山东军区领导。

1946 年 6 月，国民党军队以 30 万人围攻由新四军第 5 师改编的中原军区，国共双方签订的停战协定破裂，国共内战重新爆发。1947 年 1 月 23 日中央军委发布命令，撤销华中野战军、华中军区、山东野战军、山东军区和新四军番号，原新四军主力 7 个师中第 1、2、4、6、7 五个师及山东军区一部合编为华东野战军；原新四军 3 师已于 1945 年开赴东北并在 1946 年编为东北民主联军第 2、第 6 纵队；原新四军 5 师与八路军 359 旅（南下支队）、河南军区等部编为中原军区，即 1946 年中原突围被围攻之部队，该部突围后一部建立豫陕根据地，一部进入陕西改归西北野战军。至 1948 年下半年，上述各部统一改称中国人民解放军。华东野战军成立时 80% 兵力源自新四军，东北民主联军成立时 35% 兵力源自新四军，此外新四军也构成了西北野战军一部。

新四军纪念馆是一座全面、系统地反映新四军军史的综合性史料馆。1986 年 10 月对外开放。该馆由主馆区、建军广场（铜马广场）、新四军重建军部旧址（泰山庙）三部分组成。主馆区南北长 330 米，东西宽 110 米，占地 50 亩。共分群雕、碑林、展厅、园林四个景区。广场正中立有一座 11.75 米高的“国民革命军新编第四军重建军部纪念碑”，碑的正面为李先念的题字，背面刻有黄克诚写的《盐阜会师记》碑文，碑前有喷泉。广场东西两侧屹立着“英勇战斗”和“拥军支前”两组高 5 米、宽 7 米的用花岗石雕刻而成的半圆雕、高浮雕组合的高大的红色花岗雕塑。桥头两旁各有一座用整块汉白玉雕成的少先队员塑像。两侧碑廊分别陈列着老一辈革命家以及全国 30 个省、市、自治区和港澳台知名书法家的石碑作品 120 余块。

展览大厅是一座现代化的建筑，造型体现新四军的“四”字，正面上方东、西各有一幅“新四军盐城重建军部”和“新四军八路军会师”的花岗石阴雕画，两幅雕画中间是新四军佩戴的“N4A”臂章图案。大厅内设有 7 个展厅和将帅馆、书画馆、音像馆。展厅内陈列着较为完整、系统的新四军坚持华中敌后抗战的史料和文物。6000 多平方米的展板，融声、光、电为一体，再现了当年新四军的战斗历程。大厅门前挂着李先念题写的“国民革命军新编第四军重建军部纪念馆”金字匾额。大厅左面墙上，挂着 1990 年江泽民总书记的题词：“江淮英杰，卫国干城”；右面墙上，邓小平同志的题词“中华儿女们记着：你们的幸福生活是用血换来的！”正面巨幅屏风上，镌刻着毛泽东的手书《中国共产党中央革命军事

★新四军纪念馆内雕像

委员会命令》，屏风两旁挺立着陈毅、刘少奇、张云逸、赖传珠、邓子恢五位领导人的雕像，使人感受到皖南事变后，中国共产党重建新四军军部，粉碎国民党顽固派取消新四军的图谋，拯救中华民族于危亡的坚强意志。大厅门前陈列着飞机、大炮、军舰等。

建军广场位于盐城市市区最繁华路段的中心，即建军路和解放路的交界处。建军广场中间有一个新四军骑马的铜像，这个广场俗称为铜马广场。以新四军骑兵铜像为主体的新四军重建军部纪念塔是盐城的城市标志：一位年轻英武的新四军战士身背大刀，手握缰绳，骑在高扬前蹄的战马背上，面向太阳昂首前进，象征新四军东进，开辟华中敌后抗日根据地。塑像高 4 米，长 3.8 米，重 3250 公斤。塔座用黑色花岗岩砌成，四面呈梯形，正面朝东，刻由原新四军第四师师长张爱萍上将亲笔题词：“新四军重建军部纪念塔”。背面朝西，上刻由张爱萍上将审定的碑文，已故书法家鲍审手书。

★新四军纪念馆

新四军重建军部旧址，俗称泰山庙，位于盐城市建军西路，是皖南事变后重建新四军时的军部所在地。陈列着刘少奇、陈毅等领导人的旧居、文物、史料、照片等。

新四军纪念馆于 1997 年被中央宣传部公布为全国爱国主义教育示范基地。

浙江省

ZHEJIANGSHENG

第一批国家级抗战纪念设施和遗址通览

大韩民国临时政府杭州旧址纪念馆

★

大韩民国临时政府杭州旧址纪念馆位于浙江省杭州市上城区长生路53—55号。

大韩民国临时政府于1919年4月10日在上海成立。1945年8月15日，日本宣布无条件投降后，大韩民国临时政府自行解体，期间存续了26年。

★大韩民国临时政府杭州旧址纪念馆街景

1876 年，日本入侵朝鲜江华岛，强迫朝鲜签订不平等条约《江华条约》，获取了在朝鲜自由经商、兴办实业和治外法权等侵略朝鲜的特权。之后，日本通过在中日甲午战争、日俄战争中的胜利先后把中国清朝政府和沙俄的势力排挤出朝鲜，并在美、英的支持下，于 1905 年 11 月 17 日强迫李朝政府签订《朝日保护条约》，把朝鲜变成了日本的“保护国”。1910 年，日本迫使韩国签订《日韩合并条约》，正式吞并了韩国（1897 年，朝鲜王朝改国号为“大韩帝国”），变韩国为日本的殖民地，在政治、经济、文化等方面对韩国实行一系列野蛮残暴的殖民政策。

饱受奴役的韩国人民并没有放弃反抗，1919 年 3 月 1 日，韩国汉城爆发反日大游行，这就是韩国历史上具有划时代意义的三一运动。运动遭到了日本当局的血腥镇压，一些爱国者不畏强暴、积极探寻新的抗日救亡道路。运动爆发不久，朝鲜 13 个道的代表秘密在汉城集会，商讨组建新领导机构。不久，成立了临时政府。但由于日本实行严密的军事统治，临时政府在国内很难开展革命活动，遂决定将上海作为临时政府的所在地。

1919 年 4 月 10 日，来自韩国本土、中国东北、日本、美洲等地的代表在法租界金神父路（今瑞金二路）召开了各地的韩国人代表大会，共商建政大事。大会决定在上海建立临时议政院，作为大韩民国的最高民意机关，推选李东宁为第一届议政院议长兼国务委员，孙贞道为副议长，政府全称为“大韩民国临时政府”，机关报是《独立新闻》，负责宣传临时政府的各项抗日主张，及时报道世界各地韩国侨民的独立运动。8 月，大韩民国临时政府召开第六次会议，并于 9 月公布修正后的《临时宪法》，积极开展军事、经济、宣传、外交等各项活动。从这时候开始，一直到 1932 年 5 月被迫外迁，韩国临政始终以上海为中心进行反日独立运动。

1932 年 1 月 28 日，日军在上海闸北发动武装进攻，国民革命军第 19 路军奋起抵抗，浴血奋战一个多月，在美、英、法等国的调停下，于 3 月 3 日停战。正当双方准备于 5 月初签署停战协定之时，日方却大肆宣扬将在 4 月 29 日庆祝天皇寿辰的天长节，在上海虹口公园举行“沪淞战争胜利祝捷大会”。消息传出，引起包括韩国人民在内的广大人民的强烈愤慨。大韩民国临时政府国务委员兼警察厅长金九与王亚樵缜密策划，决定趁此时机，组织“韩人爱国团”团员尹奉吉对参会的日本军政要员进行暗杀活动。4 月 29 日，爱国义士尹奉吉穿着西装，装扮成日本人，肩挎伪装成军用水壶的炸弹，顺利进入会场。当日本军队阅兵进行飞行表演，21 响礼炮放响时，尹奉吉举起手中的炸弹准确地投掷在检阅台，当场炸死日本上海派遣军总司令白川义则大将和日本上海居留民团长河端贞次，重伤日本第二舰队司令官野村吉散郎中将、第九师团长植田谦吉中将、日本驻华公使重光葵。炸弹爆炸后，尹奉吉不幸被捕，在日本宪兵严刑拷打下，他始终守口如瓶，同年 12 月 19 日在日本金泽刑务所英勇就义。虹口公园案后，由于日本军警特务在上海对韩国人进行疯狂报复，大肆逮捕革命人士，朝鲜临时政府总机关被迫迁出上海搬往杭州，从而结束了在上海领导的反日建国运动。

1932 年 5 月，大韩民国临时政府军务部长金澈离沪赴杭，在杭州市仁和路 44 号蟾泰第二旅社（今群英饭店）第 32 号房间设立大韩民国临时政府办公处，随后财务部长金九也赶到杭州。同年 5 月 15—16 日，临时政府在杭州办公处召开国务会议，商讨今后活动计划，并就各部职责分工作了相应的调整。尽管当时临时政府内部围绕中国援助经费的问题有些误会和争议，但有关抗日及民族独立运动的大事仍坚持进行。

上海虹口事件后，鉴于形势的发展和党内的变化，韩国独立党即逐步向杭州转移，在杭州重新结集并展开活动。1934 年 1 月，独立党本部正式迁移到杭州学士路思鑫坊 41 号，独立党本部和党的特区会事务所开始在思鑫坊进行隐蔽活动和编辑、发行党的新机关报《震光》。为了开辟独立运动的道路，韩国独立党除在杭州设立本部及特区会之外，在上海、南京、广东和北平分别设有支部。

韩国独立党和大韩民国临时政府在杭州期间，其党、政活动场所及有关人士的居住地方多处，活动频繁。1934 年是韩国独立党和临时政府在杭活动的全盛时期，其间虽有内部争议与纠纷，但经过许多独立运动人士的努力和艰苦卓绝的斗争，总体上颇有成效。

1935 年 1 月 15 日，大韩民国临时政府由杭州移至镇江，同年 11 月，由镇江移往嘉兴。1937 年春，由嘉兴移往镇江。1937 年中国全面抗战爆发后，11 月 20 日，中国国民政府迁都重庆。之后，大韩民国临时政府因战争形势先后辗转迁往湖南省长沙市、广东省广州市东山柏园、广东省佛山市、广西省柳州市、四川省景江县，1940 年 9 月最终移至重庆。至此，大韩民国临时政府结束长达 8 年的颠沛流离历程。

其间经多次改组，最终形成了以金九为核心的大韩民国临时政府，并且成立了韩国光复军，配合友军作战；开展了积极的外交活动，为韩国独立积极奔走，对推动韩国抗日民族解放事业做出了卓越贡献。

1945年8月15日，日本宣布无条件投降。大韩民国临时政府由于没有得到国际承认，不得不自行解体，包括大韩民国临时政府主席金九等主要领导成员不得不以个人名义返回韩国。大韩民国临时政府存在的26年间，为韩国民族解放事业做出了重大贡献，在韩国现代史上具有重大意义，对中国抗日运动也有很大帮助，在中韩友谊史上具有重要地位。

中韩两国是“一衣带水”的近邻，自古交往频繁，关系密切。近代以来，两国都遭受帝国主义列强的侵略和掠夺，相同的遭遇和命运决定了情同手足、互相帮助，进行共同反对帝国主义的伟大斗争。大韩民国临时政府成立后与中国南北政府及现代中国重要党派都有过联络，当时中国国民党与国民政府是韩国临时政府的主要支持者。1932年上海虹口事件后，日本以60万大洋悬赏缉捕金九，时任江苏省主席陈果夫安排专人到杭州帮助金九解决问题，国民政府最高当局还从德国召回罗霞天等人负责暗中秘密保护金九等人。大韩民国临时政府迁到杭州后，一直得到国民政府的援助，在杭州的临政办公处及有关人士的住所、开会活动的场所等，都有当地军警人员暗中警戒和秘密保护。1933年5月，蒋介石在南京军官学校校长室接见金九、朴赞诩等人，提出给大韩民国临时政府以财政支持，承诺为临政培训独立军官。1937年7月全面抗战爆发后，蒋介石在庐山接见金九等人，表示中韩联合抗日，并从政治、经济、外交上支持韩国临时政府。毛泽东在重庆谈判期间，曾在桂园接见了韩国临时政府全体成员，畅谈中韩互助与友谊。1945年11月，大韩民国临时政府成员回国前夕，周恩来、董必武为之举行宴会，欢送金九一行。

为纪念大韩民国临时政府在杭州的历史和为抗日作出的贡献，杭州市人民政府历时5年，在原韩国临时政府用作办公处的长生路55号湖边邨，修建了大韩民国临时政府杭州旧址纪念馆，于2007年11月30日举行了隆重的开馆仪式。韩国临时政府主席金九的次子金信，金九的孙子、时任韩国驻上海总领事金扬以及来自各界的中韩友好人士参加了开馆仪式。

大韩民国临时政府杭州旧址纪念馆在原基础上扩大了三倍，现占地面积约

★大韩民国临时政府杭州旧址纪念馆一展厅

420 平方米，分两层楼共三个展厅，复原为 30 年代旧貌，展出珍贵历史照片 150 多幅。向参观者展示了 70 多年前中韩人民并肩战斗的可歌可泣的历史篇章。

大韩民国临时政府杭州旧址纪念馆于 2007 年 12 月被公布为浙江省爱国主义教育基地。

侵华日军细菌战衢州展览馆

★衢州细菌战死难民众纪念碑

侵华日军细菌战衢州展览馆位于浙江省衢州市柯城区罗汉井 5 号。

全面抗战期间，浙江是受日军侵略时间最长、受战争灾难最深重的省份之一。日本侵略者在浙江烧杀抢掠，无恶不作，给浙江人民带来了亘古未有的灾难。

衢州又称衢县，地处浙江省西部，东邻金华、丽水地区，南接福建，西连江西，北交安徽，浙赣线横穿其境内，水路、公路发达，素有“四省通衢”的美称。城东建有当时中国东南各省最大的军用机场，由于其战略地位之重要，始终被列为日军细菌战的主要攻击目标之一。

从 1931 年九一八事变至 1945 年 9 月日本投降的 14 年时间里，由石井四郎一手策划，在中国组建了许多细菌战部队的秘密基地。据日本有关专家统计，日本细菌战部队的人员共有 20000 余人，规模较大的有 5 支细菌战部队。第 731 部队组建时的编制大约是 300 人，1940 年扩大到 3000 人，日本投降时有 5000 余人。

侵华日军 5 支细菌战部队仅人体试验所杀害的中国人（含少数朝鲜人、苏联人和蒙古人）达 20000 以上（据不完全统计为 20899 人，其中第 731 部队杀害 8400 余人，第 100 部队杀害 5400 余人，“荣”第 1644 部队杀害 6080 余人，华北甲 1855 部队杀害 19 人，波字 8604 杀害 1000 余人）。与此同时，日军在侵华期间，通过飞机播洒、向江河水源投放鼠疫、霍乱、伤寒病菌等方式实施细菌战所杀害的中国民众，据不完全统计有 769772 人，感染后而死亡者 35 万余人，共计约 120 万人。如果加上细菌战所扩大传播和持续性疾病流行，其死亡人数更是高出当时记载数倍而难以统计。

“荣”第 1644 部队于 1939 年 4 月 18 日在南京建立，对外的公开名称是“中支那防疫给水部”，或“多摩部队”。这是石井四郎建立的第三个主要的“杀人工厂”。增田知贞为南京新建细菌部队的代理部长。增田知贞 1926 年毕业于京都帝国大学医学院并同时投身日本陆军，1931 年获京都帝国大学医学院微生物学博士学位。1937 年 9 月，担任石井四郎细菌部队的一个下属机构大连临时防疫所的负责人，并成为石井四郎的高级助手。“荣”第 1644 部队司令部和各个行政管理办公室位于南京市中山东路的一所六层楼高的中国医院内。

1940 年 6 月，日军参谋总部作战课受命策划对浙江省实施细菌作战的计划。7 月，日军决定将已侵占的杭州原笕桥机场及航校校舍作为细菌战基地，并根据航空照片确定宁波、衢县、金华三地的目标位置。1940 年 10 月 4 日晨 5 时，一架日机侵入衢州上空，旋转一周后迅速俯冲至 200—300 米高空，沿城西的西安门、上营街、水亭街、下营街、县西街、美俗坊等居民区撒下大批麦粒、粟米、麦麸、碎布、棉花、跳蚤、小纸包（每包约有 10 只跳蚤）、食物（带鼠疫菌和含霍乱菌）及宣传单。日机往返散播两次后，于上午 9 时 30 分左右飞离衢州。11 月 12 日，柴家巷 3 号居民吴士英首先发病，15 日死亡，随后又有多人发病。17 日后衢城发现大量死鼠。11 月上旬，在日军散布鼠疫跳蚤的地区爆发鼠疫并呈流行之势，衢县防疫委员会采取了一系列严厉措施，但由于防疫工作开始较晚，疫病已经在鼠类中流行，加之带疫外逃者为数不少，造成疫情迅速扩散至衢城 58 条街巷、12 个乡镇。1941 年，衢县鼠疫疫情十分严重。根据衢县各乡镇统计，一年中全县城乡鼠疫死亡人数2000余人（不包括城区患鼠疫逃避农村死亡后不报或瞒报的人数）。此次鼠疫波及义乌、江山、上饶等县市。

1942年4月18日，美大黄蜂号航空母舰搭载16架B25轰炸机首次袭击东京、名古屋、神户等主要城市，日本本土第一次遭到空袭，引起朝野极大震惊。针对此事，为防止中美空军利用浙江丽水、衢县和玉山等地的前进机场继续对日本实施轰炸，日本大本营决定发动浙江作战，目的是摧毁浙赣线上的中美空军基地及主要交通线，位置十分重要的衢州首当其冲成为攻击目标和日本细菌战的主要目的地。

1942年5月5日，日军先后调遣第11、第13军团及所属的第15、22、32、70、116师团和原田、河野旅团，共5个师团、3个旅团进攻衢州。6月10日前，日军先后侵占了衢州、开化等5个县，在日军侵占衢州的80余天内，大肆烧杀掳掠，全县32个乡镇有28个乡镇惨遭日军蹂躏，12000余人被杀死，1400余人被掳失踪，62000余间房屋被烧毁，大量公私物资被抢夺。8月19日，日军在遭到衢州军民英勇抵抗和反击的情况下，开始从江西玉山、广丰、上饶等浙赣沿线地区撤退。

8月20日，日军细菌战部队的一支远征队（由731细菌部队120人和南京“荣”1644细菌部队36人）到达衢州。8月25日，石井四郎亲自到衢州部署细菌战具体作战计划。26日至31日，石井一方面派飞机观察空投鼠疫的结果，另一方面派细菌战部队随同地面部队边撤退边散播细菌，在沿线各城乡居民区的水井、水塘、食品中投放了霍乱、伤寒、副伤寒等病菌。同时还在衢州散播炭疽菌、疫鼠和带鼠疫菌的跳蚤。8月31日后日军全部撤离衢州。其后，衢州沿浙赣线的各县城乡居民区相继爆发了鼠疫、霍乱、伤寒、副伤寒、痢疾、疟疾、疥疮、脓疱疹、炭疽等传染病，成千上万人死于非命。据1942年衢县防疫委员会调查，9月至12月全县患疫总人数达20000余人，死亡3000人。1943年5月，衢州各县鼠疫等多种传染病大流行，据衢州各县防疫委员会调查统计，上述各病感染者计45000余人，死亡7600余人，平均病死率16.89%。1944年各病继续流行。据《龙游县志》记载：全县18个乡镇就有25000人发病，死亡2948人，其中希圹乡死亡1200人。又据《衢县志》记载：全县32个乡镇，发病10608人，死亡44人。1945年3月7日，常山县球川镇发现鼠疫，同时常山县声教、宣风两乡发生霍乱、伤寒、副伤寒、疟疾、痢疾等传染疾病。据常山县 21 个乡镇统计，当年累计发病 50000 余人，死亡 10000 余人，据 1948 年衢州 5 县防疫委员会调查统计，1940 年至 1948 年，侵华日军在衢州进行细菌战，造成衢州各地连续 8 年传染病大流行，患病者 30 万人以上，患传染病死亡者 50000 人以上。江山、义乌、东阳等地均有感染人群。

★衢州细菌战铭记牌

日军的细菌武器给浙江人民带来的灾难是深重的，受害群众的苦难触目惊心。为了让后人永远牢记日军在这块土地上犯下的滔天罪行，1998 年清明时节，衢州建立了“侵华日军细菌战衢州展览馆”，并在馆内受害区竖立了一块“铭记牌”。侵华日军细菌战衢州展览馆面积 300 余平方米，展出的内容为“七三一细菌部队的罪行”、“衢州的深重灾难”、“为尊严而斗争”、“正义的呼声”等部分。展览以翔实的证据控诉了当年日军的罪恶行径，其中部分图文资料由美国、加拿大等国外友人提供。

侵华日军细菌战衢州展览馆于 2010 年 7 月被浙江省委、省人民政府公布为浙江省爱国主义教育基地。

台湾义勇队纪念馆暨台湾义勇队成立旧址

★

★台湾义勇队旧址

台湾义勇队纪念馆暨台湾义勇队成立旧址位于浙江省金华市婺城区酒坊巷84号。

1895年，中国在甲午战争中失败，被迫将台湾割让给日本。日本占领台湾后，为了加强统治，杜绝反日思想和抗日活动，从而遭到爱国之士的强烈反对，台湾芦洲李氏家族就是其中杰出的代表。李友邦出生于1906年2月，为台北芦洲李氏家族李复孝长子。1924年进入黄埔军官学校，毕业后加入广州的台湾青年组织“广东台湾革命青年团”。1938年，日本展开武汉作战，国民政府机关从上海撤退到浙江金华附近，浙江省主席黄绍竑积极组织抗日活动，招募抗日自卫总队，李友邦成为其中的积极分子。在获知这个消息后，经请示当地党组织同意，中共浙江省委积极帮助和支持李友邦筹建台湾抗日组织，开展抗日活动。之前一直未公开的台湾独立革命党公开组织起来。1938 年 9 月，台湾革命党修正党章，明确规定党的目标是团结台湾民族，驱除日本帝国主义一切势力，脱离日本统治，返归祖国，共同建立三民主义的新国家。组织台湾义勇队成为台湾革命党革命战略的重要一环。

台湾义勇队筹备委员会于 1939 年 1 月正式成立，李友邦、张一之、郭汝侯、林心平、张应彰五人为筹备委员。李友邦为队长，张一之为秘书。同年 10 月国民政府正式委任李友邦担任台湾义勇队队长兼台湾少年团团长，并晋阶为陆军少将。

台湾义勇队总部最初设于浙江省金华县城酒坊巷 18 号，金华郊外的大庙。总部设有总务组、指导训练组、编辑通讯组，在重庆设有担任军需及食粮的驻渝通讯组，福建省也设有通讯组。指导训练组主要负责队员的政治及军事训练的工作；编辑通讯组负责出版 1940 年 4 月创刊的台湾义勇队月刊《台湾先锋》，1943 年 1 月创刊的旬刊《台湾青年》。台湾义勇队在金华活动期间，队员们集体学习抗日抗战纲领等抗战理论、台湾史、中国革命理论等专门课程，同时，接受系统的军事、宣传等培训，呈现出军事化、政治化的部队形式。

台湾义勇队的建立宗旨是“援助祖国抗战”，因此其工作的内容依照队员的职业分为医务医疗工作、后方后勤生产工作以及对日的政治工作，统称为三大工作。台湾义勇队的成员包括医师、律师、职员、学生等，而其中以医生的从业者最多，因而医务工作开展最早。医务小组在浙江一带开展医务活动，其后又到前线野战医院、战斗部队开展巡回医疗工作。留在本部金华的台湾义勇队的医疗小组，开设诊所，主要负责本辖区内的民众的医疗诊治工作，并于 1939 年 9 月改设为有内、外、妇等多种科室的综合医院，称为台湾医院。还在义乌县义亭镇、金华县建头塘设立分诊所。1940 年 11 月在衢县设立第二医院，1941 年 2 月在兰溪设立第三医院，后又在福建建阳县成立第四医院，继续为祖国同胞从事医疗服务。

台湾义勇队的第二项工作是抗战后方的后勤生产工作。由于队员中熟悉樟脑制造者众多，许多人担任樟脑制造等国防工业生产事业的技术指导专家，协助当地政府建立樟脑制造厂和药品生产合作社，为支援抗战、恢复战争创伤贡献了自己的力量。

台湾义勇队的第三项工作是对日的政治宣传工作。台湾义勇队的成员大多数具备中高等学历，并且熟悉日语，这就为开展对敌政治斗争，开展政治工作，加强政治进攻奠定了基础。由于国民政府的正规军很少有人懂日语，对日军的番号、人员、武器、文件不能掌握，对敌情报处于被动局面，有鉴于此，台湾义勇队积极开展对日军的政治工作。如培训广大民众如何调查日军番号、军种、编制，掌握日军的生活状态及各种活动动态；训练精干、政治合格人员，潜入日军及其傀儡政权中，搜集情报，网罗数据，了解情况；配合正面战场的攻势，策反、策动敌伪军队反正，瓦解敌军心理，寻找机会歼灭敌军，并积极参与日语翻译和日俘的管理，等等。

与此同时，台湾义勇队还注意开展对台湾籍子弟的教育工作。台湾义勇队成立时就有台湾少年团，当时有成员 40 名。台湾少年团是抗战时期全国最著名的儿童团体之一，他们经常到前线及东南省份巡回表演，用话剧、歌舞等方式激发前线将士们的士气与后方民众抗战的热情。同时，这些少年团成员还跟随义勇队队员翻山越岭，进行抗日活动，还向台湾籍人民灌输爱国主义思想，联络沟通感情，掌握了台湾籍人民在大陆生活的第一手数据。

1942 年 5 月，浙赣战役爆发，金华沦陷。台湾义勇队奉令南撤，同年 10 月抵达福建龙岩后，其队伍不断发展壮大，扩大编制为台湾义勇总队，李友邦升任中将总队长。总队下设四个支队，工作层面涉及前线、后方、敌后与沦陷区。抗战胜利台湾光复后，台湾义勇队、台湾少年团分批从厦门回到台湾。1946 年 2 月，台湾义勇队遭当局解散。

台湾义勇队的抗日斗争是全民族抗战的组成部分，是两岸同胞同仇敌忾、团结御侮的历史见证。他们的斗争又与台湾岛内人民的斗争交相辉映，为取得抗战胜利立下了不朽功绩。

台湾义勇队旧址现存三组建筑，酒坊巷 84 号（当年为酒坊巷 18 号）为民国初年民居，坐北朝南，占地 213 平方米，为单层四开间砖木结构，是台湾义勇队、台湾少年团成立地和第一所台湾医院所在地。一墙之隔的清代天井式建筑湘岩试馆，在 1939 年时曾作为义勇队队员的宿舍。酒坊巷 103 号为清末民居，占地 198 平方米，单层砖木结构，大门朝西，是李友邦将军的住所。

2006 年 4 月，金华市政府决定按照修旧如旧的原则在台湾义勇队成立旧址建

★台湾义勇队纪念馆展示区

立台湾义勇队纪念馆，并于 10 月举行开馆典礼。纪念馆门口“台湾义勇队纪念馆”匾额为中国国民党主席马英九所题。台湾义勇队纪念馆占地面积 200 平方米，建筑面积 145 平方米，为一层砖木结构。靠北第一间陈列着两岸知名人士、有关领导为纪念馆题的词。第二、第三间为主展区，分李友邦、台湾义勇队、台湾少年团三个版块。第四间为管理办公用房。纪念馆收藏有当年历史照片 60 多幅、文物近百件，是台湾人民有组织参加祖国大陆抗战的唯一历史遗存。

台湾义勇队纪念馆 2006 年 9 月被金华市委、市政府公布为市级文物保护单位及市级爱国主义教育基地，2007 年 12 月被浙江省委宣传部公布为浙江省爱国主义教育基地。

安徽省

ANHUISHENG

大通万人坑教育馆

★

大通万人坑教育馆位于安徽省淮南市大通区大通街道矿南社区。

淮南地处华东腹地，煤炭资源极其丰富。日本侵华战争开始后，由于战线的延长，战争的后勤保障和供给严重不足。淮南煤矿紧靠京浦铁路线，水陆运输便

★大通万人坑

利，占领淮南煤矿，掠夺淮南煤炭资源，是日本“以战养战”，支撑对华侵略战争的重要组成部分。1938 年 6 月，日本侵略者占领淮南后，控制了淮南煤矿，开始疯狂掠夺这里的煤炭资源。

为了便于管理，日军成立了“日华合办淮南煤炭股份有限公司”，总部设在上海，在淮南设立“淮南矿业所”，对外称“合办”，其实是各项大权完全控制在日本侵略者手中，矿业所所长为川口忠，大通矿长为井上诚。

根据日本的侵略计划，淮南煤矿的煤炭产量从 1939 年的 21.5 万吨，到 1946 年要达到 235.2 万吨，增长 11 倍。为了最大限度提高煤炭产量，日军采取疯狂掠夺式的开采方式，专门挑选容易开采，矿层相对较厚的地方打井，使得矿山资源受到严重破坏。为了增加煤炭产量，日本侵略者还大量增加劳工数量，对采矿设备不进行任何提升改进，残忍地采取了“以人换煤”的手段，迫使劳工采用油灯照明，手镐刨煤、人工抬运等原始方式进行作业，由于其对中国矿工惨绝人寰的迫害，使得数万名中国矿工死于非命、尸抛荒野。

大通煤矿的矿工来源，同日本占领的许多其他煤矿一样，大部分通过骗招、征派、抓捕、俘虏等方式集中起来。1938 年鲁、豫、皖等地出现大量灾民，许多人失去家园。日本侵略者趁此机会，派出招工队，大肆宣扬“月月发工资，天天吃大米白面”等各种谎言，从灾区骗招大量灾民到煤矿充当劳工。同时，活动于沦陷区的伪政权、黑道门会等组织也充当日本的帮凶，如汪伪政权在淮南附近按照保甲抽调壮丁的方法组成“农民爱矿队”，每期 6 个月，到煤矿无偿劳动。在定淮特别公署，仅 1940 年就组织了约 2000 名劳工。日本侵略者及其伪政权，在所辖区域内，对城市、乡村的人民群众大肆抓捕，冠以“八路”、“嫌疑犯”等名号，发配到矿区充当劳工。此外，历次战役之后，日军将战场俘虏的中国军队的士兵编入矿区劳工队伍。据不完全统计，仅 1941 年 3 月至 1944 年 6 月，日军从各地骗招、征派、抓捕、强编的劳工就达 7 万余人。

劳工到达矿山后，受到日本侵略者的严密监视和管制。日军在矿山设置了体系完备的暴力统治系统，警备司令部、宪兵队、警备队、矿警队等镇压机构齐全，矿警队 150 多人，配备了机枪、迫击炮等武器，时刻监视矿区内劳工的一举一动。为了防止劳工们逃跑，还修建了 13 座碉堡，站后堡垒是大通矿堡垒中最大的一座，高 12 米，驻有重兵。

此外，为了加强对矿区劳工的统治，日伪军还修筑了水牢，对劳工进行迫害。水牢建造于1939年，位于一座房子的地下，上面是伪装的“办公室”，长3.5米，宽2.5米，高3.2米。水牢建成后，日军采取杀人灭口的手段，将18名建筑者一起关进水牢。同时，在矿区的警备队还设立了刑讯室，各种刑具一应俱全。矿工生活在极其危险的环境下，稍有不慎，就被矿警抓进刑房，轻者鞭打，重者立即被杀害。监工们对中国矿工进行像牲口一样的管理：矿工进矿要登记，“登记卡”就是卖身契，上面写着矿工的身体特征、皮肤颜色，按上指纹掌印，然后发给号条和劳工证，矿工完全失去了人身自由和尊严。

日本侵略者为了榨取工人的血汗，用尽各种毒辣的手段。在刺刀和皮鞭的威胁下，工人每天要工作12—16个小时以上，但吃的却是树皮、树叶、野菜和霉麸面做成的窝头，喝的是井下的煤水和地面水沟水塘的污水，穿的是麻袋片，住的是破茅庵或露天的大工棚。一间大工棚里两条大土坑，晚上一二百人就挤在上面，没铺没盖。当时有这样一首歌谣描述矿工的贫苦生活：“穷苦窑户真悲惨，铺天盖地头枕砖，吃的霉麸面，披的麻袋片，丈夫上工妻讨饭，儿女冻饿哭连天”。

★大通万人坑碉堡

在日军威逼下的中国劳工，每天进行着奴隶般的高强度劳动，受尽了非人的折磨，累死、病死、被打死的矿工不计其数。1942年，矿区传染病肆虐，大批劳工染病，死亡者众多。日本侵略者怕影响矿区的采煤速度，设立了所谓的“大病房”，把患病的劳工强行收拢到一起，集中关闭起来，让其自生自灭。一些患病未被集中的，则死在矿区周围的山坡上、路边、矿井下。为了掩盖事实，日本侵略者强令矿工在大通矿的南山脚下挖了一个长20米，宽和深各3米的大坑，将散落在各处的矿工尸体集中埋葬，丢一层尸骨，洒一层石灰，就这样形成了白骨累累的“万人坑”。以后凡有矿工死亡就抛进“万人坑”，有的还活着就被拖入坑内。据日伪档案统计，仅1942年秋到1943年春，就有13000多具矿工的尸骨被抛在坑里。

大通万人坑教育馆始建于1968年，全馆占地面积约31000平方米，建筑面积6900平方米，展室面积约2400平方米。现展厅依次有教育馆概述、日寇侵占大通期间布局沙盘、矿工生产生活用品用具、矿工上下工流程泥塑、矿工作业场景、日寇残害矿工刑具、大病房概况、三条白骨大坑、秘密水牢等。

大通万人坑教育馆于1986年被安徽省人民政府公布为安徽省文物保护单位，2013年3月被国务院公布为全国重点文物保护单位；1995年被安徽省委、省人民政府公布为安徽省爱国主义教育基地；2007年被国家旅游局公布为AAA级旅游景区。

新四军军部旧址纪念馆

★

新四军军部旧址位于安徽省宣城市泾县云岭镇，在罗里村种墨园内建有新四军军部旧址纪念馆。

全面抗战爆发后，从 1937 年 8 月至 12 月，国共双方就南方各省红军游击队

★新四军军部旧址纪念馆外景

改编的建制、编制、干部、装备等问题，先后在南京、南昌、武汉进行多次商谈。南方各红军游击队也相继与国民党地方当局达成停战以合作抗日的协议。9月28日，蒋介石任命叶挺为国民革命军陆军新编第四军（简称新四军）军长。10月12日，国民党江西省政府主席熊式辉转发蒋介石10月6日电令：豫鄂皖边、湘鄂赣边、浙闽边和闽西等红军游击队，统交国民革命军新编第四军军长叶挺编遣调用。这是首次公开发布新四军的番号和军长。新四军下辖4个支队，1个特务营，共计1.03万余人。军长叶挺，副军长项英，参谋长张云逸，副参谋长周子昆，政治部主任袁国平，副主任邓子恢。同年12月25日，新四军军部在武汉组建，1938年8月2日进驻云岭，直至1941年1月皖南事变发生。新四军军部在云岭的近三年时间里，在叶挺、项英领导下，新四军将士英勇抗敌，创建了众多抗日根据地。新四军军部旧址就是当年新四军军部在云岭驻扎时期所在地。

1963年7月，新四军军部旧址纪念馆正式建立，陈毅为纪念馆题写馆名。现纪念馆保护的旧址点包括：中共中央东南局、军部司令部、军部大会堂、政治部、修械所、教导队、战地服务团、叶挺桥、烈士墓等10处，并新增了《云岭碑园》介绍、叶挺铜像广场、辅助陈列、专题展览等设施，馆内现存各种珍贵图片、文物、资料达4000余件。

中共中央东南局原为中共中央东南分局，是抗日战争时期中共中央设在东南地区的派出机关，受中共中央和中共长江局双重领导，1937年12月14日东南分局在南昌成立。1938年11月，中共中央撤销中共中央长江局，设立中共中央中原局。中共中央东南分局改为中共中央东南局，直属中共中央领导。1939年3月，中共中央东南分局正式称为中共中央东南局，为工作方便对外称民运部，机关由南昌迁往安徽泾县云岭丁家山村。居址是一幢三间两厢的居宅。东南局由项英任书记，曾山任副书记。除项英住司令部“大夫第”外，东南局其他领导人员曾山、温仰春、邓六金、黄祖炎、陈丕显、章蕴等人常住在东南局机关和丁家山村附近农民家里。中共中央东南局下属主要机构有中共浙江省委、中共福建省委、中共苏皖特委、中共苏南特委、中共苏北特委、中共苏中区委、中共皖南特委、中共江西省委。中共中央东南局主要工作是组织、恢复和发展东南地区党组织机构，广泛动员民众援战、抗战，扩大抗日根据地，建立健全民众抗日组织，最大限度地支援新四军抗战斗争。1941年1月，皖南事变爆发后，中共中央东南局工作被迫停止。3 月 20 日，中共中央撤销东南局，东南地区党的秘密工作由中共中央中原局领导。

新四军军部司令部参谋处旧址位于云岭种墨园。种墨园原是地主陈冠群的宅院，建于清道光、光绪年间，由三进 47 个房间和一座小花园组成，总面积 1638 平方米，具有典型的江南民居特色。1938 年 8 月 2 日新四军军部进驻云岭，军长叶挺、副参谋长周子昆和作战科长李志高在这里居住、办公，直至 1941 年 1 月 4 日新四军奉命北移才离开此地。1939 年春，周恩来到云岭新四军军部视察工作时，曾在叶挺的办公室下榻。国际友人史沫特莱、作曲家任光夫妇也曾在这里居住、办公。司令部参谋处于 1939 年下半年也从大夫第迁至此屋厅堂办公。

新四军军部司令部秘书处旧址位于云岭大夫第。大夫第是云岭罗里村地主陈福骥的庄园，建于清光绪年间，由正屋、边屋、门厅等组成，楼上楼下共 64 间房屋，另有院落及门楼，房屋总面积达 1280.31 平方米。1938 年 8 月 2 日，新四军军部进驻云岭，副军长项英在此屋左侧楼房居住、办公，张云逸、罗炳辉等将领也曾在此住过。参谋处曾设在此屋厅堂，1939 年下半年参谋处迁至种墨园，秘书处遂搬此办公。军部秘书长兼秘书处负责人李一氓亦迁此屋左侧厢房居住。

新四军军部大会堂旧址位于云岭陈氏宗祠。陈氏宗祠建于清康熙年间，道光、光绪年间屡次重修，是泾县最大的两大祠堂之一，建筑面积 2900 平方米。新四军军部进驻云岭后，这里是军部召开各种大型会议，演出节目，举行军民联欢和举办战利品陈列展览的主要场所。1939 年春周恩来到云岭新四军军部视察时，在这里先后作《新阶段的新关键》、《目前形势和新四军任务》等重要报告。

新四军军部政治部旧址位于云岭镇汤村，是一座三间两厢前后两进的清末民初时期建筑。新四军军部进驻云岭后，新四军军部政治部设在此处。政治部主任袁国平、副主任邓子恢、秘书长黄诚在此居住、办公。

新四军军部修械所旧址位于云岭陈氏关帝殿，建于明朝万历年间，由关帝殿及其左侧毗邻的观音堂组成。1939 年春至 1940 年底，新四军军部修械所是新四军小河口兵工厂的分支机构，负责修理皖南新四军的枪械。著名兵工专家吴运铎曾在此工作过。在大殿的墙壁上，至今仍保留着当年新四军书写的标语。

新四军教导总队部旧址位于当时的中村董氏陈七斤住宅，该院落建于清光绪年间，由门房、正屋、边屋及院落组成。新四军教导总队前身是新四军教导营，

1938年1月在江西南昌成立，主要培养抗日军政干部，成立初有学员300余人，1938年8月随新四军军部迁至云岭。随着敌后抗日根据地的迅速发展，抗战武装力量的不断壮大，急需造就大批军政骨干。1938年9月，经中共中央、中共中央军事委员会批准，以教导营为基础组建新四军教导总队，下辖13个大队。

叶挺桥位于宣城市泾县云岭镇罗里村。新四军军部进驻云岭后，1939年4月，叶挺军长提议，并亲自设计，由新四军军部副官处负责建造的一座长8米，宽2米的木质结构桥，叶挺军长在桥栏栅上亲笔书写“军民合作，抗战到底”8个大字。当地群众赞颂新四军是人民的子弟兵，称这座桥为“军民桥”。皖南事变后，桥被破坏。解放后，复建成水泥桥。云岭人民出于对叶挺军长的尊敬和爱戴，将这座桥改称为“叶挺桥”、“希夷桥”。

新四军战地服务团俱乐部旧址，建于清道光年间，系敞厅建筑，前后二进，坐西北朝东南。新四军战地服务团于1938年1月在江西南昌成立，是在新四军政治部领导下进行抗日文艺宣传，组织群众、发动群众开展抗战援战活动的组织，团长为朱克靖，成立之初共100余人。在岩寺集中整编时，新四军战地服务团编组为宣传队、演出队、民运队3个大队。1938年8月，随新四军军部迁至云岭，到1938年底扩大为400余人。驻云岭近两年时间，新四军战地服务团在戏剧、文学、舞蹈、美术等方面创作了大量优秀作品，受到广大群众和新四军指战员们的喜爱，激发了群众的抗日热情，提高了部队士气。新四军战地服务团驻云岭镇新村期间，建立了新四军战地服务团俱乐部。服务团俱乐部是团员们排戏、开会、学习的场所，服务团自筹的图书室也设在这里。

新四军抗日殉国烈士墓位于宣城市。新四军军部驻云岭期间，在前线牺牲的新四军将士遗体被抬回来后，大部分安葬在黄龙岗上。1939年7月，日军飞机轰炸云岭村，新四军女战士冯玲被炸牺牲，新四军在此修建了“抗日烈士冯玲之墓”。烈士墓坐东朝西，南侧为“抗日战争烈士墓”，葬有蔡启等131位新四军指战员的遗骨。皖南事变后，国民党反动派对云岭人民进行严格管控，新四军抗日牺牲的烈士坟茔已不能公开祭扫。农民抗敌协会会员自发组成孤坟会。解放后，孤坟会改为纪念会。1952年5月20日，纪念会会员在墓前立“抗日战争殉国烈士碑”，铭记先烈的勋劳和业绩。1964年，新四军军部旧址纪念馆接管纪念会，对已毁的冯玲之墓进行重建。

★新四军军部旧址陵园纪念碑纪念广场

新四军军部旧址于1961年被国务院公布为全国重点文物保护单位；1996年9月被国家教育委员会公布为全国中小学爱国主义教育基地，2001年6月被中宣部公布为全国爱国主义教育教育示范基地，2003年5月被中国归国华侨联合会公布为中国侨联爱国主义教育基地；2005年3月被国家红色旅游工作协调小组公布为全国红色旅游经典景区；2009年9月被国家国防教育办公室公布为全国国防教育示范基地；2010年5月被中央纪委公布为全国廉政教育基地。

江西省

J I A N G X I S H E N G

第一批国家级抗战纪念设施和遗址通览

庐山抗战纪念馆

★

庐山抗战纪念馆位于江西省九江市庐山区牯岭镇河西路 506 号。

庐山抗战纪念馆原为庐山图书馆，建于 1934 年，是当时蒋介石亲自选址、督造的庐山“三大建筑”之一。庐山图书馆在中国抗战史上占有极为重要的位置，

★庐山抗战纪念馆

是国共第二次合作谈判、庐山谈话会、发表《抗战宣言》的所在地。

1936年12月，爱国将领张学良、杨虎城发动了震惊中外的西安事变，将蒋介石及随行人员扣留。事变发生后，中国共产党从中极力斡旋，西安事变得以和平解决，蒋介石公开表示停止内战共同抗日。

为了督促蒋介石履行他在西安事变中承诺的六项条件，促进国民党早日实现联共抗日的政策，从1937年2月到7月全国抗战爆发前，中共中央派周恩来、叶剑英、林伯渠等同国民党代表在西安、杭州、庐山举行多次谈判。1937年七七事变前后，国共两党又在庐山分别进行两次和谈，最终促成国共正式合作。

1937年6月，周恩来到达庐山，与蒋介石、宋子文、张冲进行合作谈判。谈判的主要问题包括：两党关系问题、红军改编问题、领导人的去留问题、陕甘宁边区问题等。蒋介石在谈判中设置重重障碍，意图取消共产党的独立性，将共产党合并到国民党中，控制中共及其领导的军队和边区。周恩来当即严词拒绝了他的要求。6月18日周恩来回延安向中共中央汇报情况。

随着日军的步步紧逼，形势危急。蒋介石、汪精卫等大批国民党党政军要员来到庐山，同时以中央政治委员会主席汪精卫和国民政府行政院院长蒋介石的名义，邀请各党派、各民主团体、各界名人来庐山召开“谈话会”。

“谈话会”日期定在7月15日至8月15日，分三期进行。7月15日，受邀到庐山参加谈话会的各界名流齐聚仙岩饭店，畅叙国事。当日，在庐山与国民党进行和谈的中共代表周恩来、秦邦宪、林伯渠等到达仙岩饭店，周恩来代表中共代表团抓住“谈话会”这个机会，与各党各派人士、各界名流广泛接触，向他们介绍、宣传中共的抗日救国主张。

7月16日，“谈话会”第一期开幕式在传习学舍楼上举行。出席开幕式的共158人。参会的各界人士热烈讨论，慷慨发言，一致拥护国民政府“精诚团结、一致抗日”的方针。7月17日，“谈话会”的第二天，蒋介石发表了著名的《抗战宣言》，指出：“我们知道全国应战以后之局势，就只有牺牲到底，无丝毫侥幸求免之理。如果战端一开，那就是地无分南北、年无分老幼，无论何人，皆有守土抗战之责任，皆应抱定牺牲一切之决心。”

7月17日下午，周恩来一行来到“美庐”别墅，与蒋介石、邵力子、张冲进行会谈。但是，国民党在红军改编问题上，主张各师由南京派遣参谋长，不愿意承认共产党的平等地位，并企图通过改编红军，逼朱德、毛泽东“出洋”，以便控制和吞并这支军队。周恩来当即表示，不接受国民党当局对红军改编后的指挥和人事意见，谈判未获成果。但国共两党第二次和谈与交锋，成了“谈话会”期间的一个亮点。

7 月 29 日，“谈话会”继续进行。因日军已占领北平，局势日益严峻，加之大政方针已定，与会者都急于返回原处，安排应对事宜，第二期“谈话会”于 29 日下午即告结束。

7 月底，北平、天津相继被日本侵略军占领。8 月 13 日，淞沪抗战爆发。在这种形势下，蒋介石急于调动红军开赴前线，在红军改编等问题上的态度有所松动。一是电邀中共领导人前往南京，共商国防。8 月上旬，周恩来、朱德、叶剑英前往南京，参加国防会议，共产党实际上取得了公开合法活动的地位。二是同意红军改编为国民革命军第八路军，任命朱德、彭德怀为正、副总指挥，使僵持已久的红军指挥和人事问题终获解决。三是同意发表《中共中央为公布国共合作宣言》，由国民党中央通讯社于 9 月 22 日公布，蒋介石同时发表谈话。蒋介石在谈话中指出团结御侮的必要，事实上承认了共产党在全国的合法地位。国共合作宣言和蒋介石谈话的发表，标志着第二次国共合作正式形成。

第二次国共合作的实现和抗日民族统一战线的形成，显示了全民族的空前团结，全国上下迅速汇集成一股御侮救亡的抗日洪流，一批又一批的爱国力量迅速汇集到抗日民族统一战线的旗帜下，抗日战争成为了全民族的一致行动。

★庐山博物馆

1938 年 7 月，庐山陷入日军重围成为“孤岛”，守卫庐山的江西保安 3 团和 11 团被称为“孤军”。抱着与庐山共存亡的决心，孤军自 1938 年 7 月至 1939 年 4 月在固守庐山近 9 个月的时间中，进行大小战斗 200 余次，歼敌 1000 余人。当时保安 11 团指挥部就设在庐山图书馆内。

1939 年 4 月，日军攻占庐山后，将庐山图书馆图书洗劫一空，并将该馆征为日军仓库。

庐山抗战纪念馆于 2009 年 9 月 26 日正式开馆，馆名“庐山抗战”由著名抗战将领吕正操题写。庐山抗战纪念馆以“国共合作全民抗战在庐山”为主题，以“国共合作在庐山”、“庐山孤军抗战”、“国民政府夏都”、“庐山图书馆专题”为主要展示内容，复原了“庐山谈话会会场”、“保安十一团指挥部”等场景，着重介绍了庐山在国共第二次合作、中国抗战史上的重要地位。

庐山会议会址于 1996 年 11 月被国务院公布为全国重点文物保护单位。

抗日阵亡将士陵园

★

抗日阵亡将士陵园位于江西省宜春市上高县镜山旁。

1938年10月，武汉会战后，日军改变了速战速决的方针，实施“持久战略”。鉴于敌后战场地位的逐渐上升，1941年初，日军为加强华北治安，决定将驻防江

★抗日阵亡将士陵园

西安义地区的第 33 师团调往华北“扫荡”，并在调动之前对驻上高地区的第 19 集团军发动进攻，以巩固南昌的战略要地。

上高位于锦江上游，北边是九岭山，南边是武功山，西边是罗霄山脉，东边是辽阔的鄱阳平原，是赣西的重要军事要地。从 1941 年 3 月初开始，日军纠集第 33 师团、第 34 师团、第 20 混战旅团共 6.5 万余人，在 100 余架飞机、40 余辆战车的掩护下，兵分南、北、中三路秘密集结，从安义、南昌等地出发，向国民党军队进攻。国民党军队参战的有第 19 集团军所属第 70、第 49、第 74 军，第 30 集团军所辖第 72 军以及地方武装力量共 10 万余人。

早在 3 月初，第九战区就对日军妄图突然袭击的意图有所察觉，第九战区副司令长官兼第 19 集团军总司令罗卓英决定采取诱敌深入、进行围歼的方法消灭日军，并对中国守军的阵地进行了重新布置，在赣西北设置了三道防线，计划将第一、第二阵地逐次抵抗消耗日军后，诱敌深入到第三道阵地，然后集中兵力进行围歼。

具体部署是王耀武的第 74 军为中路决战军团，李觉的第 70 军和刘多荃的第 49 军为左右两翼的诱敌兵团，第 30 集团军的第 72 军和第 78 军为机动部队，罗卓英担任总指挥。

3 月 12 日，日军开始集结。北路为第 33 师团一部，1.5 万余人，集结在安义；中路为第 34 师团，约 2 万人，集结在西山万寿宫周围；南路是第 20 旅团，8000 余人，集结在向塘镇。日军企图以中路突击、南北包抄的战术，将国民党军队第 19 集团军主力歼灭在上高附近，并夺取上高及周围县城，巩固南昌外围。

3 月 15 日，北路的第 33 师团首先向奉新进犯，国民党军队主动放弃奉新，诱敌到下观、苦竹坳附近，第 70 军和第 72 军对其围攻，日军遭受重大损失，被迫突围，退守奉新。同日，南路日军第 20 混成旅在飞机掩护下，强渡锦江，与国民党军队第 74 军 51 师接触，双方在仙姑岭、梅山激战一昼夜，日军损失 1600 余人，51 师也伤亡巨大。日军派遣小股部队进行偷袭未遂后，开始绕道陈家坊偷袭临江，但遭到中国军队第 26 师的顽强阻击，日军损失 4000 余人，被迫溃逃与中路日军汇合。这样日军企图南北夹击的两翼被完全斩断。

担任主攻的日军第 34 师团，以装甲车为先导，先后占领祥符观、莲花山、高安等地，于 3 月 18 日向上高进犯。驻守上高的是国民党军队第 74 军，是美

“援华法案”生效后，装备的第一批中央军精锐部队，素以敢打硬仗、作风顽强著称，军长王耀武久经沙场。王耀武根据日军情况的变化，及时对军队进行了部署。3月19日，日军第34师团开始向国民党军队第74军57师的前沿龙王岭阵地发起猛攻，同时，国民党军队第58师也与日军第34师团主力在官桥街一带展开激战。22日，日军在飞机、坦克的掩护下，疯狂地向国民党军队阵地展开猛攻，战斗空前惨烈，云头山和白茂山成为中日两军争夺的要点。22日，日军第20旅团由锦江北岸渡河，向华阳突袭，妄图进至上高城南，切断国民党军队后路，国民党军队第57师陷敌包围之中，上高危急。23日，白茂山阵地陷入敌手，王耀武命令第58师不惜一切代价夺回白茂山阵地。24日凌晨，国民党军队第58师副师长张灵甫亲自率领敢死队，提着轻机枪，不顾日军毒气的袭击，对白茂山阵地展开进攻，经过数次肉搏战，终于夺回了白茂山阵地，张灵甫腿部受伤。

在第74军与敌34师团在上高激战的同时，罗卓英命令第70军、72军迂回至日军背后，直插日军第34师团毕家指挥部，以3个精锐师将敌包围于南北10华里、东西30华里的包围圈中。日军发现陷入国民党军队的重围后，一面向汉口军部求援，一面疯狂向外突围。25日，敌第33师团赶来增援，掩护敌第34师团撤退。日军用数十架飞机，在国民党军队合围的结合部，轰炸出一个缺口，掩护地面部队逃窜。

28日，第74军主力进攻官桥街，将日军600余人全部歼灭，击毙日军第34师团少将指挥官岩永。31日克复高安，截断了日军东逃的退路。4月1日，日军炮兵第8中队被全歼。国民党军队分两路乘胜追击，战至2日，右路克收复西山万寿宫，左路收复奉新，敌人逃回安义、南昌。9日，克安义外围之长埠、宋埠各要点后，奉命停止攻击。至此，上高会战结束。

在上高会战中，中共上高地下党组织发动3万群众，担负破坏交通、运输、救护、侦察、向导、搭桥、架线、慰问伤员等任务，保证了军粮副食品的供应，为上高会战的胜利作出了重要贡献。

上高会战历时26天，国民党军队伤亡2万余人，毙敌1.2万余人，缴获大量军用物资，击溃日军第34师团和第20混成旅团。当时，上高会战被誉为“抗战以来最精彩之战”、“开胜利之年胜利之先河”，受到了蒋介石的嘉奖和赞颂，李

★会战亭及纪念碑

宗仁、蒋经国、何应钦等其他当局政要纷纷撰文予以表彰，国民革命军第74军被称为“抗日铁军”，获得“飞虎旗”这个军队最高荣誉，张灵甫升任第58师师长。随后，王耀武、张灵甫率部参加了常德会战、长衡会战，均取得辉煌战绩，后王耀武升任第四方面军司令，张灵甫升任国民革命军第74军军长。

上高会战抗日阵亡将士陵园于1991年建造，占地面积6600平方米，由汉白玉门楼、纪念碑与亭、三座阵亡将士大墓以及抗日宣传标语和十九集团军总司令罗卓英诗词墙组成。

陵园进门处为仿古牌坊，上横刻张爱萍手书“上高会战抗日阵亡将士陵园”12个大字。陵园中部有一仿古凉亭，名为“会战亭”。会战亭东侧立石碑数块，上刻有上高会战总指挥罗卓英将军的赣北大捷四首诗词。会战亭西侧立有一堵上高会战时留下的抗日标语墙，上写“军爱民，民拥军，军民合作打日本”。

陵园顶部为上高会战阵亡将士墓，分成三个坟墓，墓前有花岗石石碑，上刻有时任北京卫戍副司令张西尧手书“上高会战抗日阵亡将士墓”11 个隶书大字。

镜山战场遗址于 1987 年被江西省人民政府公布为省级文物保护单位，2013 年被国务院公布为全国重点文物保护单位。抗日阵亡将士陵园于 2009 年 2 月被江西省委、省人民政府公布为江西省爱国主义教育基地，2012 年被国家红色旅游工作协调小组公布为全国红色旅游经典景区。

山东省

SHANDONGSHENG

胶东革命烈士陵园

★

★胶东抗日烈士纪念塔

胶东革命烈士陵园位于山东省烟台市栖霞市桃村镇英灵山上。

胶东革命烈士陵园建于1945年，原名英灵山烈士陵园，1989年正式更名为胶东革命烈士陵园。陵园坐北朝南，由中、东、西三路组成，占地面积760亩，计有文物建筑306处，其中包括纪念塔、纪念堂、烈士陵墓及纪念碑、亭、石坊等。

陵园整体布局呈“中”字形，中路设在南北中轴线上，烈士纪念塔坐落于中路的北端山巅。塔为陵园的主体建筑，由960块花岗岩石砌筑，呈六面锥体，由塔座、塔身、塔顶三部分组成，通高21.37米，塔底周长24米。塔身正面楷书阳刻“胶东抗日烈士纪念塔”。塔身侧面下部阴刻中共胶东区党委、胶东军区等联名建塔序文。上部阴刻烈士英名录，计5716名。塔顶六面各设方窗，方窗中间制有五角星图案。纪念

★胶东革命烈士陵园烈士纪念堂

塔西面 70 米处，立有山东战斗英雄任常伦的铜像，高 2 米，手持步枪，作警戒状。其下设石质方座，高 2.6 米。中轴线南端的山麓底部，设烈士纪念堂，堂内陈列着张静源、张连珠、理琪、王文等 39 名烈士的遗物。纪念堂前设广场，是人们祭扫陵墓、瞻仰烈士的场所。由纪念堂沿中轴线上行为理琪墓，其上横书阴刻 5 行“先烈中国共产党胶东特委书记山东人民抗日救国军第三军司令理琪同志之墓，一九四五 . 七 . 七立”。墓北石墙中嵌长方形理石，镌刻理琪生平。其东南 25 米处，有一石筑的方锥形“烈士芳名塔”，塔身四面刻记着 3342 名烈士的英名。西南 25 米处，为胶东战斗英雄夏侯苏民之墓。

东路，立有“浩气长存”的石坊。右侧有烈士墓区，占地面积 8087 平方米，均为石砌长方形墓，墓前立有石碑，上置五角星，碑面刻记着先烈的姓名等。267 名先烈长眠在这里。由此向上是烈士名录永垂千古塔，塔的四面均刻有烈士英名，计 11792 名。再上便为灵山东侧的山脊，上面建有中共东海地委书记兼东海区司令员于克恭之墓。墓北 80 米处是胶东行署主任王文墓，墓呈圆形，其上置墓碑，阴刻“先烈胶东区主任公署主任王文同志之墓”。

西路，立有“英名千古”石坊。有胶东青年抗日救国联合会主任林江之墓，1946 年国际青年节落成。北去 40 米处为三座团级干部烈士墓，1964 年 7 月立，中间为山东纵队 5 旅 13 团团长李绍峤之墓，西为山东纵队 5 旅 14 团团长梁海波之墓，东为山东纵队第 5 支队 2 团政委蔡戎前之墓。向北 40 米处为“英雄墓”，分别为山东战斗英雄任常伦之墓、胶东劳动英雄王彩春之墓、胶东爆炸英雄王克山之墓。

胶东革命烈士陵园于 1977 年 12 月被山东省公布为省级重点文物保护单位；1988 年 1 月被公布为山东省重点烈士纪念建筑物保护单位，1989 年 8 月被国务院批准、民政部公布为全国重点烈士纪念建筑物保护单位；1994 年 11 月被山东省委宣传部公布为山东省爱国主义教育基地，1995 年 3 月被民政部公布为国家级爱国主义教育基地；2004 年 1 月，被山东省政府公布为国防教育基地；2013 年 12 月被共青团中央公布为全国青少年教育基地；2014 年 1 月被中宣部公布为全国爱国主义教育示范基地。

地雷战纪念馆

地雷战纪念馆位于山东省烟台市海阳市文山街 11 号。

山东海阳地处胶东，南邻黄海，地处烟台、青岛、威海三市的中心地带。在抗日战争期间，英雄的海阳人民不畏艰险、无私奉献，创造了可歌可泣的英

★海阳市博物馆内的地雷战纪念馆

雄事迹，先后获得“民兵工作模范县”、“战斗模范县”、“支前模范县”等光荣称号。

1940 年 2 月 7 日，日本侵略军侵入海阳，实行“三光”政策，先后制造了惨绝人寰的西野口惨案、战场泊惨案、霞河头惨案等。面对日本侵略者的暴行，海阳人民没有屈服。中共海阳县委积极发动群众，成立了青年抗日先锋队、青妇队、抗日游击小组、儿童团等，举起大刀长矛、土枪土炮，同日军展开了殊死搏斗。

1943 年春，海阳县人民武装委员会在小纪区南埠村召开各区武委会主任会议。县武委会主任栾进阶介绍了平度县大泽山区民兵摆地雷阵杀伤敌人的经验，参谋杨兆龙传授了埋雷方法，并发给各区数颗铁制地雷。同年 5 月，小纪区瑞宇村民兵副队长于凤鸣在瑞宇、东村庄之间公路上埋下两颗地雷，炸死炸伤从行村出来抢小麦的日伪军 5 名，这次战斗揭开了海阳地雷战的序幕。

看到地雷有这么好的效果，其他村的民兵也都积极行动起来，开始用地雷打击日本侵略者。1943 年秋，赵疃村民兵队长赵同伦从区武委会领来两颗大地雷。回村后，他同赵守福等民兵凑在一起研究出拉线、绊线等几种埋雷方法。10 月初的一天，200 多个日伪军出来抢粮后，赵守福、赵同伦、赵乾江提前在路上埋下两颗绊雷，炸死炸伤日伪军多名。

海阳民兵初期使用的地雷都是铁雷，但因造雷所需原料生铁十分匮乏，只能定期在军区领到定量的几颗铁雷与敌周旋作战。为了将地雷战发展成常态战术，进一步打击敌人，海阳民兵在地雷的选材上动起了脑筋。海阳属山区，满山遍野都是石头，能不能用石头炸？几个人立即找来石头试验，打眼、填药、装引信……数次试验后终于成功。石雷的研制成功，一下就解决了铁雷供应不足的问题，而且石雷能避开敌人的探雷器，有利于隐藏地雷。

开始，石雷都是利用路边的一些较大的碎石制成，不便于携带，因此基本就是“守株待兔”。日军吃过苦头后，开始对路边所有的石头都警惕起来。针对出现的新情况和敌人的活动规律，海阳民兵又开始在雷种和引爆方式上进行大胆创新。如“头发丝雷”，把头发丝系在雷弦上，望远镜发现不了，鬼子坦然前进，踏雷挨炸。日军从青岛调来工兵，用探雷器探雷，民兵们又昼夜试验，研制出“子母连环雷”“真假子母雷”，敌人起出母雷，子雷跟着爆炸。针对敌人赶着老百姓在前面探路，他们就研究出“长藤雷”，把引爆索线加长，把群众让过去，专炸敌人的大队人马。敌人无规律地走，他们就实施“飞行爆炸”，“不见鬼子不挂弦”，见到敌人的行踪后，认准其行军路线和方向，迅速埋好地雷，飞快隐蔽，出敌不意。敌人掌握了民兵怕雨天地雷受潮，不埋雷的规律，便在雨天进村抢粮。民兵就研究出埋雷时用油纸、麦糠等防潮物品保护好地雷，雷嘴上扣一个瓷碗，雨天照常炸敌。

1945年，吃尽了地雷苦头的行村据点的敌人，不敢再走大路，而是沿着河流行军。女民兵孙玉敏发现这一情况，想到用葫芦装上地雷，放在水中引爆的方法。为了不让地雷受潮，大家一起研究用船泥封口。实验成功后，做成9颗地雷，瞅准时机，迅速将雷放到河中，日伪军涉水过河，9颗地雷全部爆炸。

在不断的实践中，海阳民兵发挥聪明才智，研制了绊雷、夹子雷、胶皮雷、连环雷、子母雷、梅花雷、头发丝雷、飞行雷、水雷、天女散花雷、掷石雷、丁字雷、空中伴雷、防探雷针雷、火光信号雷等10多种地雷。埋雷的方式也从原来的埋雷等敌到“送瓜上门”、“将计就计”。而且将地雷战与麻雀战相结合，使敌人防不胜防。由单一布雷发展到大摆地雷阵，一旦得到敌人出动的情报，大小路口、山坡、树林、河套、瓜田、菜园、门阶下、水桶底、箱子里……到处是地雷，而且还在雷坑里埋上石子、铜钱、碎锅铁之类的东西，大大增强了杀伤力，使敌人彻底陷入了地雷战的汪洋大海中。

海阳民兵在艰苦的条件下，先后作战2000余次，毙伤俘敌1897多人，沉重打击了日军的嚣张气焰。抗战中，海阳涌现出600多名县级以上民兵英雄模范，其中赵守福、于化虎、孙玉敏荣获全国民兵英雄称号，还有“五虎村”、“栾家模范村团”、3个“特等模范爆炸村”等抗战英雄集体。

1991年前，赵疃设有地雷战展览室。1991年，赵疃地雷战展览室的展品合并在海阳博物馆的海阳革命斗争陈列室中展出。1999年，在海阳市博物馆设立地雷战纪念馆临时展览。2005年，将原临时展厅扩展成为正式展览厅。2006年，对博物馆进行扩建，扩建后对地雷战纪念馆重新布展。2008年，独立设置海阳市地雷战纪念馆。展览内容共6个部分：“民族危急，共赴国难”、“地雷战日寇丧胆，卫海防壮我国威”、“反扫荡105天动魂魄，盆子山60余村响雷声”、“英雄造雷乡，雷乡出英雄”、“光辉事迹垂青史，革命精神照后人”、“实现新跨越，建设

★地雷战部分文物陈列

新海阳”。馆舍面积2700平方米，展陈面积2200平方米，展线长830米，共展出文物500余件，照片300多幅。展馆充分运用声、光、电和多媒体，红外感应互动，虚拟现实以及壁画、雕塑、油画，场景复原、半景画等展示手段再现历史场景。

海阳市地雷战纪念馆于2005年11月被山东省委宣传部公布为山东省爱国主义教育基地，同时被中央宣传部公布为全国爱国主义教育示范基地。

马石山烈士陵园

马石山烈士陵园位于山东省威海市乳山市诸往镇上石硼村。

1942年，日军对山东抗日根据地进行频繁“扫荡”，千人以上的大“扫荡”就达40多次，尤以1942年冬对胶东的大“扫荡”最为残酷。11月，日军华北方面军司令官冈村宁次亲抵烟台召开作战会议，鉴于当年两次大“扫荡”的情况，决定发动“第三次鲁东作战”。作战目标是：歼灭以山东纵队第五旅及第五支队为基干的胶东军区部队，恢复山东半岛的治安，尤其是确保青岛、烟台间的交通。为此，日军使用总兵力达3万人。

★马石山烈士陵园内的革命烈士纪念塔

其时，八路军胶东军区7月1日才刚刚成立。全军区主力只有5个团，即5旅所辖的第13团、第14团、第15团及直属军区领导指挥的第16团、第17团。此时连同各县独立营（县大队）和区中队在内，胶东军区总兵力 1.4 万人。从两军兵力对比来看，在这场生死大搏斗中，八路军显然处于劣势。

马石山位于乳山市境内，主峰海拔高 467.4 米，山势蜿蜒险峻，岭长谷深。胶东军区的指挥机关、区党委、行政主任公署等党政机关和群众团体常驻在马石山的周边各村，马石山因此成为日军扫荡的主要目标。

11 月 17 日，日军从青岛、高密出动 600 多辆汽车，满载大量兵员和作战物资，沿烟青公路和烟潍公路，分成多股从莱阳、栖霞、福山、海阳等地出动，分进合击，密集平推。从 21 日开始，聚集在附近的日伪军，配合日军主力部队倾巢出动。国民党暂编第 12 师赵保原部打起日军的“膏药旗”，配合日军从莱阳玩底（现万第）向东北进击。敌人的战略意图是将以牙山、马石山为中心的八路军栖牟海莱边区的抗日根据地形成合围，然后集中兵力予以歼灭。

大“扫荡”开始后，疯狂的日伪军依仗着人多武器好，对胶东抗日根据地像梳头篦发一样行进，不落一村一户，不漏一山一沟。为了彻底搜索和进行军事打击，日伪军每天只前进十几公里，白天步步进逼，搜山入村，烧房进宅，连荒庵、寺庙也不漏过；夜间就地宿营，沿合围圈每隔三五十步，便燃起一堆野火，由士兵把守，稍有动静，便鸣枪示警，只要一处枪响，便四处一起开火；如果发现突围人群，便用机动部队围捕、追击。大“扫荡”期间，胶东大地日军践踏之处，烧、杀、抢、掠，无所不用其极。

在敌人的行动开始之前，胶东军区的主力部队和党政领导机关就已跳出敌人拉网式的包围圈，转移到安全地带。为了对付日军的大“扫荡”，根据地人民群众普遍实行“坚壁清野”，以“三空”（搬空、藏空、躲空）对付敌人“三光”（抢光、杀光、烧光）。同时，大力支援八路军作战，当向导，递情报，送给养，挖地道，隐藏军用物资，掩护和护送伤病员，伺机打击敌人。

日军扑到马石山，才发现胶东军区和第 5 旅的主力部队已经转移，党政领导机关也不见踪影。预定计划落空，日军恼羞成怒，开始疯狂地屠杀扫荡。马石山周围村庄的房子，遭到了空前的破坏。各村被烧房屋都在半数以上，禽畜被宰杀吃光，家具全遭破坏，被抢走和糟踏的粮食无法统计。日军此次“扫荡”，仅在马石山周围就残杀抗日军民 503 人，制造了马石山惨案。11 月 23 日，围攻根据地的敌军集拢到胶东半岛的中心地带马石山四周，牟平、海阳、栖霞等县群众数千人，还有部分地方干部、八路军的伤病员以及少数与大部队失掉联系的战士被围堵在内。

正当数千名同胞身陷绝境时，胶东军区第5旅第13团7连发起了救援父老乡亲的突围战。在掩护群众突围时，7连连续冲杀5次，与日军展开白刃格斗，杀伤敌军近百人，全连大部分官兵壮烈牺牲，仅有5人突围而出。

其间，第2排6班战士往返3次。当他们第4次冲进包围圈准备带领群众突围时，敌人开始进行合围攻击。为了吸引敌人，他们且战且退，先后打退敌人多次进攻，最后只剩下班长和两名战士，子弹打光了。当敌人冲上来时，三个人紧紧拥抱在一起，拉响了最后一颗手榴弹，血染马石山岗。

东海独立团第1营2连在大"扫荡"前，被安排负责护送军分区财务股长于克谦到军区后勤部（驻地在凤凰崖村）领取经费，回程中遭遇敌军。战斗进行得激烈而悲壮，他们当晚两次闯进包围圈，救出数百名群众，最后全体战死在马石山东的山峰上。

★马石山烈士陵园抗日烈士纪念堂

1943 年 1 月 25 日，为纪念在马石山惨案中牺牲的抗日军民，胶东区行政主任公署在马石山召开“马石山惨案”公祭大会，并于主峰立马石山殉难军民纪念碑。1970 年 10 月，乳山县人民政府在此修建了马石山烈士陵园。陵园占地 5.4 公顷。革命烈士纪念塔建在海拔 467 米的马石山主峰顶端，基周长 5.6 米，塔高 15 米，雄伟壮观。抗日烈士纪念堂建筑面积 330 平方米，坐落于马石山主峰阳坡，正中大门上额书“浩气长存”4 个苍劲有力的大字，大厅内悬挂着夏云超、张寰旭、林江、于已午等烈士遗像，西厅内展有以“壮丽的史诗，英雄的业绩”为题的马石山惨案文字简介和烈士遗物，东厅内展有当年日军残杀中国民众的照片和反映“马石山惨案”的版画。纪念堂前建有面积为 3335 平方米的广场。许世友上将、林浩少将于 1985 年为纪念堂题词。纪念堂后侧是马石山惨案中牺牲的 96 名烈士的陵墓，每座墓前都立有汉白玉墓碑。1943 年 2 月，胶东区行政主任公署在烈士墓地前立“马石山殉难军民之墓”和“马石山殉难军民纪念碑”。2000 年，乳山市政府又立“马石山反扫荡突围战纪念碑”。陵园内至今还保存着抗日军民与日军激战时用石块垒成的 5 处掩体和被困抗日军民饮水用的一口水井。

马石山烈士陵园于 1988 年 6 月被威海市公布为市级重点文物保护单位，1990 年 6 月被批准为山东省重点烈士纪念建筑物保护单位，2005 年 11 月被山东省委宣传部公布为山东省爱国主义教育基地。

华东革命烈士陵园

华东革命烈士陵园位于山东省临沂市兰山区陵园前街 4 号。

1949 年 2 月，由中共华东局提议，山东省人民政府决定在临沂兴建大型烈士陵园，定名为临沂革命烈士陵园。4 月奠基，1950 年主体工程相继落成。此后，

★革命烈士纪念堂

又陆续进行修葺和增建。1987年10月，经民政部批准，更名为华东革命烈士陵园。目前园内共有塔、堂、馆、亭、廊、坊、墓等大型纪念建筑物18座。

陵园坐北朝南，占地15万平方米，整体布局为中轴对称式，风格为仿古建筑，南北大门与主体建筑烈士纪念塔、烈士纪念堂在一条中轴线上，其他建筑物对称地布列于两侧。南大门为厅坊式建筑，红色匾额上“华东革命烈士陵园”8个金色大字是已故著名书法家、原华东军区政治部主任舒同手书。

革命烈士纪念塔坐落在陵园的中央，为五角亭柱式构筑，塔的东南方向有粟裕大将骨灰撒放处。塔座为一石质平台。塔身由石灰石、花岗岩和钢骨水泥构成，高45米，挺拔雄伟。正面为毛泽东题写的“革命烈士纪念塔”7个大字，四周石碑上刻有党和国家领导人的题词以及华东局、山东省人民政府、鲁中南行署的建塔碑文。

纪念塔前面为恭祭场，可容3万人进行祭悼。恭祭场两侧布列着大型著名烈士墓和石像亭。东侧自北至南依次为：新四军副军长兼山东军区副司令员罗炳辉将军墓、山东解放军第8师师长兼政委王麓水墓、德国共产党员汉斯·希伯墓及雕像、山东战时工作推行委员会副主任兼秘书长陈明及其夫人山东姊妹剧团团长辛锐合葬墓、瞻容思功石像亭。恭祭场西侧自北至南依次为：华东野战军副参谋长张元寿墓，新四军第1师政委刘炎墓，中共特别党员、国民党第111师师长常恩多墓。

革命烈士纪念堂，大殿结构拱顶无梁，象征烈士功德无量。进入纪念堂，迎面是一影壁，正面为周恩来的题词：“人民革命的烈士们永垂不朽！”背面为任弼时题词：“你们的功绩永垂不朽！”堂内墙壁为巨大石质联碑，上面镌刻着牺牲在沂蒙大地的、来自全国19个省市及国外的62576位烈士的英名，其中团级以上372名。

抗日战争纪念馆主要展出的是沂蒙抗日根据地的创建、对日作战、日军在山东犯下的暴行等内容。解放战争纪念馆主要展出华东军民在陈毅、粟裕、谭震林领导下同国民党军队进行的鲁南、莱芜、孟良崮、济南、淮海等重大战役的历史。两馆展出有较高历史价值的革命文物300余件，并运用照片、文字、雕塑、场景及电视、投影等较先进的声光电展示手段，再现了一些重要的历史场景。

安葬在陵园内的著名烈士罗炳辉（1897—1946），原名罗德富，字宿星，云南彝良人，1915 年入滇军，曾参加讨袁护国战争。因作战勇敢，屡建战功，从士兵逐级晋升至营长。1926 年参加北伐战争。1929 年春任江西省吉安县靖卫大队大队长，7 月秘密加入中国共产党，同年 11 月率部起义，参加中国工农红军。历任团长、纵队长、军长等职，曾两次当选为中华苏维埃共和国中央执行委员。1934 年 10 月参加长征，途中屡担重任，掩护中共中央、中革军委和中央红军主力北上。1937 年全国抗战爆发后，罗炳辉曾以八路军副参谋长名义，在八路军武汉办事处从事统一战线工作。1939 年 1 月任新四军第 1 支队副司令员，5 月任第 5 支队司令员，率部开辟皖东抗日根据地。1941 年起任新四军第 2 师副师长、师长兼淮南军区司令员等职，率部转战于淮河以南、长江以北的津浦铁路两侧，积极开展抗日游击战争，为巩固和扩大淮南抗日根据地作出了重要贡献。1945 年 8 月初，罗炳辉虽身患重病，仍亲临前线指挥所部参加大反攻，解放了苏皖边界的六合、定远、嘉山、天长等城镇。1946 年 4 月，任新四军副军长兼山东军区副司令员。6 月 21 日，在从枣庄前线返回临沂途经兰陵时突然病情恶化，不幸逝世。

汉斯·希伯（1897—1941），生于克拉科夫（原属奥地利，现属波兰），后到德国读大学，参加过工人运动。1925 年至 1927 年，希伯第一次来到中国，在国民革命军总政治部编译处工作。蒋介石发动四一二反革命政变后，他愤而离职，回到欧洲。1932 年秋，希伯再次来到中国。在上海，他和美国女作家史沫特莱、美国医生马海德、新西兰作家路易·艾黎等成立了“国际马列主义学习小组”。七七事变后，希伯积极支持中国人民的抗日斗争。1938 年春，希伯到延安访问了毛泽东。1941 年 9 月，为了向世界人民报道八路军在山东敌后英勇抗战的事迹，希伯由苏北到达山东滨海区八路军第 115 师师部驻地。1941 年 11 月初，日军 5 万余人对沂蒙山区抗日根据地进行空

★革命烈士纪念塔

前规模的残酷大“扫荡”。11 月 30 日晨，希伯所在的第 2 部队在东蒙山中的大青山与敌人遭遇，他不幸牺牲，时年 44 岁。

华东革命烈士陵园于 1977 年被山东省人民政府公布为省级重点文物保护单位；1986 年 10 月被国务院批准、民政部公布为第一批全国重点烈士纪念建筑物保护单位；1994 年 11 月，被山东省委宣传部公布为山东省爱国主义教育基地；1995 年以来，先后被中央宣传部、教育部、民政部、文化部、共青团中央、解放军总政治部等部委公布为全国爱国主义教育基地、全国爱国主义教育示范基地和全国国防教育示范基地等；2002 年被评为山东省优秀历史建筑群；2005 年被国家评为全国 100 个红色旅游经典景区、30 条红色经典线路。

费县烈士陵园

★

费县烈士陵园位于山东省临沂市费县薛庄镇。

费县烈士陵园为 1951 年迁集散葬于本县各地的烈士遗骨而建立。1963 年建烈士纪念堂。现有烈士林一处，纪念堂 7 间，烈士墓 282 座。陵园东西宽 145 米，

★费县革命烈士纪念堂

南北长 147 米，面积 21315 平方米。

陵园大门结构壮观宏伟，顶部云朵高崇，五星悬照，正中有“永垂不朽”横匾，两旁有持枪跃进的战士英姿和两株拔然挺立的青松，大门两旁是“为有牺牲多壮志，敢教日月换新天”的对联。

革命烈士纪念堂位于大门正北 80 米处，7 间 3 室，中部一对圆柱上似熊熊燃烧的火炬，正中五星悬立，“革命烈士纪念堂”匾下红旗低垂，花圈呈献。

纪念堂中室正中安放木质纪念碑一座，刻有毛泽东手迹“生的伟大，死的光荣”8 个字。两旁悬挂烈士谱 8 块，铭记着费县抗日战争以来，在武装斗争和社会主义建设中英勇献身的指战员、地方工作人员、民兵等 1400 余名烈士英名及其籍贯和牺牲地；东西山墙有解放战争时期革命烈士传略。纪念堂前侧，是原铁道游击队政委张鸿仪烈士墓、纪念碑以及华东一级人民英雄刘加其烈士的花岗石烈士塑像。

安葬在陵园内的著名烈士张鸿仪（1912—1945），台儿庄顺河街人，回族。1931 年，张鸿仪入枣庄中兴公司创办的高级小学，两年后，考取该公司创办的职业中学。1935 年 12 月，一二·九学生爱国运动爆发，张鸿仪投入到枣庄的学生爱国运动之中。1936 年 8 月，加入中国共产党，成为枣庄职业中学第一个党员。张鸿仪在党内负责宣传工作。为了扩大党的影响，发展壮大党的组织，张鸿仪在校内组织了兴中读书会。抗战全面爆发后，日军大举南侵，枣庄地区被日军占领。张鸿仪响应党的号召，组织了 90 多名进步学生，奔赴抗日前线，加入中国共产党领导的鲁南人民抗日义勇总队，任第 1 大队中队教导员。1939 年 10 月，抗日义勇总队第 1 大队

★张鸿仪烈士之墓

被正式改编为第115师苏鲁支队，任第3营教导员。1942年3月，张鸿仪被任命为鲁南军区第1军分区政治部主任。在敌占区，张鸿仪积极开展宣传工作。为争取伪军政人员反正，与许多伪军政人员建立了关系，使游击队能在敌人的眼皮底下往来自如，打开了游击队战争的局面。

1943年11月，张鸿仪升任鲁南独立支队政委。独立支队辖微山湖大队、铁道大队（对外称铁道游击队）和滕县大队。为加强铁道游击队的工作，上级决定张鸿仪兼任铁道游击队政委。铁道游击队在张鸿仪等人领导下，在津浦干线和临（城，今薛城）枣（庄）支线上神出鬼没，狠狠地打击了日本侵略者。1945年夏初，张鸿仪政委、刘金山大队长奉命率部执行任务，到达滕县大官庄一带宿营，不幸被敌军发现，日伪军集结数千人从临城、官桥、枣庄等据点同时出动，分兵合击。为了摆脱敌人的追击，部队疾速前进。在指挥队伍撤退中，张鸿仪被敌人的子弹击中，壮烈牺牲。

抗日战争胜利后，鲁南根据地2000名军民在滕县为张鸿仪烈士举行了隆重的追悼大会。

费县烈士陵园于1990年9月被费县人民政府公布为县级文物保护单位，1990年6月被山东省人民政府公布为山东省重点烈士纪念建筑物保护单位。

台儿庄大战纪念馆

★

台儿庄大战纪念馆位于山东省枣庄市台儿庄城区南部，与大战时李宗仁曾留影的台儿庄火车站隔河相望。

台儿庄地处苏鲁交界，位于枣庄南部，大运河北岸，北连津浦路，南接陇海

★台儿庄大战纪念馆

线，是南下徐州的最后一道屏障。京杭大运河横贯全境，自古是南北漕运枢纽，战略位置十分重要。

1937 年 12 月中旬，日军华中方面军第 13 师团从镇江、南京、芜湖沿津浦路北上，遭到国民党军队的顽强抵抗，日军被迫从北面取道山东，进攻滕县、峄县，为国民党军队在台儿庄歼灭日军造成了良好的战机。

1938 年 2 月下旬，日军第 5 师团从山东潍县南下，攻陷沂水、莒县、日照后，直逼临沂。李宗仁命令第 3 军团庞炳勋的第 40 军等部在临沂建立防御阵地，挡住日军第 5 师团的正面攻击，然后迅速调遣张自忠的第 59 军，兼程驰援临沂。

张自忠部在淮河流域一带驻扎，接到命令之后，立刻以一昼夜 180 里的速度，向临沂方向增援，先日军一步赶到临沂。在日军完全没有预备的状况下，出其不意地对日军第 5 师团背侧猛烈攻击，庞炳勋部将士配合从阵地反击，使日军顿时陷入重围之中，遭到惨重损失，被迫撤回莒县待援。

临沂保卫战历时一个月，第 59 军及第 40 军英勇作战，官兵伤亡万余人，沉重打击了号称“铁军”的重机械化的日军第 5 师团，击毙 5000 余人。张庞两军合力砍断了津浦路北段日军的左臂，粉碎了日军合围的计划，促成了随后的围歼孤军深入台儿庄的矶谷师团的契机。

津浦路滕县方面，在得知板垣师团遭受重大打击之后，日军第 10 师团不顾一切向南推进。李宗仁随即调来川军邓锡侯第 22 集团军、孙震第 41 军赶往滕县，拒敌南下。3 月 14 日，矶谷师团发动攻击，以数十架飞机 30 余门大炮狂轰滥炸，第 122 师师长王铭章以下 2000 余人壮烈殉国，滕县失守。藤县之战，第 22 集团军以劣势装备与装备优良的日军进行激战，阻击绝对优势之敌达 3 天半，为第 5 战区之后的台儿庄会战争取了有利时间。

3 月上旬，侵华日军第 2 军司令官西尾寿造指挥日军分两路向台儿庄进发。一路为板垣第 5 师团，沿胶济路西进，逼近临沂；一路为矶谷第 10 师团，沿津浦路南下，直取台儿庄。

李宗仁立即调整部署，命令孙连仲第 2 集团军沿运河布防，扼守台儿庄正面阵地，命令汤恩伯第 20 军团让开浦铁路正面，转入兰陵及其西北云谷山区，诱敌深入，围歼南下日军。

3 月 24 日，日军 2000 多人在飞机、大炮和坦克的配合下，开始向台儿庄大举进攻。日军以猛烈的炮火，把台儿庄外围阵地工事基本摧毁，轰塌了东北城墙，并一度进入城内，被守备军第31师击退。

3月27日，日军增援部队到达后，对台儿庄城发起猛攻，台儿庄北城墙被炸塌，守备小北门的第181师3营官兵全部牺牲，第31师将所有勤杂人员全部组织起来投入战斗，与日军展开激烈的肉搏拉锯战，隔墙相击，逐地争夺，阵地成犬牙交错状态。

3月28日，日军濑谷旅团部队攻入台儿庄西北角，直抵西门，切断中国守军第31师师部与庄内的联系。

3月29日，日军濑谷支队再以兵力支援，并占领了台儿庄东半部。31日，中国守军将进入台儿庄地区的濑谷支队完全包围。同时，日军驰援部队由临沂转向台儿庄驰援，与第20军团进行激战，中国军队虽以数倍的兵力围攻，并付出极大的伤亡代价，但难以将敌人消灭，战争一时呈胶着状态。4月3日，李宗仁下达总攻击令。第20军团汤恩伯部之第52军、第85军、第75军在台儿庄附近向敌展开猛烈攻势。中日军队展开街垒战，中国军队夺回被日军占领的街市。

4月4日，中国空军对台儿庄日军阵地进行轰炸。当晚，日军濑谷支队力战不支，炸掉不易搬动的物资，向峄县溃逃。4月5日午夜，孙连仲将台儿庄剩余部队组织起数支敢死队，夺回了台儿庄内四分之三的阵地。

4月6日，李宗仁亲自赶到台儿庄郊外，指挥部队进行全线反击，对日军进行合围。中日双方展开了巷战、肉搏战。汤恩伯部在外线保卫，孙连仲部负责正面清扫，中国军队以重炮摧毁日军火药库，肃清残敌。4月7日凌晨，中国军队向北追击，围歼刘家湖、三里庄的日军。

日军遭到了国民党军队的顽强进攻，溃不成军。矶谷陷入反包围圈后，下令部队全线撤退，矶谷本人率残部拼命突围。激战4天，国民党军队重创日军濑谷支队、坂本支队，其余日残部于7日向峄城、枣庄撤退。至此台儿庄战役获得胜利。

台儿庄大战是徐州会战中的一个重要战役。此役，国民党军队重创日军矶谷、板垣两个精锐师团，歼灭日军11984人，击落日机2架，击毁铁甲车7辆，缴获各种枪支万余、弹药无数。国民党军队也付出了沉重的代价，20000名将士

★台儿庄大战纪念馆内群雕

为国捐躯。

为缅怀革命先烈，弘扬民族精神，进行爱国主义传统教育，1992年10月12日，台儿庄区人民政府决定兴建台儿庄大战纪念馆。

台儿庄大战纪念馆占地面积34000平方米，建筑面积6000平方米，融展览馆、影视馆、全景画馆于一体，整个建筑气势雄伟，庄严肃穆。展览馆展出中日双方资料和实物600余件，还藏有当年参战将士及其家属、书画家、知名人士的书画作品近千幅。影视馆播放当年战地记者拍摄的珍贵纪录片、参战将士访谈录及影片《血战台儿庄》。全景画馆为18边形筒式建筑，画面高16.5米，周长124.1米，融绘画、地面塑形、灯光、音响和解说为一体，形象地再现了当年浴血奋战的场景及过程。

馆前38级台阶意味着1938年发生了震惊中外的台儿庄大战；24根立柱支撑着白色天棚，象征着中华民族顶天立地，永远屹立于世界民族之林。主体建筑物前方矗立着台儿庄大战纪念碑，碑名由张爱萍将军题写，碑文由程思远撰文、著名书法家权希军书写。

台儿庄大战纪念馆于2013年3月被国务院公布为全国重点文物保护单位；1995年8月被山东省委宣传部公布为山东省爱国主义教育基地，1996年9月被国家教委、文化部、共青团中央、民政部、解放军总政治部、国家文物局六部委公布为全国中小学爱国主义教育基地，1997年6月被中宣部公布为全国百家爱国主义教育示范基地；2005年被国家红色旅游工作协调小组公布为全国红色旅游经典景区。

铁道游击队纪念园

★

铁道游击队纪念园位于山东省枣庄市薛城区临山路。

铁道游击队，是抗日战争时期活跃在山东枣庄一带的抗日武装，其传奇般的英勇事迹，在全国乃至全世界留下了光辉篇章。

★铁道游击队纪念馆

1938 年初，苏鲁特委书记郭子化组织武装暴动，短短几月，在枣庄、微山湖地区集合了 1000 多人的武装。原在枣庄中兴煤矿彭山号当工人的洪振海、王志胜参加了这支抗日武装。同年 5 月，苏鲁特委将这支抗日武装组建成鲁南人民抗日义勇队第一总队。总队长张光中，政委何一萍，参谋长童陆生。1938 年 9 月，在队伍中担任排长的洪振海、王志胜奉命返回枣庄矿区，负责了解敌情，为部队提供情报，建立矿区抗日武装。1939 年夏，根据上级指示，洪振海、王志胜在枣庄车站附近开设一座炭场，借此秘密发展地下武装，后上级又派杜季伟到炭场协助工作。1939 年 8 月，由八路军苏鲁支队正式决定，在枣庄西陈庄建立鲁南铁道游击队，队长洪振海，副队长王志胜，政委杜季伟。与此同时，在鲁南铁道游击队的周围还活跃着两支抗日武装力量。为了整合部队，加强力量，在新成立的鲁南军区指导下，1940 年 5 月，将枣庄周围的三支铁道游击队合编为铁道游击队，任命杜季伟为政委，洪振海为大队长，王志胜为副大队长。铁道游击队以微山湖为依托，活跃在津浦等铁路线上，截军列、打洋行、扒火车、炸桥梁，神出鬼没，打乱了日军的战略运输线，有力地配合了八路军正规部队的军事行动。

1940 年，日军第 32 师团和独立第 10 旅团集结 5 万日伪军，对八路军第 115 师所在的抱犊崮进行大规模“扫荡”，铁道游击队按上级命令迅速展开行动。5 月，袭击日军“正泰国际洋行”，击毙日军谍报队员 13 名；6 月，袭击日军押款列车，缴获法币 8 万余元；8 月，破坏津浦铁路韩庄段，致使日本运兵军列脱轨；9 月，拆除枣庄至临城铁轨 1.5 公里，砍断电线杆百余根，使枣庄日军的通讯和交通同时瘫痪。第 115 师政委罗荣桓在给铁道队的嘉奖信中说：你们就像一把钢刀插入了敌人的胸膛。

1941 年 7 月以后，日军推行第二次治安强化运动，持续对鲁南抱犊岗抗日根据地进行拉网式扫荡。战斗中，许多战士们负伤，因缺药治疗，致残甚至牺牲，根据地急需大量药品救治伤员。鲁南军区首长命令铁道游击队必须想法搞到药品。10 月，根据临城车站内线的重要情报：有一列装载药品的列车将由青岛开到临城，铁道游击队立即行动，做好了强夺药品的准备。晚上 10 时，列车从临城站开出后，游击队员飞身上车，找到装载药品的车箱，当列车行驶到沙沟与塘湖站之间，队员们迅速将药品掀下，由附近埋伏的队员运走。这次共夺得各类药品 50

多箱和一批针剂，还有4架显微镜。铁道游击队将这些药品及时运到鲁南军区，缓解了边区药品匮乏的局面。

★铁道游击队群雕（东组）

1941年11月，由于日军封锁，根据地部队一两万人没过冬棉衣。铁道游击队同地方其他抗日武装，在车站内线的配合下，利用大雾作掩护，在塘湖车站附近巧截日军布车，成功夺取布匹1000余匹和大批军衣、军被，以及部分医疗器械，解决了鲁南军区战士的穿衣问题，打击了日伪军的嚣张气焰。

铁道游击队的一系列行动，引起日军高度警觉和恐慌。日军在枣庄和临城紧急组建铁甲列车大队和铁道警备大队，还专门从济南调来特高课长高岗，在临城组建第五特别侦谍队。高岗和特务部队建立情报网络，配合日伪军事行动，并且对铁道游击队进行栽赃陷害，离间军民关系。为此，铁道游击队化装成工人，潜入临城，击毙了作恶多端而又诡秘狡猾的日军头目高岗。高岗之死，起到了隔山震虎的作用，也使他苦心经营的谍报网络从此分崩瓦解。

1942年12月，铁道游击队大队长洪振海在微山湖畔战斗中牺牲，刘金山继任大队长，铁道游击队发展到200余人。1943年12月，铁道游击队编入鲁南独立支队二大队。

1994年，微山县人民为缅怀革命先烈的光辉业绩，兴建了微山湖抗日英烈纪念园和铁道游击队纪念碑。工程于1994年3月奠基，1995年4月主体工程完成。1995年8月6日，值纪念世界反法西斯战争和中国人民抗日战争胜利50周年之际，举行了盛大的落成揭幕仪式。

铁道游击队纪念园主要由纪念碑，东、西纪念馆和纪念雕塑组成，总占地面积36000平方米。铁道游击队纪念碑碑体由帆船、人物雕像组成，帆高30米，船长20米，钢筋混凝土结构，红白花岗石贴面，由王震题写碑名。另有三尊铜铸铁

★铁道游击队纪念碑

道游击队队员塑像，身高 3 米，有的怀抱琵琶，有的持枪站立。

铁道游击队纪念馆 2003 年兴建，分东、西两馆，建筑面积 1200 平方米。该馆根据微山湖区的革命斗争史实，运用生动、朴实、形象的语言，采取全景式壁画、雕塑、革命文物、图片资料和声、光、电造型艺术相结合的表现手法，再现了当年的战斗场景。

铁道游击队群雕 2005 年建成，分为两组，各长 20 米，立于铁道游击队纪念馆前广场两边。东边展现了铁道线上英雄们的战斗场面，西边突出了军民同心抗日，胜利归来后“微山湖上静悄悄”的欢乐祥和气氛。

微山湖抗日英烈纪念园暨铁道游击队纪念碑于 1997 年 3 月被济宁市委公布为济宁市爱国主义教育基地，1997 年 12 月被山东省国防教育委员会公布为国防教育基地先进单位。铁道游击队纪念园于 2005 年 11 月被山东省委宣传部公布为山东省爱国主义教育基地，2005 年 11 月被中央宣传部公布为全国爱国主义教育基地；2005 年被国家红色旅游工作协调小组公布为全国红色旅游经典景区。

滕州市烈士陵园

滕州市烈士陵园位于山东省滕州市大坞镇仁山。

1938 年 5 月，徐州失陷后，中共中央决定将山东省委扩大为苏鲁豫皖边区省委，撤销苏鲁豫皖边区特委，分别建立了鲁南、苏鲁豫、苏皖特委，均属边区省委（同年 12 月改为中共山东分局）领导。鲁南各地抗日武装组成第五战区人民抗日义勇总队，张光中任总队长，何一萍任政治委员。1939 年 5 月至 12 月，八路军第 115 师部队在陈光、罗荣桓指挥下，先后进入鲁南抱犊崮山区，巩固、扩大了以抱犊崮山区为中心的鲁南抗日根据地。

1938 年 8 月，日军沿津浦路南下滕县、峄县。鲁南地方党组织发动了抗日武装起义，组建了人民抗日义勇总队等武装。驻徐州的第五战区司令长官李宗仁支持建立统一战线，邀请郭子化等共产党员在第五战区动员委员会中担任重要职务。与此同时，特委以民众动员委员会为依托，积极建立群众团体、筹建抗日武装。1938 年春，这些抗日武装和群众团体积极支援台儿庄会战和徐州会战中的国民党军。5 月，在临（城）枣（庄）公路上的邹坞伏击日军的辎重队，毙日军 100 余人，缴获长短枪 1000 余支和军需品一宗。以后又在这条公路上的大甘林设伏，击毙日军一部，还数次破坏津浦路上的临城、滕县段的铁路，迟滞了日军南下的速度，支持了正面战场。

抗战时期，鲁南部队和游击队共对日伪军作战 3000 多次，毙伤俘日伪军 4 万多人；建立了抗日民主政权鲁南行政公署，下辖 3 个专署、13 个县政府；共产党员由初期 400 余人发展到 2 万多人。同时，随着鲁南根据地的不断扩大，连接了滨海、莱芜、胶东、鲁西抗日根据地，扩大了党在山东甚至华东地区的力量。

滕州市烈士陵园始建于 1962 年，位于滕州市城区东北部 7 里处的侉庄村，占地 16 亩。由于建园早、烈士陵园面积小、设施不全，活动受限。为更好地纪念先烈的丰功伟绩，广泛深入地进行革命传统教育和爱国主义教育，经山东省省委、省政府批准，滕州市委、市政府决定搬迁烈士陵园至距市区 20 公里处的大坞镇仁山，兴建鲁南人民抗日武装起义纪念馆。

滕州市烈士陵园所在的纪念馆占地 130 亩，主要建筑有鲁南人民抗日武装起义纪念碑、著名烈士碑亭、烈士墓区、悼念广场等。鲁南人民抗日武装起义纪念碑高 38 米，寓意着抗日武装起义始于 1938 年。纪念碑两侧分布着王麓水师长、王铭章师长等 12 位烈士碑亭。主纪念碑的前方是烈士墓区，有 48 位烈士遗骸迁葬于此。每位烈士墓上方，覆盖着用“将军红”大理石刻制的墓碑（卧碑）。纪念馆 4200 平方米，分为序厅、党建厅、抗战厅、解放厅、发展厅、缅怀厅 6 个部分。序厅内，由前言、群雕和领导人为王麓水、王铭章烈士的题词组成。党建厅主要展示了中共滕县特支的建立与斗争。抗战厅展示三部分内容：一是鲁南人民抗日武装起义，二是滕县县委建立及其抗日斗争，三是滕县保卫战。解放厅主要展示滕县人民配合山东部队夺取全国解放的历程。发展厅主要展示建国以来滕州取得的成就。缅怀厅主要展示烈士名录及著名烈士事迹。悼念广场 4000 余平方米，用来举行纪念活动。

★鲁南人民抗日武装起义纪念馆烈士碑亭之一

安葬在该园的著名烈士王麓水（1913—1945）江西省萍乡市溪县长丰乡宗里村人，原名培岳，1926 年加入中国共产主义青年团。1930 年奔赴井冈山，入湘赣边区红 4 军随营学校学习。1932 年 5 月转为中国共产党党员。曾任红 4 军排长、连长、连政治指导员，红 1 军团政治保卫局科长、第 2 师 5 团特派员，参加了中央苏区历次反“围剿”和长征。到陕北后，任红 1 军团第 2 师 5 团政治委员。抗日战争全面爆发后，任八路军第 115 师 343 旅 685 团政训处主任，参加了平型关战役。1938 年起任第 343 旅补充团政治委员、第 115 师晋西支队政治部主任，率部转战晋西地区。1940 年随陈士榘率部挺进山东，任第 115 师教导 2 旅政治部主任，参与创建滨海抗日根据地。1942 年起任山东纵队第 1 旅政治委员，中共鲁南区委书记兼鲁南军区政治委员，率部多次粉碎日伪军的大“扫荡”和国民党顽固派的袭击，成功地指挥了平邑松林村伏击战和微山湖解围战等战役战斗。1943 年春，王麓水奉命从海滨来到鲁南，出任中共鲁南区委书记兼鲁南军区政委。1945 年 7 月，根据山东军区的命令，鲁南部队配合鲁中部队发起临（沂）费（县）边战役，共歼灭日军一个小队，毙伤俘伪军 550 余人，进一步孤立了费县和临沂守敌，也将各解放区基本连接在一起，为向日军大反攻，夺取抗日战争的最后胜利打下了基础。鲁南号称有 72 个土匪司令，其中最大、最凶恶的土匪头子是盘踞在费西柱子山的刘黑七。为了消灭刘黑七，王麓水等制订了详细的作战方案，经过一天激战，终于全歼这股匪徒，刘黑七被击毙。这次战役在山东乃至全国引起了很大反响，延安新华广播电台连续播发了鲁南军民击毙刘黑七的消息。1945 年 8 月，王麓水任山东军区第 8 师师长兼政治委员，同年 12 月 12 日率部围攻滕县（今滕州）城，亲临阵地前沿哨所观察地形，指挥作战，不幸身负重伤，于次日英勇牺牲，时年 32 岁。

王铭章（1893—1938），成都市新都县（今新都区）人。早年参加保路运动和讨伐袁世凯战争，曾以其秉性刚毅、骁勇善战而享誉军旅。七七事变后，全国掀起抗日浪潮，川军爱国将领纷纷请缨抗战。川军各部编为第二路预备军出川作战，刘湘任总司令，邓锡侯任副总司令，下辖两个纵队。王铭章所在之第 41 军与 45 军、47 军编为第 1 纵队（后改称第 22 集团军），经川陕公路开赴抗日前线。12 月下旬，津浦线战况吃紧，第 22 集团军东调徐州，增援鲁南战场。1937 年底，日军占领南京以后，为打通津浦铁路，使南北战场连成一片，先后调集了 8 个师团及 3 个旅团、2 个支队约 24 万人的兵力，分别实行南北对击，企图攻取战略要地徐州。1938 年 2 月，日军沿津浦铁路攻占兖州、曲阜、邹县。时任第 22 集团

★鲁南人民抗日武装起义纪念馆外景

军 41 军前敌总指挥代军长的王铭章，奉命率 122 师和 364 旅旅部进驻山东滕县设防，阻击日寇南进，王铭章率部以川军薄弱的兵力和简陋的武器与日军浴血奋战了三个半昼夜，粉碎了日军南犯徐州的诡计，为台儿庄大战赢得了时间，为台儿庄大捷创造了有利条件。战斗中，王铭章亲临城中心十字街口指挥作战，与士兵一起英勇杀敌，不幸身中数弹，壮烈殉国，时年 45 岁。

滕州市烈士陵园内建有鲁南人民抗日武装起义纪念馆，2001 年 6 月被山东省人民政府公布为全省重点烈士纪念建筑物保护单位。

河南省

HENANSHENG

第一批国家级抗战纪念设施和遗址通览

彭雪枫纪念馆

★

彭雪枫纪念馆位于河南省南阳市镇平县建设东路 378 号。

彭雪枫于 1907 年 9 月 9 日出生在河南省镇平县城南七里庄一个农民家庭，乳名隆兴，学名修道。1925 年 6 月，参加中国共产主义青年团。1926 年 9 月，由共

★彭雪枫纪念馆

青团员转为中国共产党党员。1927年10月，参加中共中央北方局组织的北京南苑暴动。1930年5月，赴鄂参加红5军，任红5军5纵队教导大队第3大队长，正式易名雪枫。6月，任红3军团红8军第1纵队副政治委员。7月，升任第1纵队政治委员，在率部进攻长沙战役中，首登长沙城。8月，任红8军第6师政治委员，参加第二次进攻长沙战役。1931年5月，率红6师参加富田战斗、中村战斗、建宁战斗等。8月，率红6师参加莲塘、良村战斗，歼国民党军上官云相、郝梦龄等师各一部。9月，率红6师参加高兴圩战斗，并光荣负伤。9月，调任红2师政治委员。1932年2月至3月，率红2师参加围攻赣州战役。8月，率红2师参加乐安、宜黄战役。9月，率红2师由宜黄转兵东韶，始悉师长郭炳生挟持第5团北入白区，阴谋叛变投敌。彭雪枫亲率随行武装人员北上崇仁县境，成功挽救了被郭炳生挟持的第5团，亲率第5团返抵东韶。1933年1月，率红2师参加黄狮渡战斗。6月，担任红4师政治委员。不久，创办师“火线剧团”。9月，率红4师沿闽江直下水口，追歼残敌，震动福州全城。10月，率红4师协同红5师于洵口歼灭国民党军3个团。11月，率红5师和国民党军第4师激战抚州八角亭，并光荣负伤。

1934年夏，彭雪枫调任江西省军区政治委员，并参加中共江西省委。8月，任红6师政治委员。10月，任中央红军第一野战纵队第一梯队队长兼政治委员，随后率部开始长征。11月，协助周恩来在广西界首前线指挥军委第1纵队抢渡湘江。1935年1月，任红3军团第5师师长，率红5师参加土城战斗，并一渡赤水。2月，扎西整编，改任红第13团团长，率第13团二渡赤水。3月，率第13团三渡赤水、四渡赤水。5月，率第13团由洪门抢渡金沙江，通过彝族聚居区，直抵安顺场。6月，率第13团抢渡大渡河，翻过夹金山大雪山。8月，率第13团东出毛儿盖，徒涉茫茫草地，驻防巴西。9月，率第13团通过腊子口，在哈达铺整编，改任红军陕甘支队第2纵队司令员。10月，率第2纵队翻过六盘山，到达吴起镇。11月，改任红一方面军第1军团第4师政治委员，率红4师参加直罗镇战役。

1936年2月，彭雪枫率红四师和红2师、红1师等部于绥德沟口强渡黄河，东出山西抗日。3月，率红4师参加兑九峪战斗，突破汾河防线，并在临汾、洪洞等地发动群众，筹款扩军。4月，任中国人民红军抗日先锋军第一路第4师政治委员。1937年8月，任八路军总部少将参谋处长兼八路军驻晋办事处主任。9

月，任山西省战地总动员委员会委员。11 月，创办临汾八路军学兵大队。1938 年 3 月，任中共河南省委军事部长，创办竹沟军政教导大队。5 月，组建拂晓剧团。7 月，任中共河南省委常委，负责主持河南省委军事和统战工作。9 月，组建新四军游击支队，任司令员兼政治委员。10 月，率新四军游击支队由西华聂堆东渡黄河，在挺进豫东敌后首战告捷的窦楼战斗中，彭雪枫沉着机智，以迂回包围和侧后突击的战术，亲率小分队抢占有利地形，掩护部队出击，取得了毙敌林津少尉以下数十人的胜利，极大地鼓舞了士气民心。11 月，任中共中央中原局委员，在杞县傅集创办新四军随营学校并兼任校长。1939 年春，彭雪枫率部进至河南永城书案店地区后，部队缺粮断炊，后来卖掉直属队的战马和自己心爱的坐骑，帮助部队和人民群众度过了春荒。他还率部为豫皖苏灾区人民挖沟开渠、修堤筑坝，消除水旱灾害，让人民安居乐业。彭雪枫的模范言行和高贵品质为父老乡亲交口赞誉，称赞他领导的新四军游击支队是“天下文明第一军”，并为他树了多块德政碑。8 月，任中共豫皖苏边区党委委员。1940 年 6 月，指挥新兴集“六一”战斗，胜利粉碎日军数路围攻。7 月，任第 18 集团军（八路军）第 4 纵队司令员。11 月，指挥蒙北板桥集战斗，激战 3 昼夜，歼日伪军 1000 余人，击落敌轻型轰炸机 1 架，并收复蒙城、涡阳等地，对坚持敌后抗战产生了重大影响。

1941 年 4 月，彭雪枫任新四军第 4 师军政委员会书记。8 月，建立第 4 师骑兵团，组建宿东游击支队，坚持宿东游击战。9 月，在半城与林颖结婚。10 月，协助陈毅指挥程道口战役。1942 年 11 月，淮北军区奉命与新四军第 4 师司令部合并，兼任淮北军区司令员。1943 年春，经新四军军部批准，彭雪枫和邓子恢统一指挥第 4 师及第 2 师、第 3 师各一部，在山子头地区进行自卫反击战，最后铲除了国民党顽固派留在华中的反共堡垒韩德勤部，俘虏韩德勤，击毙王光夏。

1944 年 8 月，彭雪枫和张震、吴芝圃在半城率部誓师西进，越过津浦路，进抵路西，指挥西进部队攻克小朱庄，歼敌 1800 余人，胜利打开西进大门。9 月 7 日，奉军部命令，统一指挥路东、路西部队，拟歼路东、路西各路来攻顽军。9 月 10 日，奉中共中央军委命令，在萧（县）、夏（邑）、永（城）地区布置反顽战场，实施各个击破顽军夹击 4 师西进部队计划，并统一指挥新四军、八路军参战各部。9 月 11 日，为准备迎击各路顽军合围反扑，彭雪枫亲自指挥部队围歼夏邑八里庄敌顽李光明部。晨 6 时许，顽敌李光明部大部被歼，在其指挥骑兵团追歼突围残敌时，不幸为流弹所中，壮烈殉国，时年37岁。在彭雪枫牺牲的当时，中共中央和华中局根据对敌斗争的需要，指示第4师师部要严格保密，暂不公布。彭雪枫是抗战中牺牲的新四军最高将领。

1945年2月7日，彭雪枫追悼大会在延安中央大礼堂举行，毛泽东、朱德、彭德怀、陈毅等中央各负责人亲率延安各界代表1000余人参加大会。彭雪枫的墓地，选定在半城镇的西郊。1946年11月，国民党部队在侵占半城后，穷凶极恶地破坏彭雪枫的陵墓，扒墓劈棺，抛洒遗骨。1947年3月，解放军淮北挺进支队重返淮北，解放半城，惩办了毁陵扒墓和杀害收藏彭雪枫遗骨壮士的凶手。1949年1月，原第4师参谋长、时任华东野战军副参谋长张震由淮海前线凯旋半城，凭吊彭雪枫陵墓，并指示修复陵园，并将彭雪枫遗骨由高咀迎回半城，重新入殓，改葬塔北新墓地。

为缅怀彭雪枫的英勇事迹，1984年，中央批准在河南省南阳市镇平县修建彭雪枫纪念馆，1988年11月建成开馆。纪念馆占地面积约2.5万平方米，主体建筑面积3900多平方米，由广场、碑亭、碑廊、绿化区、瞻仰大厅、展室等组成。纪念馆的正门广场中央建有彭雪枫将军青铜雕像1尊，像高3.2米，再现了将军风华正茂、雄姿英发的儒雅风范。广场两侧长达百米的纪念碑廊镌刻着党和国家领导人的题词、挽词和全国著名书法家赞颂将军的书法作品。纪念馆主楼呈“回”字型，主楼正中为八角形瞻仰大厅，两边为展厅，后面为新建的三层主展楼。展览大厅悬挂着中共中央和毛泽东等老一辈无产阶级革命家题写的挽词挽联，其中中共中央的挽联是“为民族、为群众，二十年奋斗，出生入死，功垂祖国；打日本、打汉奸，千百万同胞，自由平等，泽被长淮”。展厅里展出350余幅珍贵的历史照片，以及将军的军事著作、文

★彭雪枫将军戎装铜像

电手稿、工作生活用品和新四军第 4 师创办的《拂晓报》等文物。

彭雪枫纪念馆于 1986 年 4 月被河南省人民政府公布为河南省文物保护单位，2006 年 5 月被国务院公布为全国重点文物保护单位；1997 年 6 月被河南省委宣传部公布为河南省爱国主义教育示范基地，2005 年 11 月被中央宣传部公布为全国爱国主义教育示范基地；2009 年 11 月被国家国防教育办公室公布为国家国防教育示范基地；2011 年被国家红色旅游工作协调小组公布为全国红色旅游经典景区。

吉鸿昌将军纪念馆

★

吉鸿昌将军纪念馆位于河南省周口市扶沟县鸿昌大道。

1895 年 10 月 18 日，吉鸿昌出生于河南省扶沟县吕潭镇一个贫苦农民家庭。1901 年，吉鸿昌的母亲去世，由于家庭生活困难，年仅 6 岁的他就开始参加劳动。

★吉鸿昌将军纪念馆

1911年，吉鸿昌前往扶沟县城的松盛楼银匠铺当学徒。1913年8月，18岁的吉鸿昌入冯玉祥部当兵，被编入北洋左路备补军左翼第2团。1919年，担任第16混成旅直属工兵连连长。1922年，担任营长，所在部队移防河南。1924年11月，吉鸿昌率手枪队随鹿钟麟受命冯玉祥至故宫废除溥仪皇帝称号，驱逐溥仪出宫。1925年，吉鸿昌在与共产党员的接触中开始接受革命思想。10月，担任内蒙古特别区绥远督统署直辖骑兵团团长。1926年6月，担任第18师36旅旅长。1927年，吉鸿昌率部调防潼关，第36旅扩编为第19师，担任师长。1929年7月，吉鸿昌担任宁夏省主席兼第10军军长。任职期间，整军经武，励精图治，并在部队中依靠共产党员创办拂晓读书会，组织所部军官学习革命理论。1930年4月，蒋（蒋介石）、冯（冯玉祥）、阎（阎锡山）中原大战爆发，吉鸿昌任第三路军总指挥率部在豫东作战，重创蒋军。但在蒋介石的收买、分化、瓦解之下，冯、阎反蒋联合战线分裂，终归失败。冯玉祥之西北军全线崩溃，所部分别为蒋介石收编。9月，吉鸿昌所部被改编为第22路军，吉鸿昌被任命为总指挥，同时兼任陆军第30军军长、第30师师长。不久被蒋介石派往光山、商城一带进攻鄂豫皖苏区。吉鸿昌对进攻苏区十分反感，假称有病要去上海就医，其间与中共中央军委取得了联系。在共产党的影响和帮助下，吉鸿昌提高了觉悟，拒绝“剿共”，并准备弃暗投明。

1931年9月，吉鸿昌在潢川组织所部起义参加工农红军未果。蒋介石发现吉鸿昌有“谋反”之意，便解除了他的军职，逼迫他出国“考察”。九一八事变后，吉鸿昌要求留在国内抗日，蒋介石不准，并派特务将其妻胡洪霞先行送上船，吉鸿昌不得已含恨挥泪登上轮船。在德国期间，吉鸿昌多次要求到苏联进行访问，遭到蒋介石和国民党政府驻外使馆的反对和阻挠，未能如愿。悲愤之下，吉鸿昌挥笔疾书：“渴饮美龄血，饥餐介石头。归来报命日，恢复我神州。”

1932年，上海一二八事变爆发后，吉鸿昌闻讯立即回到天津，秘密与中共华北政治保卫局联系。1932年秋，吉鸿昌成为中国共产党的秘密党员。按照党的指示，他潜赴泰山联络冯玉祥组织武装抗日。随即毁家纾难，变卖家产6万元购买枪械，积极联络各地抗日零散武装，准备起兵抗日。

1933年5月26日，吉鸿昌同冯玉祥、方振武等抗日将领依靠苏联的武器支援，集合东北义勇军，在张家口宣布成立察哈尔民众抗日同盟军，吉鸿昌任前敌总指挥兼第2军军长。6月，吉鸿昌率部队北进，收复察东、康保等地。7月，吉鸿昌指挥部队向多伦进军，收复宝昌、多伦等地。这是自九一八事变以来国民党军队从侵华日军手中收复的第一片国土。然而，蒋介石却反诬同盟军破坏“国策”，命令何应钦调集16个师与日军夹击同盟军，并对同盟军辖区实行全面封锁。8月，冯玉祥被迫下野，同盟军被分化。吉鸿昌率部战至10月中旬弹尽粮绝而失败。失败后，吉鸿昌潜往天津，继续从事抗日活动。

1934年5月，吉鸿昌在天津联络各派抗日爱国力量成立中国人民反法西斯大同盟，被推为主任委员，秘密印刷《民族战旗》报，并通过外国租界邮局向全国各爱国团体、军队投寄大量抗日宣传品，积极宣传抗日，广泛联络各界人士，准备重新组织抗日武装。他的住宅成为党组织的地下联络站，被党内同志称为“红楼”。6月，吉鸿昌、南汉宸秘密与西安杨虎城将军取得联系，并得到杨虎城的援助。吉鸿昌积极筹资购买武器，培养训练武装斗争的骨干，进行武装抗日反蒋的准备工作。吉鸿昌还亲自约集原西北军中具有反蒋思想的苏雨生、刑肇棠、雷中田等人来天津，由天津地下党组织集中进行开展秘密武装斗争的训练，然后派往西北、豫南、豫西、安徽等地，组织人民抗日武装自卫军。吉鸿昌的活动被国民党的军统特务发现，蒋介石派人对吉鸿昌进行监视，并密谋暗杀吉鸿昌。

1934年11月9日，吉鸿昌在天津法租界国民饭店进行革命活动时，被国民党军统特务暗杀受伤，入住法国天主教堂医院。10日，被法租界工部局审讯，家属、亲友均遭逮捕。14日，被法租界工部局引渡到国民党北平军分会。11月22日，吉鸿昌被武装军警严密押解至北平军分会军法处。当晚北平军分会对吉鸿昌进行审讯，他慷慨陈词，历数蒋介石等卖国罪行。11月24日，蒋介石密电北平军分会将吉鸿昌“就地枪决”。临刑前，吉鸿昌留下了气壮山河的就义诗：“恨不抗日死，留作今日羞。国破尚如此，我何惜此头！”吉鸿昌在北平陆军监狱英勇就义时，年仅39岁。11月27日，吉鸿昌的遗体被家属领出，暂厝于北平市宣外长春寺。1935年11月，吉鸿昌的遗体被安葬在他的故乡扶沟县吕潭镇。1964年4月5日，吉鸿昌的遗骸迁入郑州烈士陵园。

吉鸿昌将军纪念馆前身为河南省扶沟县烈士陵园，筹建于1962年，1964年建成。为纪念抗日英雄吉鸿昌将军，于1979年在陵园内筹建吉鸿昌将军纪念馆，1984年建成。由于原馆规模比较小，设施比较陈旧，致使部分有价值的展品不

★吉鸿昌将军雕像

能展示。2006 年 12 月，扶沟县委、县政府决定另择新址建造吉鸿昌将军纪念馆。2009 年 11 月，吉鸿昌将军纪念馆新馆落成。新馆占地面积 6.6 万平方米，建筑面积 1.6 万平方米，基本陈列面积 2600 平方米，由主馆、纪念广场、国防教育园、休闲公园四部分组成。主馆内设瞻仰大厅、吉鸿昌烈士厅、书画厅、扶沟英烈厅、多功能厅、廉政教育厅、游客服务中心和半景画馆等。主馆陈列着大量图片资料和珍贵文物，采用声、光、电、影等现代艺术表现手法，并辅助以雕塑、蜡像、模型、绘画、影视、场景复原等配景，生动展示着吉鸿昌将军和扶沟县部分烈士的英勇事迹和崇高精神。

吉鸿昌将军纪念馆于 1997 年 4 月被河南省委宣传部公布为河南省爱国主义教育示范基地，2005 年 11 月被中央宣传部公布为全国爱国主义教育示范基地；2009 年 11 月被国家国防教育办公室公布为国家国防教育示范基地。

湖北省

H U B E I S H E N G

第一批国家级抗战纪念设施和遗址通览

武汉市中山舰博物馆

★

武汉市中山舰博物馆位于湖北省武汉市江夏区金口街。

中山舰原名永丰舰，它是以伟大革命先驱孙中山先生的名字命名的，中国近代史上的一艘名舰。1910 年，清政府向日本三菱造船厂订购。1912 年，永丰舰

★武汉市中山舰博物馆

下水试航。1913年1月，入列北洋海军第一舰队，由福州籍将领林霆亮任首任舰长。中山舰是一艘钢木结构的护卫舰，舰长205英尺，约62.48米；舰宽29.5英尺，约8.99米；吃水深度8英尺，约2.44米；马力1350匹；标准排水量为780吨，最大排水量为830吨；航速为每小时13.5海里，载煤量150吨，载淡水量16吨，全舰配兵员108人。舰上配置的武器主要是8门主副炮。

1922年6月，陈炯明叛变，炮轰总统府，孙中山在卫士们保护下离开总统府，辗转登上永丰舰，以永丰舰作为反击叛军的座舰，召集海军官兵讨伐叛军。孙中山在永丰舰上坚持指挥平叛斗争长达50余天，与永丰舰结下了深厚情谊。1923年8月，孙中山和宋庆龄特意同海军将士们一起，在永丰舰上举行“纪念蒙难一周年”活动，并与大家合影留念。1924年，永丰舰在孙中山指挥下，参加了镇压广州商团叛乱的斗争。8月10日，永丰舰奉孙中山之命，扣留了驶入珠江的挪威轮船哈佛号，截获了长短枪9000支。永丰舰还同友军一起在珠江上昼夜巡逻警戒，并同陆地部队和工农武装密切配合，坚决果断地镇压了广东商团军的暴乱。1924年11月13日，孙中山先生应冯玉祥等人北上“共商国是”的电请，偕夫人宋庆龄专门乘坐永丰舰离粤，第二天抵香港后，转搭日本邮船经上海北上。这是孙中山最后一次乘坐永丰舰。1925年3月，孙中山先生去世，为纪念一代伟人孙中山，同时也为表彰永丰舰长期以来忠诚追随和护卫孙中山先生，国民政府将永丰舰改名为中山舰。

1926年3月18日，黄埔军校驻省办事处主任欧阳钟称“奉蒋校长的命令”，通知海军局代局长、共产党员李之龙速派有战斗力的军舰到黄埔听候调遣。当李之龙派中山舰开到黄埔后，蒋介石否认有过调舰命令。这时谣言四起，说苏联顾问和共产党员要劫持蒋介石，等等。3月20日，蒋介石以中山舰无故升火游弋、意图倒蒋为由，扣押中山舰，逮捕李之龙，监视和软禁大批共产党人，解除省港罢工委员会的工人纠察队武装，包围苏联领事馆，监视苏联顾问，制造了“中山舰事件”。

1929年3月，中山舰被编入南京国民政府第4舰队，参与蒋桂战争，开赴西江与桂军作战。1932年8月，中山舰驶往南京，被编入南京国民政府中央海军第1舰队，巡航、停泊于沿海和长江。1937年七七事变后，中山舰驶入长江布防，拱卫上海、南京。南京失陷后，中山舰参与长江中游的布防，封锁长江水道，投入设伏江西湖口等重要战役。1938 年 6 月，日军调集 14 个师团、300 多架飞机、120 多艘舰艇，50 余万兵力向武汉进攻，武汉会战开始。中山舰奉命参加武汉保卫战，由岳阳水域驶向武汉江面，担任从嘉鱼、新堤至武昌金口一带的航道封锁任务。10 月 24 日，中山舰等舰奉命在武汉金口镇一带江面待命。上午 9 时左右，日军飞机飞临武汉金口，发现了中山舰所在位置，并在中山舰上空盘旋侦察。中山舰官兵立即发射高射炮射击，迫使日军飞机仓皇逃逸。下午 2 时左右，日军 6 架飞机飞临中山舰上空，对准中山舰轮番轰炸和扫射。中山舰舰长萨师俊下令开火还击。由于舰上主炮、副炮已被拆下安装在岸边几个要塞上，再加上舰首高射炮在发射过程中卡壳，中山舰左舷、舵机、锅炉舱、望台等处相继中弹。战斗中，舰长萨师俊率将士英勇抵抗，他左脚、右臂被弹片击中。在军舰已倾斜成 45 度的情况下，在副舰长吕叔奋的劝说和众将士的护持下，萨师俊才含泪离开军舰，登上江中舢板。正当官兵奋力将舢板划向岸边之时，日军飞机又前来进行疯狂扫射，萨师俊不幸中弹壮烈殉职，中山舰官兵 25 人阵亡。下午 3 时 50 分，中山舰沉没于金口江底。

中山舰自加入中国海军以来，先后经历了护国运动、护法运动、孙中山广州蒙难事件、中山舰事件和武汉保卫战等历史事件。它是中国近代历史，特别是国民革命历史重要的见证物。

1996 年 11 月 12 日，在武汉江夏区金口镇长江岸边，举行了打捞中山舰的开工仪式。1997 年 1 月 28 日，中山舰被整体打捞出水。1999 年 11 月，在原湖北船厂内开始了中山舰的修复和保护工程。1999 年 12 月，武汉市中山舰博物馆成立。2001 年 12 月，举行了中山舰修复保护工程竣工仪式。恢复了它在 1925 年永丰舰易名为中山舰时的历史原貌，保留了 1938 年武汉保卫战中被日机炸沉的历史痕迹。2006 年 12 月 29 日，中山舰旅游区开工暨中山舰博物馆奠基仪式在武汉市江夏区金口街举行。2008 年 5 月 15 日，在重庆长江救助打捞公司的帮助下，中山舰由修复地顺利迁移至金口中山舰博物馆舰体陈列大厅内。修复后的中山舰包含了三个历史阶段的特征：船体、轮机、舱室等主要设施恢复到 1925 年 4 月中山舰命名时的原貌，保留了 1938 年 10 月 24 日遭轰炸时留下的 2 个巨大的弹洞，一部分甲板保留 1997 年 1 月出水时的状况。舰身的“中山”二字十分醒目，船身右侧原样保存着当年被日军炮弹袭击的弹洞。

★修复后的中山舰

中山舰打捞出水后被认定为国家一级文物。目前，中山舰博物馆除展示中山舰船体外，还将展示与它同时出水的数千件文物。博物馆现有藏品 5000 余件，主要来源是随舰出水文物和社会征集文物，其中有一级文物 60 余件，珍贵文物 1700 余件。博物馆的文物藏品时间跨度长，最早为 1887 年清朝制造的炮弹；文物藏品地缘广泛，包含民族工业品和西方列强用品；历史名人遗物众多；文物藏品涉及历史、政治、军事、经济、社会生活等各个方面，不仅特色鲜明，而且其文物价值独具魅力。

中山舰博物馆采用舰馆合一的设计思路，总建筑面积约为 11000 平方米。馆内常设有三大基本陈列：《中山舰复原陈列》、《一代名舰——中山舰史迹陈列》和《中山舰出水文物精品陈列》。

武汉市中山舰博物馆于 2010 年 2 月被湖北省人民政府公布为湖北省国防教育基地，2009 年 11 月被国家国防教育办公室公布为国家国防教育示范基地；2012 年 6 月被湖北省人民政府公布为湖北省爱国主义教育基地。

张自忠将军纪念馆

★

张自忠将军纪念馆位于湖北省襄阳市宜城市襄沙大道 55 号。

张自忠，字荩忱，1891 年 8 月 11 日出生于山东临清唐园村的一个地主家庭。1908 年考入临清高等小学堂读书，1911 年考入天津法政学堂，求学期间秘密

★张自忠将军纪念馆

加入同盟会，投身于资产阶级革命。1914年投笔从戎，在陆军第20师第39旅第87团团长车震部当兵。1916年，车震推荐张自忠加入冯玉祥部。1918年，被委任为学兵连连长，后又升任营长、团长。1927年，任国民军第25师师长，兼西北军官学校校长和开封戒严司令。1930年中原大战后，冯玉祥军事集团被瓦解，张自忠所部被蒋介石收编，1931年任第29军第38师师长兼张家口警备司令。

1933年初，日军紧逼山海关，平津震惊，华北危急。张自忠率第38师奉命开赴（北）平东地区驻防。3月初，热河不守，第29军接防于冷口以西至马兰峪长达150多公里的长城各口。日军第8师团步骑炮联队在伪军的配合下，进攻喜峰口，张自忠率部在长城一线与敌展开40余日激烈战斗，取得了喜峰口战斗的胜利。1935年华北事变后，张自忠任察哈尔省主席、冀察政务委员会委员。1936年6月，张自忠受命于危难之际，担任天津市长。1937年7月，代理冀察政务委员会委员长、北平绥靖主任及北平市长。

1937年七七事变后，上海、南京相继沦陷，日本侵略者又把兵锋直指徐州，志在夺取这一战略要地。1938年3月，日军投入七八万兵力，分两路向徐州东北的台儿庄进发。日军坂垣师团从山东半岛登陆，待至临沂、滕县时，同国民党军队发生了激烈战斗。当时守卫临沂的是庞炳勋的第3军团。由于实力过于悬殊，伤亡惨重，庞部急待援军。张自忠奉调率第59军以一昼夜180里的速度及时赶来增援。张自忠与庞炳勋原是宿仇，但他以国家、民族利益为重，摒弃个人恩怨，率部与庞部协力作战。日军在飞机大炮掩护下，配合坦克、装甲车向茶叶山阵地发起进攻。张自忠以“拼死杀敌”、“报祖国于万一”的决心，与敌激战，反复肉搏。茶叶山下崖头，刘家湖阵地失而复得数次，战况极其惨烈。经过数天鏖战，日军受到重创，节节败退。国民党军队相继收复蒙阴、莒县，共歼敌4000余人。不久，日军再派坂本旅团向临沂、三官庙发起攻势，妄图有所突破。张自忠和庞炳勋部两军奋力拼杀，经彻夜激战，日军受到沉重打击，其向台儿庄前线增援的战略企图被完全粉碎，保证了台儿庄大战的胜利。

徐州会战后，由于在保卫武汉等战斗中战绩卓著，张自忠晋升为上将，并任第33集团军总司令。1938年10月任第33集团军总司令兼59军军长，移驻湖北荆门。1939年奉命接任第五战区右翼兵团总指挥，负责指挥右翼各军，肩负起保卫鄂西的重任。1939年8月，日军调集10多万兵力，分两路大举进犯鄂北的随县、枣阳地区。张自忠一面命正面部队死守，一面火速派两个师迂回到敌后方，两面夹击包抄日军。他亲率两个团渡过襄河向敌猛攻，粉碎了日军围歼第33集团军的企图。在这次战斗中，共击毙日军1.3万余人，其中有3名日军联队长。随后，第五战区左右兵团全线反攻，最终打败日军，一举收复枣阳、桐柏等地区，取得“鄂北大捷”。

1940年5月，日军为控制长江水上交通线、切断通往重庆的运输线，调集10余万精锐部队，在飞机、坦克的配合下，向襄河东岸第五战区部队发起大规模进攻，打响了枣宜会战。5月7日，张自忠率部队渡过襄河，进抵郑家湾，命令第38师、179师、180师全力追截日军，并亲率第74师向北追击日军。5月11日，张自忠率部冒雨向东追歼逃敌，于次日以迅雷不及掩耳之势将日军拦腰切断，使日军遭受重创。14日，张自忠率部与南窜之日军激战于方家集，多次击退日军进攻。15日，张自忠率2000余人截击由襄阳沿汉水南下的日军，向数倍于己的日军冲杀10余次，使日军伤亡惨重。日军再次调集5000余人南北夹击方家集，企图消灭张自忠所率部队。15日夜里，张自忠率部队突出重围，向钟祥开进，并率总部转移到南瓜店，以阻止日军大部队渡河西进。16日，日军集中上万名士兵、数十架飞机、几十门大炮，向南瓜店及其两侧发起猛攻。张自忠所部虽英勇善战，击退日军多次进攻，但终因寡不敌众，陷入日军的重围之中。为牵制日军主力，同时也为外线中国军队赢得时间对日军实施反包围，张自忠率领部队力战不退，与日军激烈搏杀。战至下午3时许，东山口守军大部战死，余部溃散。张自忠派出的手枪营士兵回撤至杏仁山脚下，做最后的抵抗。面对步步逼来的大批日军，这些跟随张自忠多年的忠诚士兵，表现出惊人的勇敢和顽强，他们将生死置之度外，用血肉之躯将绝对优势之敌阻于山脚下。下午4时左右，一代抗日名将张自忠壮烈殉国于湖北宜城境内的十里长山，时年49岁。

张自忠殉国后，国共两党领导人蒋介石、毛泽东、周恩来都题写了挽词。1940年7月，国民政府为张自忠举行国葬，追任张自忠为陆军上将。为永远纪念

★张自忠将军事迹陈列室

张自忠将军，北京、天津、上海、武汉等地都有以张自忠命名的路，宜城曾易名为自忠县，宜城内建有“张上将自忠殉国处”纪念碑和“张上将同难官兵公墓”。1982年4月，中华人民共和国民政部追认张自忠为革命烈士。张自忠是中国抗日战争中以身殉国的最高将领，也是第二次世界大战中世界反法西斯阵营50余国战死沙场的最高将领。

1991年5月，为纪念张自忠将军殉国51周年暨诞辰100周年，在张自忠殉国地宜城市新建了张自忠将军纪念馆，馆址选在宜城市烈士陵园内。在宜城市十里长山张自忠将军殉国的地方，建有张上将自忠殉国处纪念碑和同难官兵公墓。纪念馆占地面积747平方米，为四合院古今建筑风格，幽静肃穆，格调典雅，融民族风格与现代特色为一体，表现了“承前启后、继往开来”的主题。纪念馆分为碑廊、展示厅、放映厅、字画室四部分，展示照片、图片、字画800余幅，遗物 11 件，制作有南瓜店战役沙盘。纪念馆陈列室陈列着毛泽东亲笔为张自忠题写的挽联："尽忠报国。"

张自忠将军纪念馆于 1995 年 3 月被湖北省人民政府公布为湖北省爱国主义教育基地，2005 年 11 月被中央宣传部公布为全国爱国主义教育示范基地；2002 年 12 月被湖北省人民政府公布为湖北省国防教育基地。

湖南省

H U N A N S H E N G

常德会战阵亡将士纪念公墓

★

常德会战阵亡将士纪念公墓位于湖南省常德市武陵区青年路东侧。

常德会战，又称常德保卫战，是指 1943 年 11 月 1 日至 12 月 25 日国民党军队在常德与侵华日军进行的生死大会战。这是一次在中国抗战历史乃至第二次世界大战历史中都占有重要地位的战役。在这次会战中，负责保卫常德城的国民党政府军第 74 军 57 师师长余程万率领 8000 余人，以誓与常德城共存亡的决心，顽强抵抗 4 万多日军的猛烈进攻，坚持孤军奋战 16 个昼夜，给日军造成了重大伤亡，最后几乎全军阵亡。

常德是湘西重镇，自古以来就是通往川、黔的水陆门户，具有重要的战略地位，历来都是兵家必争之地。1938 年 10 月，日本侵略军占领广州、武汉以后，湖南常德成为陪都重庆的重要物质补给线。1943 年 11 月 1 日，日军调集 5 个师团的兵力，向国民党第六战区发动进攻，国民党守军在约 180 公里长的防线上奋勇反击。尽管国民党守军将士进行了顽强的抵抗，但还是没能抵挡住日军的猛烈攻势，慈利、桃源、南县、安乡、澧县、临澧等常德周围的重镇相继失守，战事直逼常德城郊。11 月 18 日，日军第 68 师团先头部队向常德城郊发起进攻，国民党守军第 57 师第 169 团第 3 营转战 30 多里，击毙日军 200 多人。11 月 21 日，日军第 68 师团 4000 多人，分两路进犯德山，国民党守军第 57 师第 169 团和 188 团余部坚守阵地，奋力抗击。日军集结 10 倍于国民党守军的兵力，多次发动进攻。在日军优势兵力和强大火力的攻击下，德山失守，国民党守军除100余人突围外，其余全部壮烈牺牲。为了坚守常德城，国民党守军第57师师长余程万命令第171团守西门和江面，第170团守西北城角，第169团守东门兼东北角。日军第68师团向常德东门发起进攻，双方激战数日，国民党守军共打退日军20多次进攻，击毙、击伤日军1000多人。日军参与进攻东门的部队先后达1万人左右。11月28日，日军对北门城墙进行猛烈轰炸，同时施放毒气达3个小时之久，城基上下守军全部阵亡，北门失守。11月29日，日军分别从西围墙、东门突入城内，惨无人道地用飞机、大炮、毒气、燃烧弹、烟幕弹、掷弹筒、轻重机枪、手榴弹，对街巷进行毁灭性攻击。国民党守军依据碉堡工事、房屋、墙壁拼命抵抗。11月30日，日军把进攻的重点指向大西门和小西门。日军先派飞机轮番轰炸，然后向小西门发起猛烈攻击。坚守该门的第171团第1营第2连，在连长邓学志的率领下，以死抗击。12日1日晨，日军发起更大规模的猛攻，利用平射炮、山炮、野炮对准常德城内的中央银行及周围碉堡和砖房建筑作毁灭性的轰击，并调集数以百计的迫击炮，向各街区狂轰滥炸，致使不少守城官兵连人带枪埋葬于砖瓦堆中。战至夜晚，守军人数已不足千人。12月2日，敌人以绝对优势的兵力和强大的火力，在废墟上不断向前推进，遭到国民党守军的顽强抗击。守卫在文昌庙至北门相接防地的第169团第1营，在敌人的夹击中，营长杨维钧率众主动冲出阵地，向日军奋勇反击，终因众寡悬殊，全部壮烈牺牲。到12月2日黄昏，国民党守军防御阵地已被压缩到纵横仅400米的狭小范围内，守城部队只剩下300多人，情势万分危急，到了弹尽粮绝的最后时刻。12月3日凌晨，余程万师长率100余人突围。身负重伤的第169团少将团长柴意新主动要求留守城内，率残部掩护部队突围，扼守着最后的据点，与日军继续激战，不幸中弹牺牲，余部继续战斗，直到全部壮烈牺牲。12月3日8时，常德城沦陷。

常德守城战从11月18日开始，到12月3日结束。日军攻城动用兵力3万多人，大小炮300余门；而国民党守城官兵只有8000多人，孤军坚守16昼夜，几乎全部阵亡，其间共击毙日军1000多人，击伤日军2000多人。第57师爱国将士用鲜血和生命赢得的16天时间，为中国的各路援军争得了宝贵的战机，得以形成对常德城的反包围，迫使日军很快撤出常德城。

常德会战沉重打击了日军的嚣张气焰，消灭了日军大量有生战力，有力支持

★常德会战阵亡将士纪念坊

了太平洋作战和反攻缅甸作战，提高了国民党军队在抗战中的国际声望，增强了国际人士对中国抗战胜利的信心。常德会战之时，正值中、美、英等同盟国在埃及开罗召开首脑会议。消息传至开罗，与会的各国领导人无不对中国将士的英勇壮举表示敬意。

1944 年，常德会战结束后，为纪念捍卫国土而壮烈牺牲的将士们，由常德县政府配合国民党第 74 军，决定在常德建造烈士公墓。公墓始建于 1944 年，包括纪念坊、纪念塔、纪念堂、公墓、纪念亭等，位于常德市的城市中心青年路文化宫内。公墓正门是一座高大的三门纪念牌坊，上方是王耀武所题“常德会战阵亡将士纪念坊”的横匾。纪念坊的四根水泥钢筋方柱之间的上方架有三块横匾：正中是蒋介石所题“天地正气”，左侧为陈诚所题“碧血丹心”，右侧是白崇禧所题“旗常炳耀”。牌坊背面是何应钦题写的对联与横额，上联是“忠贯日月”，下联是“气壮山河”，横额是“万古军表”。进大门不远处是约 9 米高的纪念塔，纪

★常德会战阵亡将士纪念塔

念塔的基座四方刻有国民党考试院长戴传贤、监察院长于右任、立法院长孙科、司法院长居正四人的题词。纪念塔正面为王耀武所题“陆军第七十四军常德会战阵亡将士纪念塔”。

常德会战阵亡将士纪念公墓于 1996 年 1 月被湖南省人民政府公布为湖南省文物保护单位；2005 年 9 月被湖南省国防教育委员会办公室公布为湖南省全民国防教育基地，2009 年 11 月被国家国防教育办公室公布为国家国防教育示范基地。

厂窖惨案遇难同胞纪念碑和纪念馆

★

厂窖惨案遇难同胞纪念碑和纪念馆位于湖南省益阳市南县厂窖镇。

南县厂窖镇位于洞庭湖西北滨，三面临水，为历代兵家必争之地。1943 年 5 月，参加华容、南县、安乡方面作战的日军 1 万多人，向国民党军队约 10 万人发起进攻，于 5 月 7 日相继占领华容、安乡、南县、汉寿。洞庭湖北岸的华容、南县、安乡大批群众扶老携幼和沦陷区的公务员、居民、学生以及前线撤退下来的第 73 军 1 万多名士兵，纷纷逃亡到南县厂窖大垸及沿河水域，准备越河西渡，转移到安全地区。5 月 8 日，日军 5000 余人从水、陆、空三路合围以南县厂窖为中心的方圆百余公里区域，并用数十架飞机进行轮番轰炸，当天下午开始在厂窖北堤一线实行灭绝人性的大屠杀。5 月 9 日，日军开始对厂窖及其附近周边地区开展有计划的大屠杀，直到 5 月 12 日才基本结束。大屠杀首先在永固垸、瓦连堤、甸安河等地开始。野蛮的日军在永固垸将围困的逃难群众和国民党军队溃兵 1000 余人集中起来，强令他们成排跪着，四周架设机枪，命令他们告发抗日官兵，群众怒视日军，无一人出来告发，丧心病狂的日军或是用机枪、步枪进行扫射；或是用绳索串捆起来，推入塘中活活淹死。周边的群众和难民，得知日军在永固垸进行野蛮屠杀后，开始藏匿于附近的沟港、树丛和庄稼地里。日军见家家关门闭户，便分兵沿堤两侧作梳蓖式的来回扫荡，前后反复达 5 次之多，枪杀避难平民，使长堤两岸尸横遍地。当地群众和国民党溃兵死伤近万人。在垸外的河面上，日军动用汽艇沿河进行扫荡，大批渔民、船民被日军成串捆绑，用机枪扫射或用刺刀集体捅杀。厂窖东西两侧沿河的数千艘船只被日军烧毁，船上数以万计的群众惨遭日军屠杀。

从 5 月 9 日至 12 日，日军在厂窖烧杀淫掠，共杀害手无寸铁的无辜百姓和溃兵 3 万余人，其中屠杀厂窖垸当地居民 7000 余人，境外附近地区居民 6000 余人，南县、华容、安乡等地难民 12000 余人，国民党 73 军等部官兵 5000 余人。日军烧毁民房 3000 余间、民船 2500 多艘、强奸妇女 2000 多名，抢劫粮食、牲畜、衣物、钱财等不计其数。侵华日军在厂窖残杀中国军民的手段之疯狂和残忍，世所罕见，惨绝人寰。日军除用机枪、步枪进行扫射外，还采用活埋、火烧、水淹、油炸、砍头、剥皮、挖眼、割耳、奸杀等灭绝人性的杀人手段。当时永固垸留下的“千人坑”、西港留下的“千人坟”，都是日本法西斯大屠杀的历史铁证。

为纪念厂窖遇难同胞，牢记血的历史，警示教育后人，南县县委、县政府

★厂窖惨案遇难同胞纪念碑

★厂窖惨案纪念馆

于1986年5月开始筹建厂窖惨案遇难同胞纪念碑和纪念馆。纪念馆是一座两层的楼房，约220平方米，馆内收藏的实物、图片、档案、资料300余件。1987年7月7日，厂窖惨案遇难同胞纪念碑落成，纪念碑坐北朝南，钢筋水泥结构，由平台、基座、碑体三部分组成，通高25米，碑体19.43米，寓意惨案发生于1943年；碑座高5.9米，寓意惨案发生于5月9日，提醒着人民永远不要忘记1943年5月9日这个日子；平台900平方米，地铺红色瓷砖，象征同胞的鲜血，台周设护栏。碑体正面刻有中顾委常委王首道题写的碑名，碑座上刻有碑文。碑后有陈列室，碑左有警钟亭。

2009年，南县县委、县政府新建和修缮五大设施：一是新建陈列馆；二是扩建纪念广场；三是新建纪念长廊；四是建英雄雕塑；五是维修纪念碑和警钟亭。2010年8月15日，抗日战争胜利65周年纪念日，在厂窖镇举行了厂窖惨案遇难同胞纪念馆开馆仪式。厂窖惨案遇难同胞纪念馆建在纪念碑旁，建筑面积为1600平方米。纪念馆布展内容分为"日军侵华"、"血腥屠杀"、"奋起反抗"、"铁证如山"、"警钟长鸣"、"珍爱和平"六个部分，陈列展出当年日本侵略者屠杀我国同胞的东洋刀、刺刀、枪支、炸弹，同胞被残杀后的尸骨照片和当年报纸对屠杀惨案的报道，重现了日军令人发指的暴行和惨绝人寰的屠杀景况。

厂窖惨案遇难同胞纪念碑和纪念馆于1995年1月被湖南省委宣传部公布为湖南省爱国主义教育基地，1996年1月被湖南省人民政府公布为湖南省重点文物保护单位，2005年9月被湖南省国防教育委员会办公室公布为湖南省全民国防教育基地。

衡阳抗战纪念城

★

衡阳抗战纪念城位于湖南省衡阳市雁峰区岳屏公园。

衡阳地处通往西南的公路网中心，其机场是东南和西南空中航线的中间站，是美军在华最大的空军基地，再加上衡阳是粤汉铁路和湘桂黔铁路的接轨点，是

★衡阳抗战牌坊

西去广西、贵州、云南和四川的唯一铁路通道，衡阳成为西南的门户和军事咽喉。1938年武汉失守后，衡阳成为与重庆、昆明并列的战时中国三大中心城市。在衡阳境内的南岳衡山，蒋介石曾召开过4次“南岳军事会议”。

1944年6月18日，日军攻陷长沙，准备进攻衡阳。6月20日，日军司令部下达进攻衡阳的作战部署，调集10多万兵力分路南进，直指衡阳。蒋介石命令第10军赶赴衡阳紧急备战，并要求设法死守衡阳城10天时间。第10军赶到衡阳后立即紧急备战，疏散了城内外约30万平民，留在城内的是1万多名官兵和部分负责担架、伤员的民工。

6月22日，日军飞机开始轰炸衡阳城，日军第68师团沿湘江东岸南下进抵衡阳市东郊泉溪，第10军第190师第568团第1营派在耒水东岸的少数警戒部队即与日军交火，打响了衡阳保卫战的枪声。6月23日，日军第68师团欲从泉溪强渡耒水，被国民党守军击退。6月26日，日军占领衡阳城东湘江东岸的机场，并迂回至衡阳之南，截断衡阳守军的退路，从衡阳之西、西南形成了对衡阳的包围。6月27日，日军渡过湘江，进抵欧家町、黄茶岭，向停兵山、高岭、江西会馆主阵地猛攻。6月28日，日军包围衡阳城，集中优势兵力对衡阳城发起第一次总攻击。城南作为正面战场，战斗最为猛烈，第10军军长方先觉指挥部队奋力抵抗，多次击退日军攻势。停兵山、高岭据点守军全部牺牲，无一生还，日军被歼近千人。在进攻中，日军施放毒气，守卫五桂岭阵地的第7连，除不在阵地的炊事员等4人外，全连80余人全部中毒身亡。在地面进攻的同时，日军派飞机对衡阳城狂轰滥炸，城内囤积的粮弹多被焚毁。第10军官兵英勇抗击日军，战斗进行得异常激烈，使日军遭到重创，不得不于7月2日暂停进攻。

7月11日，日军对衡阳城发起第二次总攻击。中国守军不畏牺牲，坚守阵地，顽强抵抗，与日军反复争夺重要据点。7月17日，日军对衡阳城猛烈轰炸，夺取了部分城郊据点。在中国守军的顽强抵抗下，日军仅夺得小部分阵地，但损伤却较惨重。第10军官兵死守衡阳，使日军深感不安。日本第11军司令官横山勇增调5个师团的兵力，于8月1日集结于衡阳城外，准备亲自指挥进攻衡阳。

8月4日，日军第三次对衡阳城发起总攻击。日军出动飞机向国民党守军的核心阵地和衡阳市区狂轰滥炸，并派数万人军队从南北西三面猛攻国民党守军的核心阵地。在日军的猛烈进攻下，坚守衡阳城40多天的第10军已是异常疲惫，难以再战。8月5日，周庆祥师长主张突围，但城内伤患6000多人，无法随军行动，方先觉军长决心继续死守，等待援军。8月7日，日军从衡阳城北门突入。方先觉军长与各师师长联名向统帅部发出“最后一电”：“敌人今晨由北门突入以后，再已无兵可资堵击。职等誓以一死报党国，勉尽军人天职，决不负钧座平生作育之至意。此电恐为最后一电。来生再见！”第10军官兵死守衡阳城，伤亡惨重，再加上没有援军赶到，到8月8日，第10军弹尽粮绝，衡阳城终被日军攻破。衡阳城的沦陷，标志着衡阳保卫战的结束。在这场历时48天的衡阳保卫战中，国民党守军总兵力约1.8万人，伤亡1.5万余人，其中阵亡7600余人；日军进攻衡阳的总兵力10多万人，伤亡6万余人，其中死亡2万余人，包括1名日军中将。在这场战争中，衡阳近5万幢房屋最后只剩下5幢比较完整的，成为中国境内唯一被日军炮火全部炸毁的城市，是第二次世界大战中遭到破坏程度最大的城市之一。1944年8月12日，《解放日报》发表社论，毛泽东评价“守衡阳的战士们是英勇的，衡阳人民付出了重大牺牲”。

衡阳保卫战史称衡阳会战，是中国抗战史上一次极其重要的战役，被誉为“东方的莫斯科保卫战”。这是中国抗战史上作战时间最长、双方伤亡士兵最多、程度最为惨烈的城市争夺战，也是日本侵略者侵华战史中记载的唯一一次日军伤亡人数超过中国军队的战例。

★衡阳抗战纪念城碑

抗战胜利后，蒋介石立即派人到衡阳搜寻第10军将士的忠骸，得3000多具将士遗骸，集中建墓祭奠，其余将士遗骸或散失或被湮没。为纪念1944年衡阳保卫战牺牲的将士，1946年12月18日，国民政府批准在衡阳

★衡阳保卫战群雕

修建抗战纪念城。1947年8月10日，在衡阳胜利公园所在地岳屏山之巅，衡阳抗战纪念城筹备委员会隆重举行命名暨纪念工程奠基典礼。岳屏山上的胜利牌坊、纪念塔、记功亭、纪念堂和登山石磴，于1948年4月完成建设。巍然矗立的纪念塔高达18米，塔碑上镌刻了国民政府主席蒋中正题写的“衡阳抗战纪念城”七个大字，碑座为八方须弥座式，意为祈祷八方和平、永无战事之义。塔后的纪念堂，镶嵌有民国政要、社会贤达和各类团体所赠的46件题词碑刻。1948年8月，国民政府在岳屏公园山顶矗立衡阳抗战纪念城碑。2007年，衡阳市政府对衡阳抗战纪念城现存民国纪念建筑进行修缮，改扩建了衡阳抗战纪念堂，修缮后的衡阳抗战纪念城主要由衡阳抗战纪念城碑、纪念堂、抗战牌坊、记功亭、忠勇亭、和平钟、抗日文化墙等纪念设施组成。纪念堂占地面积约320平方米，主要展出衡阳抗战的史料、图片、视频、实物、纪念作品等，图文并茂地再现了衡阳抗战的历史过程。衡阳保卫战大型群雕坐落在雁峰区岳屏公园内，建于2007年12月，群雕基座面积 28 平方米，高 6.18 米，重达 11 吨，系铜铸而成。6 位神态各异的抗战勇士栩栩如生，展现出军民团结、同仇敌忾的抗战画面。

衡阳抗战纪念城于 2002 年 5 月被湖南省人民政府公布为湖南省文物保护单位，2010 年 7 月被湖南省委宣传部公布为湖南省爱国主义教育基地，2010 年 8 月被国家红色旅游工作协调小组公布为全国红色旅游经典景区。

南岳忠烈祠

★

南岳忠烈祠位于湖南省衡阳市南岳区衡山香炉峰下。

南岳忠烈祠依山而建，占地面积约 180 亩。忠烈祠正门是一座拱形三门重檐牌楼，由花岗石砌筑，顶盖琉璃瓦，中门上的门匾刻有国民政府第九战区司令长

★南岳忠烈祠正门

★南岳忠烈祠内的七七纪念塔

官兼湖南省主席薛岳题写的“南岳忠烈祠”五个镏金大字。进入大门不远，有一座“七七纪念塔”，矗立在纪念堂的前面。塔座为正方形，边长为 5.7 米，塔的四周有四块青石碑，汉白玉雕刻，“七七”二字嵌在碑上；塔身为五颗竖置的石雕炮弹组成，中间一颗大的直径 1.2 米，四颗小的直径 0.8 米，五颗炮弹形石雕象征汉、满、蒙、回、藏等各族人民联合抗日，“七七”二字为纪念 1937 年 7 月 7 日卢沟桥事变。

纪念堂为单檐歇山顶，花岗岩石墙，琉璃瓦，弧顶红漆花格门窗，堂中高 3.3 米，长 11.7 米，宽 26.5 米，堂中竖立石碑 1 块，宽 1.26 米，石碑上刻着“抗日阵亡将士永垂不朽”。致敬碑立在石亭中，碑高 2.3 米，石亭周围砌有石栏杆。祭厅正门前檐悬挂着“忠烈祠”牌匾，由蒋介石题写。祭厅长 19.65 米，宽 34.6 米，厅后正中立有汉白玉牌位，祭厅四周砌有花岗岩栏杆。

1938 年 11 月 25 日至 27 日，南岳高级军事会议决定，在南岳修建忠烈祠和烈士公墓，纪念阵亡抗战将士英灵，安葬抗日阵亡将士忠骸。

1943 年 7 月 7 日，正值抗日战争 6 周年，南岳忠烈祠举行落成典礼。当天，

★ 74 军抗日将士陵园纪念塔

第一批入祀的忠烈将领包括著名抗日名将张自忠、佟麟阁、赵登禹等人。

在南岳忠烈祠祠宇部分落成前后，四周山头上陆续建成一批烈士墓葬，其中有国民党 74 军、53 军、14 军、37 军 60 师、140 师、54 师、19 师等 7 座集体公墓；有彭士亮、陈石经、胡鹤云、郑作民、罗启疆、赵绍宗、章亮基、伍仲衡、廖龄奇、陈烈浩、陈炳炽、孙明瑾等 12 座将军墓。

在筹建忠烈祠前期的 1938 年上半年，打响抗战第一枪的 29 军军长宋哲元在南岳养病期间，为在保卫平津战斗中壮烈牺牲的 29 军副军长佟麟阁和陆军 132 师师长赵登禹两上将在南岳麻古桥上方修建了双忠亭。宋哲元亲自撰写碑铭，并请冯玉祥将军题写了“双忠亭”亭额。另外，在筹建南岳忠烈祠期间，筹委会在现延寿村五组粑粑岭上方建造了建筑面积 201 平方米的“四合堂”（忠烈祠建设工程指挥部旧址）。1948 年 8 月，湖南省主席王东原为纪念抗战胜利，特在南岳庙北门登山公路入口处建设了花岗岩石质的大型胜利坊，并为其题写坊额，撰写坊联。

南岳忠烈祠于 1983 年 10 月被湖南省人民政府公布为湖南省重点文物保护单位，1996 年 11 月被国务院公布为全国重点文物保护单位；2009 年 5 月被中央宣传部公布为全国爱国主义教育示范基地；2011 年被全国红色旅游工作协调小组公布为全国红色旅游经典景区。

中国人民抗日战争胜利芷江受降旧址和纪念馆

★

中国人民抗日战争胜利芷江受降旧址和纪念馆位于湖南省怀化市芷江侗族自治县芷江镇七里桥村。

1945 年 8 月 15 日，日本天皇宣布无条件投降。1945 年 8 月 21 日，日军投降专使今井武夫受侵华日军总司令冈村宁次派遣，由南京飞抵湖南芷江进行乞降会谈，交出在华兵力部署图，接受令其陆、海、空三军缴械投降命令备忘录。8 月 21 日下午，中国政府在湖南芷江举行了中国战区受降典礼，办理了侵华日军投降具体条款，宣告了日本帝国主义妄图亡我中华的美梦彻底破灭。

1945 年 8 月 21 日下午 3 时，受降会场戒备森严，荷枪实弹的官兵表情严肃。会场正中坐着受降的中国陆军总参谋长萧毅肃中将，右方是副参谋长冷欣中将，左方为中国战区美军参谋长柏德诺准将和翻译官。两旁是嘉宾和新闻界的席位，一边入座的是国民党将领汤恩伯、张发奎、卢汉、王耀武、杜聿明、吴奇伟、廖耀湘、郑洞国等人；另一边入座的是中外记者。下午 4 时，受降典礼正式开始。日本军方代表今井武夫、桥岛芳雄、前川国雄等人，身着军常服，木然进入会场，脱帽、立正、鞠躬后坐在指定的位子上。萧毅肃首先宣布，代表中国陆军总司令何应钦上将接见日本降使，要求日方出示表明身份的证件。今井武夫立即立正答道："本人是日本派遣军总司令冈村宁次的参谋次长今井武夫少将，奉命来晋谒中国统帅接洽投降的全权代表。"随即呈上他的正式委任状。萧毅肃审阅证件后，今井武夫遵照命令交出日本陆海空军在中国战区的战斗序列、兵力位置以及各种指挥系统等表册和文件，并呈上日军兵力分布的彩色概要图。随后，萧毅肃将发给驻华日军最高指挥官冈村宁次的中国陆军总司令部中字第一号备忘录，当面交给今井武夫，命他带回转交冈村宁次。日方降使今井武夫在《受取证》上用毛笔签字、盖章并呈上。下午 4 时 50 分左右，日本降使起身立正、鞠躬，退出会场，受降仪式结束。

为纪念芷江受降这一重大历史事件，国民党政府于 1947 年 2 月在中国战区受降地芷江修建了“抗战受降纪念坊”。这是纪念抗日战争胜利的重要建筑物，是中国人民抗日战争胜利的重要标志。纪念坊在“文化大革命”中被毁坏。1983 年 5 月，湖南省人民政府批准修复，1985 年 8 月建成。由于 1985 年修复的受降纪念坊主要依据老受降纪念坊局部正面照片修复，坊后题联、题额主要采用口碑资料恢复，未能全面准确反映其历史原貌。经过多方收集资料，并报经国家文物局批准，2010 年 2 月，在原址上对抗战受降纪念坊予以改建，同年 8 月建成。改建后的抗战受降纪念坊为一“血”字造型，寓意中国人民的抗日战争胜利是中国各族

★抗战受降纪念坊

人民用鲜血和生命换来的，警示后人要牢记历史，珍爱和平。纪念坊坐南向北，采用中西建筑风格，为三门四柱牌坊式建筑，通高 11.52 米，宽 13.37 米，厚 1.4 米，建筑占地面积 320 平方米，坊体四周建有体现民国时代特征的护栏，纪念坊上的题联、题额均为当年国民政府党政军要员的亲笔题词、题联，纪念坊背中刻有“芷江受降纪念坊记”铭文。

抗战受降堂，是当年侵华的日方代表到此举行洽降仪式的会场，由三栋黑色鱼鳞板式双层木结构平房组成，呈长方品字天井形。正中为受降会场，右侧为中国陆军总司令部，左侧为中国陆军总司令、中国受降全权代表何应钦办公室。受降旧址房屋、室内陈列用具均属原物，刻有“参加受降典礼纪念”字样，并烙有火印编号。室内按照当时受降仪式的原貌陈列。会场的正面墙上悬挂中华民国国旗、中国国民党党旗及孙中山像。下面是中国方面代表、陆军参谋长萧毅肃等中方人员及盟军代表的席位。对面的受审席，是日方代表今井武夫等人的席位。会场的各座位席次上，都立有当时就座者的名签。1945 年 8 月 21 日至 9 月 8 日，何应钦在这里举行了日本投降典礼，签发了载有投降详细规定命令备忘录 24 份，

★抗战受降堂

★中国人民抗战胜利受降纪念馆

部署了全国 16 个受降区 102 处缴械点的受降工作，收受处理了与蒋介石、冈村宁次、冷欣等人来往电函 40 余份，确定了日本投降各项具体条款，受降签字时间、地点，完成了接收日军投降全部实质性工作。

为纪念抗战胜利 50 周年，湖南省芷江县委、县政府于 1993 年 8 月动工修建中国人民抗战胜利受降纪念馆，1995 年 8 月竣工并对外开放。纪念馆占地面积 1500 平方米。纪念馆分上下两层，整个展馆设有“日寇侵华，罪行累累”、“中国抗战，浴血疆场”、“芷江受降，载入史册”、“牢记历史，珍爱和平”四个主题展览。馆内采用声光电等高科技手法全面展示芷江受降历史过程，以及珍贵文物 400 余件、资料照片 600 余幅、第二次世界大战时期兵器 40 多件，被誉为“抗战胜利受降博览窗”。

中国人民抗日战争胜利芷江受降旧址和纪念馆于 2006 年 5 月被国务院公布为全国重点文物保护单位；2005 年 11 月被中央宣传部公布为全国爱国主义教育示范基地；2005 年 9 月被湖南省国防教育委员会办公室公布为湖南省全民国防教育基地，2009 年 11 月被国家国防教育办公室公布为国家国防教育示范基地。

飞虎队纪念馆

★

飞虎队纪念馆位于湖南省怀化市芷江侗族自治县的芷江机场东。

“飞虎队”的正式名字叫“美国援华志愿队”，英文名字是“American Volunteer Group”，简写就是 AVG，“飞虎队”指挥官为美国人克莱尔·李·陈纳德。陈纳德于 1893 年 9 月 6 日出生在美国得克萨斯州，25 岁时应征入伍，后成为美军飞行员和飞行教官。在美国空军服役期间，陈纳德先后担任过中队长和基地指挥官。1937 年，陈纳德从空军退役。7 月，陈纳德应蒋介石夫人宋美龄之邀来到中国，开始对中国空军进行为期 3 个月的考察，后担任中国空军顾问。在中国考察期间，陈纳德接受宋美龄的建议，在云南昆明组建航校，以美军标准训练中国空军。他还积极协助中国空军对日作战，并且亲自驾驶飞机投入对日战斗。1938 年 10 月，陈纳德接受中国航空委

★陈纳德将军雕像

员会秘书长宋美龄的建议，来到湘西重镇芷江，利用刚刚扩修竣工的芷江机场，筹建了一所航空学校，亲自担任校长和总教官，编写航空教材和飞行员手册，为中国培养训练飞行员。后由于日本对美国施加外交压力，陈纳德在中国的活动逐渐转为非公开。

抗战全面爆发后，为保护滇缅公路的运输不受或少受日军的空袭，保障国际援华物资能够通过滇缅公路运往中国的抗日前线，1941 年 4 月 15 日，中美双方达成一项秘密协议，由美国总统罗斯福签署行政命令，允许美国预备役军人和陆军航空队，以及海军和海军陆战队航空队的退役人员前往中国参加战斗。在罗斯福政府的暗中支持下，陈纳德以私人机构名义，重金招募美军飞行员和机械师，以平民身份参战。

1941 年 7 月 10 日，陈纳德率领 110 名飞行员和约 150 名地勤人员组成第一批美国志愿队从美国旧金山启程前往缅甸东吁，进行战前集训。8 月 1 日，蒋介石发布命令，正式成立“中国空军美国志愿大队”，总部设在昆明，陈纳德为志愿队指挥官。陈纳德将志愿队大队分为 3 个中队，第一中队称为“亚当与夏娃队”，主要由原美国空军出身的飞行员组成；第二中队称为“熊猫队”，主要由原美国海军航空母舰的飞行员组成；第三中队称为“地狱天使队”，主要由原美国海军陆战队航空兵和剩下的海军航空母舰飞行员组成。陈纳德将飞行基地分别设在云南昆明和缅甸仰光，其中第一中队和第二中队安排驻扎在云南昆明，主要任务是保卫中国大后方的重要城市，第三中队驻扎缅甸仰光，负责保卫滇缅公路的运输安全。

1941 年 12 月 18 日，美国志愿队的队部和第一、第二中队正式进驻昆明巫家坝机场。12 月 20 日，美国志愿队在云南昆明与日本空军进行了第一次空战。在这次战斗中，10 架日军轰炸机有 3 架被击落，另有 6 架飞机在飞离中越边境途中迫降坠毁，而美国志愿队的飞机没有任何损失。在战后的报道中，美国志愿队被称为“飞虎队”。“飞虎”，源于中国成语“如虎添翼”，有了翅膀的老虎无比勇猛，无往不胜；而中国的抗战，有了美国航空志愿队的支援，亦如猛虎添翼。不久之后，美国迪斯尼动画室设计出“飞虎队”队徽：由一只插着翅膀的猛虎从代表胜利的 V 字中扑出。“飞虎”形象生动而又恰如其分，得到了队员们的一致认可。“飞虎”也就由此成了美国志愿队的队徽标志。

1941年12月7日珍珠港事件爆发后，美国正式参战。根据战略需要，1942年7月4日，“飞虎队”正式解散，原“飞虎队”的部分飞行员和大部分地勤人员被编入美国第10航空队，成为美国驻华空军特遣队的骨干力量。“飞虎队”原指挥官陈纳德随后被任命为美国空军准将，继续指挥这支改编后的美国空军。虽然此后美国援华空军经过多次改编，但无论编制番号发生怎样的变化，“飞虎队”这个称号和“飞虎队”的精神，一直铭记在中国人民的心中。虽然“飞虎队”不是正式在编的正规军部队，但却在与日本空军的顽强战斗中，创造了以少胜多的振奋人心的战绩。在50多次对日军的空战中，“飞虎队”共击毁日军飞机200多架，自己仅损失飞机10多架，牺牲飞行员和地面人员20余人。“飞虎队”以大无畏的精神，与中国人民并肩作战，共同抗击日本发动的对华侵略战争。他们响亮的名字和光辉的业绩，将作为一座永不褪色的丰碑，长存于中美两国人民以及一切热爱和平的人们的心中。

为纪念飞虎队援华抗战的英勇事迹，2005年5月，湖南省芷江侗族自治县修建了飞虎队纪念馆。纪念馆占地54亩，主要由飞虎队纪念馆、中美空军作战指

★飞虎队纪念馆

挥塔旧址、中美空军联队俱乐部旧址、陈纳德雕像广场、飞虎群雕等纪念设施构成。中美空军作战指挥塔旧址建于1938年10月，是“二战”时芷江机场无线电指挥中心、发报中心、机要室、情报室、作战室、指挥室等。中美空军联队俱乐部旧址建于1944年4月，砖木结构，水泥地面，造型坚实美观。奠基石上镌刻着“中美空军联队俱乐部”的中英文铭文。

纪念馆主要有和平之光、正义之剑、友谊之花、飞虎将军、飞虎队队员照片、飞虎队战绩战况、飞虎队英烈墙、修建芷江机场、芷江保卫战、友谊长存等十大主题的原始照片、档案史料展示区，并有中、美、苏三国空军纪念碑、扩建芷江机场时使用的木质推车与重达数吨的石磙、逼真的P-40战机模型、被日机轰炸后的农舍茅屋、有特殊标志的盟军飞行员服、陈纳德秘书用过的英文打字机、飞虎队队员随身军用水壶、蚊帐、损毁战机零部件等抗战实物及飞虎队队员签名的纪念品。纪念馆融声、光、电及影像放映为一体，再现了当年陈纳德所率飞虎队痛击日寇、抢运物资的辉煌战绩与中国军民的保障供应、勇救失事盟军飞行人员的感人事迹。

飞虎队纪念馆于2005年11月被中央宣传部公布为全国爱国主义教育示范基地。

广东省

GUANGDONGSHENG

十九路军淞沪抗日阵亡将士陵园

★

十九路军淞沪抗日阵亡将士陵园位于广东省广州市天河区水荫路113号。

1931年9月18日，日本帝国主义制造九一八事变，侵占了我国的东北三省。之后于1932年1月28日夜悍然出兵进犯上海闸北，驻防淞沪地区的国民党第十九路军在总指挥蒋光鼐、军长蔡廷锴的率领下奋起抗击敌人，震惊中外的淞沪抗战正式爆发。随后张治中部第5军也参加了作战。1月30日，日军巡洋舰3艘、驱逐舰4艘、航空母舰2艘并随带陆战队5000人到沪。日军得到增援后，于31日再次向闸北防地猛攻，遭到十九路军的英勇抵抗，日军没有取得任何进展。2月4日，日军开始发动总攻，集结大小战舰20余艘，飞机数10架，对吴淞炮台轮番轰击，战火蔓延到江湾、吴淞一带，各线均展开了猛烈战斗。至2月7日，炮台全部被毁，但十九路军仍坚守阵地，浴血阻击，使日军无法登陆。日军司令盐泽幸一因此被免职调回本国。2月20日晨，日军再次发动总攻。21日起，日军以步兵数千人配合飞机、大炮，向十九路军阵地冲击，双方死伤均重。至23日黎明，日军试图从江湾车站包抄江湾镇，十九路军对敌冲锋多次，日军不支溃退。十九路军俘获日军数百人，缴获步机枪数百。由于战事僵持，日本侵略军为求速胜，在田中内阁陆军大臣白川大将指挥下，增调3个师团兵力和飞机200多架来华，发动新的总攻。

淞沪抗战爆发后，中国共产党在上海的地下组织，通过工会、学生会及其他群众组织，展开了支前工作。各界人民群众组成义勇军、敢死队、情报队、救护队、担架队、通信队、运输队等，有的在前线配合作战，有的担任后方勤务的任务，对作战、供应各方面，起了积极有效的作用。全国各地民众和海外华侨捐给第十九路军的款项即达 700 余万元。在广大人民群众的有力支援下，第十九路军和随后参战的第 5 军部分官兵，不顾武器装备和兵员数量远不如日军等种种困难，发挥顽强战斗、不怕牺牲的爱国精神，坚持抵抗一个多月，与敌激战百余次，取得重大战果。日本侵略军被迫三易主帅，数度增兵，结果是损伤 1 万余人却无法实现速战速决的梦想。

在淞沪抗战中，第十九路军与日军苦战 33 天，激战 100 多次，日军伤亡 1 万多人，最后国民党军队在腹背受敌又无援军的情况下，不得已于 3 月 1 日奉命放弃前线阵地，撤出上海。5 月 5 日，国民党政府与日本签订了丧权辱国的《淞沪停战协定》，淞沪抗战遂悲壮结束。

十九路军淞沪抗战是中华民族抗击日本侵略者的伟大壮举，它迟滞了日本企图迅速全面侵占中国的步伐，激发了全国军民卫国御敌的斗志，开创了中国军队局部抗日的新局面，在抗日战争史上具有非常重要的意义。

为纪念一二八淞沪抗战中牺牲的十九路军将士，海外华侨捐款 10 万元大洋，于 1933 年在广州建成十九路军淞沪抗战阵亡将士陵园，也称十九路军坟场、十九路军淞沪抗日将士坟园。陵园总面积约 6 万平方米。整座陵园建筑规模宏伟，布局严谨，造型庄重典雅，富有古罗马建筑风格。陵园内主要有凯旋门、先烈纪念碑、英烈题名碑、抗日亭、将士墓、战士墓、先烈纪念馆、浮雕墙、航空纪念碑等纪念设施。凯旋门位于陵园外先烈路和水荫路交界处，依照法国巴黎凯旋门建造，雕刻精致。门楼建于 1932 年，

★陵园内的先烈纪念碑

高 13.4 米，宽 11 米，占地面积 40.7 平方米。门额正面镌刻着原国民政府主席林森所题的“十九路军抗日阵亡将士坟园”，背面镌刻原国民政府行政院长宋子文题写“碧血丹心”。凯旋门象征着英勇抗日的十九路军凯旋，气象庄严。陵园内的主体建筑是一座巴洛克风格的半圆形柱廊，在柱廊前的中央耸立着一座花岗石先烈纪念碑。先烈纪念碑建筑面积 2298 平方米，主碑高出地面 21.74 米，碑前矗立着一尊威武雄壮的十九路军战士铜像。战士铜像高 3.45 米，铜像前下方台阶卧伏着两对铜狮，8 个铜铸宝鼎排列在纪念碑的石基上。铜像、铜狮、铜鼎，寓意着一二八淞沪抗日。碑座下刻有原京沪卫戍长官陈铭枢、十九路军总指挥蒋光鼐、军长蔡廷锴、淞沪警备司令戴戟为纪念碑奠基而写的碑文。碑座刻有李济深题写的“十九路军淞沪抗日先烈纪念碑”字样。碑后有 10 对对称的大圆形回廓环绕，回廓左右有两幅大型石刻碑文，记载着十九路军淞沪抗日英雄的事迹。整座纪念碑具有较高的建筑艺术水平。高大的圆柱，气势磅礴，象征着先烈们不畏强暴，大义凛然的爱国主义精神。纪念碑东侧为蒋光鼐、蔡廷锴墓，占地约 400 平方米，蒋光鼐将军和蔡廷锴将军的骨灰于 1997 年从北京八宝山革命公墓迁葬于陵园。两墓碑石采用两个自然花岗石凿成，碑文为“蒋光鼐之墓”和“蔡廷锴之墓”。纪念

★十九路军总指挥蒋光鼐、军长蔡廷锴墓

碑南面有一座方形花岗石的英烈题名碑，碑长7米，宽7米，高7.7米，占地面积755平方米，碑上书有“十九路军淞沪抗日阵亡将士题名”，并刻有十九路军第60师、61师、78师、第1师补充团共1951位先烈的英名。在题名碑的东西两侧处有两个坟地，东侧为“淞沪抗日阵亡将士墓”，墓区面积1875平方米，公墓前方共安葬阵亡将士182名；西侧为“淞沪抗日阵亡战士墓”，墓区的墓地则呈半圆形，由主墓碑和墓组成，面积1186平方米，共安葬阵亡战士190名。在将士墓的背面、陵园的东边是将军墓。在陵园的南面是先烈纪念馆，占地面积455平方米，门楣上刻有十九路军总指挥蒋光鼐题写的“先烈纪念馆”字样。馆内陈列有淞沪抗日历史资料及阵亡将士部分遗物共300多件，其中包括十九路军主要参战将领在战后不久撰写印行的回忆录数种。纪念馆通过图片、实物、场景，运用现代化的展示手法，较为详尽地展示了十九路军淞沪抗日的英勇事迹。

十九路军淞沪抗日阵亡将士陵园于2002年7月被广东省人民政府公布为广东省文物保护单位；1989年8月被民政部公布为全国重点烈士纪念建筑物保护单位；1995年1月被民政部公布为全国爱国主义教育基地，2000年4月被广东省精神文明建设委员会、广东省委宣传部公布为广东省爱国主义教育基地。

★陵园内的先烈纪念馆

东江纵队纪念馆

东江纵队纪念馆位于广东省惠州市博罗县罗浮山景区。

东江纵队是抗日战争时期中国共产党在广东省东江地区创建和领导的一支人民抗日军队，是开辟华南敌后战场，坚持华南抗战的主力部队之一。在抗日战争时期的艰苦条件下，东江纵队在中国共产党的领导下，从无到有、从小到大，不畏艰险、英勇奋战，共进行大小战斗 1400 余次，先后在东江、北江、粤北等地建立了总面积 6 万余平方公里、人口约 450 万的抗日根据地和游击区，成为华南抗日战场一支坚强的武装力量，为抗日战争和世界反法西斯战争的胜利建立了不朽的功勋。

1938 年 10 月，日本侵略军在大亚湾登陆，华南沿海地区沦陷。东江地区人民迅速拿起武器，抗击敌人。在中国共产党的领导下，先后在惠阳、东莞、增城、宝安等地建立人民抗日武装。12 月 2 日，成立惠宝人民抗日游击总队，曾生任总队长。1939 年 1 月 1 日，中共东莞中心县委及宝安、增城中共组织领导的人民武装成立东宝惠边人民抗日游击大队，王作尧任大队长。1942 年 1 月，根据中共南方工委的决定，成立广东军政委员会，广东人民抗日游击队改称广东人民抗日游击总队，梁鸿钧任总队长，林平任政治委员。1943 年 12 月 2 日，广东人民抗日游击总队改编为东江纵队，曾生任司令员，林平任政治委员，王作尧任副司令员兼参谋长，杨康华任政治部主任。东江纵队下辖第 2、第 3、第 5 大队和惠阳、宝安、港九、护航大队，共 3000 余人。东江纵队成立后，在全军迅速开展杀敌立功竞赛和拥政爱民、拥军扩军运动，广泛开展游击战争，多次向日伪军连续出击，至 1944 年 6 月，共进行大小战斗 100 多次，歼灭日伪军 1000 余人。至 1945 年 2 月，东江纵队扩编为 9 个支队，共 9200 余人。

1945 年 1 月，中共广东省临委决定将东江纵队领导机关迁往罗浮山。2 月，王作尧、杨康华率第 3 支队第 3 大队和东江抗日军政干校等，进抵罗浮山，巩固和扩大以罗浮山为中心的抗日根据地。1945 年 5 月，东江纵队司令部、政治部等先后移驻罗浮山抗日根据地，司令部设在罗浮山冲虚观，罗浮山因此成为南方敌后抗日武装斗争的指挥中心。

日军侵占香港后，妄图把坚持抗战的爱国民主人士赶尽杀绝。东江纵队接受秘密抢救任务后，以极大的力量，派出武工队，开辟交通线，经过近 3 个月的努力，先后从香港成功抢救出何香凝、柳亚子、茅盾、邹韬奋、夏衍等著名爱国民主人士、文化界知名人士、国民党官员和眷属，以及美国、英国、荷兰、比利时、印度、丹麦、挪威、俄罗斯、菲律宾等国籍的国际友人共 800 余人。东江纵队曾先后营救了 8 名对日作战遇险的美国飞行员。

东江纵队在伟大的抗日战争中，坚持在华南进行了艰苦卓绝的战斗，直到取得抗日战争的最后胜利。8 年间，据不完全统计，对日伪作战 1400 余次，毙伤日伪军 6000 余人，俘虏、投诚的 3500 余人，缴获各种枪支 6500 余支，炮 25 门，直到东江纵队北撤时，东江纵队成为一支拥有 9 个支队，6 个独立大队，1.1 万余人的队伍，组织民兵 1.2 万余人。先后成立了江南、江北、粤北、东进四个指挥部。转战东江两岸、港九敌后，粤北山区和韩江地区 39 个县市，抵到广州市郊、粤赣湘边地区，控制着数百里的海岸线和通往香港的交通要道。

★东江纵队纪念馆

1946 年 6 月，东江纵队主力北撤山东。留下的部队继续坚持武装斗争，后来发展成为粤赣湘边纵队。1947 年 8 月 1 日，遵照党中央指示，以东江纵队北撤人员为骨干，组建中国人民解放军两广纵队，编入华东

★东江纵队将士雕塑

第三野战军，参加了华东战场的南麻、临朐、诸诚、豫东、济南、淮海等重要战役。1949年3月，两广纵队改属第四野战军指挥，挥师南下，10月和粤赣湘边纵队组成广东战役南路军，担负解放广东作战一翼的任务，为解放广东作出了重要贡献。

为弘扬东江纵队的革命精神，中共博罗县委、博罗县人民政府决定兴建东江纵队纪念馆。纪念馆于2001年开始筹建，2003年12月建成开馆。纪念馆建筑面积为3300平方米。馆内设有4个展示厅，分别为序幕厅、陈列厅、英烈厅、映视厅以及两条长60多米、宽3米的参观走廊。序幕厅的正面是一幅大型彩色喷绘图，该图以东江为背景，磅礴的气势展示了东江纵队的精神风貌。序幕厅两侧的墙上，镶有歌曲《义勇军进行曲》和《东江纵队之歌》，表达了当年全民族抗战的坚强意志。序幕厅的顶棚，装饰着60颗五角星灯光，以示东江纵队成立60周年。陈列厅以大量的文献资料、历史照片以及珍贵的革命文物，全面反映东江纵队、两广纵队、粤赣湘边纵队的革命事迹。陈列的文物70余件，主要是东江纵队将士生活用具，以及缴获敌人的武器，其中比较重要的文物有东江纵队《前进报》印刷机和东江纵队、粤赣湘边纵队当年印发的布告等。在展厅的另一侧，镶有反映东江纵队重要革命事件的油画。英烈厅里刻着5000多位烈士的英名，厅内展示着10位英雄人物和5个英雄集体的光辉事迹。映视厅主要播放电视连续剧《东江纵队》和历史纪录片《卢沟桥事变》，让观众更形象地了解东江纵队的战斗史迹和卢沟桥事变的历史。纪念馆前面是一个2000多平方米的广场，安放着一组东江纵队将士的人物雕塑，雕塑的主题是：东江纵队将士，前赴后继，永远向前。在参观走廊，设置了《日军侵华罪证》展览。通过展览，警示国人，不忘国耻，奋发图强，振兴中华。

东江纵队纪念馆于2005年12月被广东省精神文明建设委员会、广东省委宣传部公布为广东省爱国主义教育基地。

广西壮族自治区

GUANGXIZHUANGZUZIZHIQU

第一批国家级抗战纪念设施和遗址通览

昆仑关战役旧址

★昆仑关战役博物馆

昆仑关战役旧址位于广西壮族自治区南宁市兴宁区昆仑镇。

昆仑关位于南宁市的东北面，是邕宾公路途中一个重要的隘口，也是邕宁和宾阳两县的交界处。昆仑关所在的昆仑山被称为“昆仑台地”，海拔300多米，为大明山余脉，周围群山环拱，层峦叠嶂，苍峰似海，绵亘相偎，中通隘道，北高南低。昆仑关正覆压在迂回曲折的山道之中腰，好比食道之咽喉，扼守南北往来之要塞。关口左右两侧，地势高峻，巍巍崇山，密林遍布，绵延不绝，深谷万丈，坡陡崖险，有“一夫当关，万夫莫敌”之誉，是历代兵家必争之地。

1939年11月15日，侵华日军为了切断中国与国际联络的桂越国际交通线，威胁中国抗战大后方，迫使中国政府结束战事，派出其第5师团、台湾混成旅团在钦州、防城一带登陆，至11月24日，连陷南宁、四塘、五塘，28日攻陷八塘。12月4日，昆仑关要隘被日军中村旅团占领，交由其第42联队驻守，并立即对昆仑关及其周围的外围据点构筑堡垒工事，使漫山遍野布满铁丝网、战壕、掩体、暗堡等。柳州、庆远、贵阳、桂林等地均受到日军的威胁。西南、桂南国际补给线被日军切断，对中国长期抗战、补给军需物资极为不利。

为粉碎日军长期占据我国西南地区的梦想，确保桂越国际交通线与西南大后方的安全，国民党政府从各地抽调部队赶赴广西，首要任务是夺回南宁的东北门户昆仑关。1939 年 12 月，国民政府军事委员会调集 5 个集团军 25 个整师和其他部队共 15 万人，由桂林行营主任白崇禧负责指挥，对占领昆仑关的日军展开反攻。

昆仑关战役于 12 月 18 日打响，国民党军队以第 38 集团军为北路军，正面攻击昆仑关及八、九塘守敌；以第 16 集团军为西路军，截断日军背后联络线；以第 26 集团军和第 66 军为东路军，破坏邕钦公路交通并截击日军之后续部队；以机械化部队陆军第 5 军，担任主攻任务，在杜聿明的指挥下，集中炮兵火力向昆仑关周围阵地进行炮击。在战车和轻重武器的火力掩护下，国民党军队向日军阵地发起进攻，经过一天的浴血奋战，国民党军队占领了昆仑关。19 日，日军调集大批飞机掩护反攻，重新占领昆仑关，双方在昆仑关开展拉锯战。守据五塘、六塘、七塘、八塘的国民党军队，同日寇反复争夺，打退了日军的多次进攻，歼灭了日军的增援部队，击毙了日军前线指挥官第 5 师团少将旅团长中村正雄。国民党军队乘胜追击，再次收回昆仑关。随后，日军再次集中火力反攻，国民党军队伤亡惨重，昆仑关又被日军占领。12 月 25 日起，国民党军队集中兵力，分头向昆仑关四周之敌高山据点猛攻，成功切断日军后路，使日军的粮食、弹药和医药无法补给，只能靠飞机空投。经过惨烈争夺，国民党军队于 12 月 31 日第 3 次攻克昆仑关。

在这次战役中，击毙日军第 5 师团中村正雄少将及其以下官兵 4000 余人，俘虏日军 102 人，击伤日军数千人，国民党军队也付出了伤亡 1 万余人的沉重代价。昆仑关战役缴获日军山炮 10 门、轻机枪 102 挺、重机枪 80 挺、步枪 2000 余支、战马 79 匹，还有大量的弹药和各种军需品。这

★昆仑关战役阵亡将士墓园内的牌坊

★昆仑关战役阵亡将士纪念塔

些战利品，包括火炮、枪支、弹药、军旗、军服和日军个人的护身符、家信和战场照片及统计图片等，先后在柳州、桂林等地展出，轰动一时，坚定了国人抗战必胜的决心。昆仑关战役是国民党机械化部队在正面战场上第一次与日军精锐部队的大交战，开创了抗战以来攻坚胜利的战例，沉重打击了日军的嚣张气焰，极大鼓舞了中国军民抗战必胜的信心。

昆仑关战斗结束后，国民党在昆仑关上建立了抗日阵亡将士墓园、纪念碑、纪念亭、牌坊等，并从山脚到山顶建有 331 级花岗岩石阶，供人登临凭吊。抗日阵亡将士墓园刻的烈士名录，至今仍保存完整。昆仑关战役旧址主要包括陆军第 5 军昆仑关战役阵亡将士墓园中的南门牌坊、北门牌坊，陆军第 5 军昆仑关战役阵亡将士纪念塔，昆仑关战役博物馆，抗日将士公墓，抗战碑亭等纪念建筑物，以及昆仑关地区如宾阳县境内的昆仑关战役指挥部、邕宁区昆仑镇境内的昆仑关战役日军第 12 旅团团长中村正雄少将被击毙处和金龙山、仙女山、老毛岭、罗塘南、同兴堡等多处昆仑关战争中的阵地、工事遗迹点等。

2008 年 12 月 18 日，昆仑关战役博物馆落成并举行隆重开馆典礼。博物馆坐落在领兵山上，占地总面积 40 亩，建筑面积 3500 平方米。博物馆分地上地下两层，设有序厅、浴血昆仑厅、前厅与缅怀厅 4 个展厅。全馆展示的文物实物有 500 多件，其中有广西军区捐赠的 18 支轻重武器。馆内展示图片史料 200 多张，场景复原有白岩洞前线指挥部等 3 个。馆前广场设置方尖碑阵，记载着约 3400 名阵亡将士的 220 个姓氏。馆前广场停放有广州军区空军捐赠的一架歼 6 退役战斗机。馆外的 5 幅浅浮雕画像用大理青石制成，描绘了昆仑关战役的主题场景画面。

昆仑关战役旧址于 1994 年 7 月被广西壮族自治区人民政府公布为广西壮族自治区重点文物保护单位，2006 年 5 月被国务院公布为全国重点文物保护单位；1995 年 12 月被广西壮族自治区党委、自治区人民政府公布为广西壮族自治区爱国主义教育基地；2009 年 11 月被国家国防教育办公室公布为国家国防教育示范基地。

海南省

H A I N A N S H E N G

第一批国家级抗战纪念设施和遗址通览

琼崖红军云龙改编旧址

★

琼崖红军云龙改编旧址位于海南省海口市琼山区云龙镇云龙墟。

1937 年全国抗战爆发后，中共琼崖特委根据党中央关于建立抗日民族统一战线和放手发动群众，实行全面抗战的主张，就琼崖地区团结抗日问题发表《团结

★琼崖红军云龙改编旧址正门

抗日，保卫琼崖》的告同胞书。与此同时，中共琼崖特委主动与国民党琼崖当局取得联系，提出以民族利益为重，停止内战，团结抗日的主张，表示愿意在团结抗日的旗帜下，红军游击队改编为国民革命军地方部队，开赴前线，抗击日本侵略者。

在中共琼崖特委的反复催促和琼崖广大人民群众抗日救亡呼声日益高涨的压力下，国民党当局不得不同意与中共琼崖特委进行谈判，并指派第152师政训处主任林序东为谈判代表。中共琼崖特委指派乐万县委书记黎民同国民党当局进行谈判。黎民代表中共琼崖特委提出琼崖地区国共两党合作、改编琼崖红军的条件，主要有：国民党停止进攻红军和逮捕共产党员；中共琼崖工农红军改编为抗日部队，改编后必须保持独立性，不同国民党军队混编，红军改编后国民党当局要发放军饷和各种军需品。由于国民党方面对谈判缺乏诚意，第一轮谈判无果而终。随着抗战形势的发展，中共琼崖特委再次与国民党方面进行谈判，国民党方面代表林序东提出改编后的工农红军要交给国民党方面领导，中共方面代表黎民批驳并拒绝了国民党方面代表的无理要求。之后，双方举行第三轮谈判，国民党方面代表林序东老调重弹，并进行威胁，同样遭到中共方面代表的拒绝。国民党方面在谈判桌上没有捞到任何好处，寻机逮捕了时任中共琼崖特委书记冯白驹及其夫人曾惠予，妄图以此为压力，逼迫中共琼崖特委做出让步，使得琼崖国共合作的谈判陷入僵局。在周恩来、叶剑英等人的积极营救下，国民党方面不得不释放冯白驹出狱。

1938年9月，日军开始派飞机轰炸海口、府城，日本军舰不断窜犯榆林港。就在形势非常紧急的关头，国民党将驻琼的正规军一个整编师调离琼崖，由新任守备司令王毅指挥的部队只有保安团两个团和一些地方部队驻守。考虑到形势的发展和抗战的需要，国民党守备司令兼行政区督察长官王毅不得不同意接受中共琼崖特委提出的团结抗战主张。双方经过多次谈判，于1938年10月22日最终达成团结抗战协议。协议主要内容如下：第一，琼崖国共合作的根本目的是为了抗日；第二，琼崖红军改编为“广东民众抗日自卫团第14区独立队”，在政治上组织上保持独立自主；第三，独立队为一个大队建制，下辖三个中队，冯白驹任独立队队长，独立队和三个中队的副职由国民党选派，但须经共产党同意；第四，独立队设政训处；第五，国民党按一个营的建制，每月发给独立队军饷八千元。

按照达成的协议，琼崖工农红军将改编为“广东民众抗日自卫团第 14 区独立队”，独立队为 1 个大队建制，下辖 3 个中队，由冯白驹任独立队队长。

1938 年 12 月 5 日，中共琼崖特委和国民党琼崖当局在云龙墟六月婆庙大院内举行琼崖红军改编仪式暨誓师抗日大会。琼崖各界人士、琼崖国民党当局官员及各地群众上万人参加了大会。国民党琼崖守备司令、第九区行政督察专员、保安司令王毅在大会上宣布“广东民众抗日自卫团第 14 区独立队”成立的命令，向独立队队长冯白驹授军旗、关防，并发表讲话。冯白驹代表独立队全体指战员讲话时表示：绝不辜负琼岛同胞的期望和重托，誓死抗日，保卫琼崖。这就是琼崖抗战史上著名的云龙改编。琼崖红军云龙改编，标志着以琼崖国共两党合作为基础的抗日民族统一战线正式形成，为琼崖人民争取抗日战争的最后胜利奠定了良好的基础。

云龙改编后，独立队在政治上、组织上仍然保持独立自主，并继续发扬红军优良传统，实行官兵平等、军民一致的原则，官兵同甘共苦、同席就餐，军饷和薪金不发给个人，而是统一使用。在琼崖特委的直接领导下，独立队很快就转入

★琼崖红军云龙改编旧址

紧张的政治教育和军事训练，为抗日做准备，并在抗日斗争中不断发展自己、壮大自己。在改编后不到两个月的时间里，独立队就从300多人发展为拥有1000多人的琼崖抗日独立总队，后来改称琼崖抗日独立纵队，成为当时华南地区人数最多的一支人民抗日武装力量。到抗日战争胜利结束时，这支抗日武装力量已经发展到5个支队7000多人的规模。在整个抗战期间，琼崖抗日独立纵队对日军作战2000余次，歼灭日伪军5800余人，牵制了近3万日军兵力，成为琼崖抗战的中流砥柱，并为日后解放海南岛奠定了坚实的基础。

为纪念云龙改编，中共海南省委、海南省人民政府在当年琼崖红军举行改编仪式的原址云龙镇修复了琼崖红军云龙改编旧址，并于1989年12月建成开放。旧址坐东向西，占地面积15亩，建筑面积7000多平方米，由红军战士铜像、接待厅、陈列馆、荡寇亭、凯旋亭和壁廊等纪念设施组成。旧址正门右侧大理石柱上刻有马白山（琼纵老战士、原海南军区副司令员）题写的“琼崖红军云龙改编旧址”。距大门正中16米处竖立一尊手握钢枪的独立队战士全身铜质铸像，总高10.4米，其中铜像高4.6米，座高5.8米。像座正面刻有徐向前元帅的题词“琼崖抗日先锋”，背面刻有云龙改编简介。铜像的后面是纪念馆，长40米、宽8米、高7米，饰有蓝色琉璃瓦面，占地面积300多平方米。馆的周围种植23棵青松，象征琼崖革命武装斗争23年红旗不倒的光辉历程。馆左侧建有长38米、高3米的曲廊，刻有朱德、陈毅、徐向前、聂荣臻、杨尚昆、彭真、薄一波等老一辈无产阶级革命家的题词。馆内陈列着当年人民军队使用过的手枪、手榴弹、军装、旗帜以及史料图片、信函等，展现了琼崖革命斗争可歌可泣的历史画卷。铜像的西北侧为接待厅，厅堂悬挂着

★琼崖红军战士铜像

“艰苦岁月”、“抗击日军”、“渡海作战”等木刻画幅。铜像东侧建有荡寇亭和凯旋亭等纪念设施。

琼崖红军云龙改编旧址于 1994 年 11 月被海南省人民政府公布为海南省文物保护单位，1997 年 6 月被中央宣传部公布为全国爱国主义教育示范基地。

重庆市

C H O N G Q I N G S H I

第一批国家级抗战纪念设施和遗址通览

八路军重庆办事处旧址

★

★八路军重庆办事处红岩村大楼

八路军重庆办事处旧址位于重庆市渝中区。

八路军重庆办事处旧址包括重庆市渝中区化龙桥红岩村13号、曾家岩50号周公馆、中山三路151号中共代表团驻地旧址和民生路240号《新华日报》营业部旧址。

1938年2月，八路军在重庆市机房街70号设立了通讯处，周怡任处长。1939年1月，八路军驻重庆办事处正式成立，同时兼挂新四军驻重庆办事处的牌子，办公地点设在机房街70号，处长都是钱之光。与此同时，中共中央南方局在重庆成立，因国民党不允许中共党组织公开活动，所以南方局机关就秘密设在公开机关八路军驻重庆办事处内，一部分人员住在机房街70号，另一部分人员住在棉花街30号，对外统称办事处。1939年5月3日至4日，日本飞机狂轰滥炸重庆，机房街70号、棉花街30号房屋被炸毁，全部人员迁往红岩嘴农场内，暂借饶国模的部分旧宅和堆放柴草杂物的房棚办公和住宿。后征得饶国模的同意，修建了一幢两楼一底的楼房，供南方局和办事处机关领导和工作人员办公和住宿。该楼门牌编号为红岩嘴 13 号。该楼占地约 800 平方米，整幢楼房为土木结构，共有大小房间 54 间，底层是八路军驻重庆办事处办公室；二楼是南方局机关和领导同志的办公室兼卧室；三楼是机要科办公室和南方局、八路军重庆办事处干部的工作间及宿舍。此后，这里便成为中国共产党在国统区的指挥中心。1945 年 8 月 28 日，毛泽东在周恩来、王若飞的陪同下来到重庆与蒋介石进行和平谈判，在八路军驻重庆办事处住了 40 多天。1947 年 3 月，国民党发动全面内战后，八路军驻重庆办事处工作人员全部返回延安。

为纪念抗战时期和解放战争初期中国共产党在重庆领导革命的历史功绩，重庆市人民政府于 1955 年开始在红岩村原八路军驻重庆办事处旧址筹建重庆红岩革命纪念馆，1958 年 5 月 1 日对外开放。1959 年，董必武题写“红岩革命纪念馆”馆名。1999 年 3 月，红岩革命纪念馆新陈列馆动工修建，2000 年 4 月竣工完成，2001 年对外开放。2008 年 3 月，红岩革命纪念馆正式向全社会免费开放。

★红岩革命纪念馆

★曾家岩 50 号（周公馆）旧址

曾家岩 50 号周公馆，位于重庆市渝中区中山四路曾家岩 50 号，是当时中共中央南方局和八路军驻重庆办事处在重庆城区内的办公地点。该幢楼房原是进步人士赵佩珊的私人房产，是一座中西合璧式砖木结构建筑，坐北向南。1939 年初，中共中央南方局考虑到办事处住房紧张，而曾家岩地处市区，靠近国民政府，会客访友和与各界人士接触都很方便，更有利于开展工作，遂以周恩来时任国民政府军事委员会政治部副部长的名义，租用了曾家岩 50 号主楼和三楼的全部，以及二楼东边的三间房屋，对外称“周公馆”。二楼为南方局文化组、军事组和外事组的办公室。周恩来、董必武、叶剑英、林彪、王若飞等人在渝期间也常驻于此。在周公馆外面，距大门右边是国民党特务头子戴笠的公馆，左边是国民党警察局的派出所。1945 年 8 月，毛泽东在重庆与国民党谈判期间，曾在底楼会议室接见过中外人士。周恩来也常在这里会见各界人士和中外记者。1946 年 5 月，周恩来、董必武先后率中共代表团、南方局和八路军驻重庆办事处大部分人员离开重庆前往南京。曾家岩 50 号成为中共代表团驻渝联络处和公开的中共四川省委机关驻地。吴玉章以中共代表和中共四川省委书记的身份率机关人员住在这里，继续与国民党重庆当局保持联系，并全面领导云、贵、川等西南地区中国共产党的工作和重庆新华日报社工作。1947 年 2 月 28 日深夜，国民党重庆当局突然出动数百名军警宪特，武装包围周公馆，查封公私财物，强迫集中中共在渝公开人员，软禁中共代表吴玉章和联络处、省委机关及化龙桥等处新华日报社人员。经过吴玉章的坚决斗争和据理力争，最终中共驻重庆和成都两地人员分别于 3 月 8 日、9 日乘飞机胜利返回延安。

中共代表驻地旧址位于重庆市渝中区中山三路 151 号（原 263 号）。旧址是一幢砖木结构建筑，坐西南朝东北，建筑面积 1241 平方米。该建筑建于 20 世纪 40 年代，抗战时期为中国银行大楼。1945 年 12 月 16 日，周恩来率中共代表团来重庆出席政治协商会议，国民党政府将此楼拨给中共代表团使用。会议期间，周恩来、董必武等曾在此会见各民主党派及各界人士，举行记者招待会等。1946 年 5 月，周恩来、董必武先后率领中共代表团迁往南京后，该处改作中共代表团重庆代表处和中共四川省委驻地。

★《新华日报》营业部旧址陈列室

《新华日报》营业部旧址位于重庆市渝中区民生路 240 号。该建筑为一幢中西式砖木结构黑色楼房，坐北向南，三楼一底，共有 6 间房，占地面积约 480 平方米。门额横书“新华日报”四个大字，系新华日报社长潘梓年手笔。1937 年，国共两党开始第二次合作，中国共产党与国民党当局商定，在南京公开发行《新华日报》。该报系中共中央长江局的机关报，报社社长潘梓年，总编辑华岗，经理徐迈进。《新华日报》是抗日战争时期和解放战争初期中国共产党在国民党统治区公开出版的唯一机关报，是由周恩来等亲自创办的、中国共产党第一张在全国公开发行的报纸。1938 年 1 月 11 日，汉口正式出版发行《新华日报》。发刊词宣称：“本报愿将自己变成一切愿意抗日的党派、团体、个人的喉舌”。1 月 17 日，报社营业部被国民党暴徒捣毁。1938 年 5 月，《新华日报》在重庆城区苍坪街（现邹容路）设立分馆，发行航空版。10 月 25 日，武汉失守后，报社迁至重庆继续出版。迁至重庆后，报社隶属于中共中央南方局，由周恩来兼任董事长，南方局副书记董必武等直接领导，具体负责人先后为潘梓年、华岗、吴克坚、章汉夫和夏衍。营业部先设在下半城西二街，后因房屋被日机炸毁，迁至现址民生路。这里不仅是当年《新华日报》出版和发行的前沿阵地，同时还是中共中央南方局领导同志和报社负责同志与外界联系的重要联络点。周恩来、董必武、王若飞、吴玉章等经常在此会见各界朋友，报社社长潘梓年等也经常来这里处理工作和会见来访者。毛泽东到重庆谈判期间，也曾到《新华日报》营业部看望报社同志们。1940 年 1 月 6 日，因社论被国民党当局强令删去，《新华日报》被迫“开天窗”。皖南事变发生后，国民党企图封锁消息，禁止报纸刊登揭露皖南事变真相的文章。周恩来知道后，愤然在《新华日报》开天窗位置处亲笔写下了“千古奇冤，江南一叶；同室操戈，相煎何急？！为江南死国难者志哀”的题词。彻底揭露了皖南事变的实质，在整个国统区产生了强烈的政治影响。1947 年 2 月 28 日，营业部被国民党当局查封。至此，《新华日报》在国民党统治区共出版 9 年 1 个月零 18 天，在国民党政治、经济、文化中心占领了舆论制高点，被誉为“茫茫黑夜中的一座灯塔”，成为中国共产党推进抗日民族统一战线的有力工具和沟通外部世界的一个重要窗口。毛泽东高度赞扬《新华日报》，称其为八路军、新四军以外的“另一方面军”。

八路军重庆办事处旧址于 1956 年 8 月被四川省人民委员会公布为四川省文物保护单位，1961 年 3 月被国务院公布为全国重点文物保护单位，2000 年 9 月被重庆市人民政府公布为重庆市文物保护单位。中共代表团驻地旧址、《新华日报》营业部旧址于 2001 年 6 月被国务院公布为全国重点文物保护单位。重庆红岩革命纪念馆于 1997 年 6 月被中央宣传部公布为全国爱国主义教育示范基地，2009 年 11 月被国家国防教育办公室公布为国家国防教育示范基地。

重庆大轰炸惨案遗址

★

重庆大轰炸惨案遗址位于重庆市渝中区磁器街。

1937年卢沟桥事变后，日本侵略军相继占领上海、南京、武汉等地，国民政府于1937年11月20日迁都重庆，重庆因此成为抗战时期大后方抗战的中心。从1938年2月至1943年8月，日军对重庆进行了密集的、长时间的、惨绝人寰的战略轰炸，史称“重庆大轰炸”。重庆大轰炸是中国抗日战争史上极其悲壮的一页。日本侵略者妄图凭借其空中优势，通过大规模、长时间的轰炸，摧毁中国人民继续抗战的意志和决心，迫使国民政府妥协投降。

1938年2月，日军开始派飞机轰炸重庆市区。1939年1月，日军空袭不断升级，对重庆的轰炸愈来愈猛烈、愈来愈密集。1938年2月至1943年8月间，日军飞机空袭重庆200多次，出动飞机400多批，9000多架次，投弹20000多枚，共炸毁房屋17000多栋，37000多间，造成人员伤亡2万多人。在对重庆长时间的大轰炸中，日本侵略者制造了无数震惊中外的大惨案，其中以1939年的“五三、五四大轰炸”、1940年的“八一九大轰炸”、1941年的“较场口大隧道窒息惨案”等最为惨烈，不仅给重庆人民造成了巨大的人员伤亡和财产损失，而且给中国人民留下了永远难以愈合的心理创伤。

“五三、五四大轰炸”。1939年5月3日上午，日军40多架飞机从汉口机场起飞，以密集队形对重庆集中轰炸了近2小时，市内的商业区、住宅区都遭到日军飞机轰炸，很多建筑和设施被日军炸弹摧毁。在这次轰炸中，日军飞机投下了数百枚炸弹，其中有近百枚燃烧弹，中弹地点 30 多处，重庆下半城有 10 多条主要街道被炸成废墟，40 多条街道被炸起火，造成 1000 多人伤亡，炸毁房屋 800 多栋。5 月 4 日，日军再次派出 20 多架飞机轰炸重庆。这次轰炸的目标是重庆老城区上半城最繁华的商业中心，日军飞机投下了 70 多枚炸弹，40 多枚燃烧弹，有 30 多处地方中弹，近 40 条街道被炸，都邮街、柴家巷等 10 余条主要街道被完全炸毁。这次轰炸造成 5000 多人死伤，其中 3000 多人死亡，2000 多人受伤，近 3000 栋房屋被炸毁，使 20 多万人无家可归。因轰炸引起的大火，燃烧了近 3 天才被完全扑灭，多条商业街道被烧成废墟。同时遭到轰炸的还有外国教会和英国、法国等国驻重庆的使领馆。

“八一九大轰炸”。为摧毁抗战陪都重庆，日本策划并发动了多次以重庆为主要目标的战略轰炸行动，代号为“101 作战”是其中规模最大的一次，日军出动的军事打击力量之多，空袭之残酷、野蛮、猛烈，在历次战略轰炸中居首。“101 作战”中，日机采取了全方位、无差别、连续的地毯式的轰炸战术，对重庆市区反复轰炸，造成了极其惨重的损失。1940 年 8 月 19 日，日军出动 140 多架飞机分 4 批对重庆市区进行狂轰滥炸，并首次派出最新式的零式舰载战斗机参加轰炸。在这次轰炸中，重庆两府路、大田湾、两路口、中二路、中华路、通远门、学田湾、大梁子、初期门、瓷器街、较场口等地遭到毁灭性破坏，数条街道被烧成焦土。苏联大使馆再次遭到轰炸。这次轰炸，造成了数百人死亡，数千人受伤，由于轰炸强度前所未有，房屋损毁和财产损失不计其数。

“较场口大隧道窒息惨案”。1941 年初，日军在发动太平洋战争前，集中力量对中国进行空袭，发动了代号为“102 作战”的大规模轰炸。6 月 5 日，日军出动飞机 20 多架分 3 批轮番轰炸重庆，在 5 个多小时的轮番轰炸中，投下炸弹近百枚，燃烧弹数十枚，市区渝中区十八梯、石灰市和演武厅（现磁器街）三段防空隧道内，发生了震惊中外、惨不忍睹的避难民众窒息、践踏惨案，造成数千人死伤。

重庆大轰炸惨案遗址又称“六五”大隧道惨案遗址，分地上、地下两部分。地下部分为大隧道遗址，始建于 1938 年，由朝天门至通远门，临江门至南纪门，横贯老城区的南北东西，是重庆最有名、最坚实的大防空洞，设有许多洞口，洞内路径四通八达，有的洞口可通至郊外。洞高 2 米、宽 2.5 米，全长 4000 米，分

★重庆大轰炸惨案遗址

7 段，13 处出口，总容量 4 万余人。隧道内两旁安装木条凳供避难者休息。墙上凿有凹洞，安放油灯照明。洞内设有通风口，通风口装有鼓风机，以调节洞内空气。地上部分为大隧道遗址陈列室，始建于 2000 年，从东向西，主体建筑由条石砌成；建筑面积 59.29 平方米，呈正方形厅室，内有反映惨案情景的部分老照片；室外四周均有反映惨案情景的浮雕。

重庆大轰炸惨案遗址于 2000 年 9 月被重庆市人民政府公布为重庆市文物保护单位。

库里申科烈士墓园

★

库里申科烈士墓园位于重庆市万州区西山公园。

库里申科，联共（布）党员，全名格里戈里·阿基莫维奇·库里申科，1903年出生于乌克兰基辅州科尔苏恩斯基区的切列平村，1929年应征入伍，苏联空军

★库里申科烈士墓园正门

飞行大队长。1939年6月，库里申科受苏联政府派遣，担任援华空军志愿队大队长，并率领两个“达沙式”轰炸机大队来华，援助中国人民的抗日战争。他率领的轰炸机大队，除直接参加对日军的空军作战，还担负着训练中国空军人员的任务。他和战友们呕心沥血，将一批批中国飞行员送上蓝天，用自己的鲜血和生命保卫着中国后方城市的安全。

库里申科以朴素、坚实、谦逊、热情、友好和对工作认真的态度，赢得了中国飞行员的尊敬。他以通俗易懂、深入浅出的语言，毫无保留地把先进的操作技术和战术传授给中国飞行员。他对中国飞行员要求非常严格，不论是上课、训练还是飞行，他都认真负责、一丝不苟。他不仅耐心地讲解“达沙”机的性能、特点、操作方法，还亲手为受训的飞行员系好安全带、关好座舱盖，并经常亲自带飞。为了纠正学员不正确的飞行动作，他经常在空中反复演练。有时为纠正落速或进入机场角度方面的偏差，他往往连续带飞三四次，直到学员掌握了要领才肯罢休。库里申科经常教导中国学员：“飞机是国家财产，中国抗战需要飞机，从苏联运飞机到中国非常不容易，损坏一架就少一架，哪怕损坏一个零件都要从万里之外来补充。”库里申科和他的战友们与中国人民并肩作战，他把自己当作中国空军的战斗成员，模范遵守中国的军事纪律。他曾多次和战友们经万县过宜昌穿沙市，飞向日军占领的武汉上空，轰炸日本侵略者的军事设施，有力地打击了日本侵略者。

1939年10月14日，库里申科接到上级命令，奉命出击日军某军事基地。接到命令后，他立即率队驾驶飞机迅速沿长江向东飞去。当编队飞临武汉上空时，遭到了日军战斗机群的拦截。库里申科沉着指挥机群，对敌机展开攻击，击落了日军6架飞机。后来日军以3架“米式”飞机围攻库里申科的领航机，库里申科奋力还击，成功击落其中的1架，但自己的飞机也被击坏了左发动机，只好被迫返航。当飞机飞到万县上空时，机身失去平衡，不能再继续飞行了，必须紧急着陆，库里申科驾驶飞机在万县长江南岸的陈家坝上空盘旋了一阵。但陈家坝太小，重型轰炸机难以安全着陆，如果直接跳伞，飞机肯定会摔坏。为了让飞机免遭破坏，同时为了万县附近居民的安全，库里申科放弃了跳伞，将飞机迫降在长江水面。在飞机尚未沉没时，他再三叮嘱同机的轰炸员和机枪手脱掉飞行服迅速离开飞机游向江边，并命令他们记住岸边特征标记，以便来日打捞飞机。飞机快要入水时，库里申科机上的战友都已游到岸上脱离了险境，而他则由于疲劳过度，已无力爬出机舱，和飞机一起被浪头卷入江底。这位伟大的国际主义战士、中国人民的忠实朋友，把宝贵的生命献给了反法西斯战争和中国人民的抗日民族解放事业，年仅 36 岁。

1939 年 11 月 3 日，库里申科的遗体被打捞上岸。11 月 9 日，万县各界人民数千人，怀着崇敬和悲痛的心情，在西较场为库里申科隆重举行追悼大会。追悼会后，库里申科的遗体被安葬在太白岩下白岩书院旁，并按照苏联习俗为库里申科修建了一个小型的长方形烈士墓。

★库里申科烈士墓冢

1957 年，万县人民政府决定在西山公园内新建库里申科烈士墓园，1958 年 7 月墓园落成。新建的库里申科烈士墓位于西山公园内的中部花圃区，墓园坐东北向西南，呈长方形状。墓园为砖石、水泥结构，中外结合建筑风格。墓园周围樟树成林，环境清幽，四周有铁护栏环绕。正门前为花圃、凉亭、墓碑。墓园由中苏友谊碑、库里申科塑像、花台、墓碑和墓冢等纪念设施组成，东西长 80 米，南北宽 20 米，总面积 1600 平方米。其中墓冢为长方形，长 3.5 米，宽 2.7 米。墓碑呈长方形，高 7.3 米，宽 4 米，厚 1.8 米。中苏友谊碑高 3.2 米，宽 4 米。墓碑上刻有中俄两国文字：“在抗日战争中为中国人民而英勇牺牲的苏联空军志愿队大队长格里戈里·阿基莫维奇·库里申科之墓。”

库里申科烈士墓园于 2000 年 9 月被重庆市人民政府公布为重庆市文物保护单位；1987 年被四川省人民政府公布为四川省革命纪念建筑物，2009 年 3 月被国务院公布为全国重点烈士纪念建筑物保护单位。

四川省

S I C H U A N S H E N G

赵一曼纪念馆

★

★赵一曼纪念馆

赵一曼纪念馆位于四川省宜宾市翠屏区翠屏山。

赵一曼，原名李坤泰，字淑宁，参加革命后用名李一超，到东北后化名赵一曼。1905 年 10 月，赵一曼出生于四川省宜宾县白花镇一个地主家庭。1919 年五四运动爆发后，赵一曼开始阅读《向导》、《新青年》、《妇女周报》等革命书刊，接受革命新思想，积极投身反帝爱国运动。1923 年加入中国社会主义青年团，后任村团支部书记，在家乡积极组织“妇女解放同盟会”。1926 年夏，赵一曼加入中国共产党，在党组织帮助下，进入宜宾女子中学。她积极参加党领导的“抵制仇货”的爱国运动，成为当地学生运动的领导者之一。同年 11 月，入武汉中央军事政治学校学习。

大革命失败后，赵一曼按照党组织安排转移到上海。9 月，被派往苏联莫斯科中山大学学习。1928 年回国，在宜昌、南昌和上海等地进行党的秘密工作。九一八事变后，赵一曼被党组织派往东北地区发动和组织群众进行抗日斗争。1932年秋到哈尔滨，任满洲总工会秘书、组织部长、代理书记，曾参加领导1933年的哈尔滨电车工人大罢工，英勇机智地与敌人周旋，出色完成了党组织交给的各项任务。1934年春，哈尔滨的中共组织遭到日本关东军特务机关的严重摧残和破坏，按照中共满洲省委的指示，赵一曼被任命为珠河中心县委特派员、珠河县妇女救国会会长。赵一曼到珠河后，把珠河两岸的妇女组织起来，成立了妇女救国会。之后，又兼任铁北区委书记，组织领导当地工人农民成立反日游击队，与日伪军进行斗争。1935年秋，赵一曼担任东北抗日联军第3军第1师第2团政治委员。日军为了消灭抗联第3军，采取割断队伍和群众联系的手段，“扫荡”珠河游击区。赵尚志率领东北人民革命军第3军主力，离开珠河开辟新游击区。赵一曼和团长王惠同率领第2团留守，继续开展游击战牵制敌人的兵力。11月14日，第3军第2团50多名战士，在左撇子沟附近遭到敌人围攻。她沉着地协助团长指挥部队与日伪军激战，连续打退敌人6次进攻，但由于敌我兵力悬殊，无法打破敌人包围。突围中，赵一曼身负重伤。在珠河县春秋岭附近一农民家中养伤时，被搜捕的日军发现，战斗中她再度负伤，昏迷被俘。日军对她施以酷刑，用马鞭抽打，用钢针刺她的伤口，用烧红的烙铁烙她的皮肉，妄图逼其投降招供，但她宁死不屈。

1935年12月13日，落入日军手中的赵一曼生命垂危，日军为获取口供，不得不将她送到哈尔滨市立医院进行监视治疗。赵一曼在住院期间，利用各种机会向看守她的警察董宪勋与女护士韩勇义进行爱国主义思想教育，两人深受感动，决定帮助赵一曼逃离日军魔掌。1936年6月28日夜，恰逢天下大雨，敌人的监视有所放松，董宪勋在他叔父董广政的协助下，将赵一曼抬出医院的后门。一辆提前租好的马车早就等在那里。车开到文庙屠宰场的后面，赵一曼一行下了车。韩勇义早就雇好了轿子等候在那里，他们扶着赵一曼上了轿子，便马上向宾县方向奔去。南岗警察署的警察发现赵一曼逃走后，立即派出人马四处进行搜查，得知赵一曼的去向后，日本军警立刻派人驾驶摩托车追捕赵一曼。在追捕途中，遇到阿什河桥被暴雨冲垮。日本军警便撇下摩托车，到附近村庄抢了几匹马，骑马继续追赶。当追到阿什河以东20多公里的地方，他们发现了坐在马车上的赵一曼、韩勇义、董宪勋等人。6月30日清晨，赵一曼再次被日本军警逮捕。敌人对她施以更加残酷的刑讯，仍毫无所得，决定把她押回她曾战斗过的珠河县处死示众。

1936年8月2日晨，赵一曼被押上去珠河的火车。她知道最后的时刻到了，便给心爱的儿子写下绝笔信，全信如下："宁儿：母亲对于你没有能尽到教育的责任，实在是遗憾的事情。母亲因为坚决地做了反满抗日的斗争，今天已经到了牺牲的前夕了。母亲和你在生前是永久没有再见的机会了。希望你，宁儿啊！赶快成人，来安慰你地下的母亲！我最亲爱的孩子啊！母亲不用千言万语来教育你，就用实行来教育你。在你长大成人之后，希望不要忘记你的母亲是为国而牺牲的！"临刑前，赵一曼高呼"打倒日本帝国主义！""中国共产党万岁！"赵一曼从容就义时，年仅31岁。

★赵一曼纪念馆展厅

赵一曼纪念馆建于1960年，系古典庭园式建筑，占地面积5500平方米，建筑面积1650平方米。馆前中央是一尊汉白玉赵一曼的全身塑像，像高5米。正门上方是朱德1963年12月亲笔题写的"赵一曼纪念馆"馆名。纪念馆内共设有三个展厅，以翔实的内容和展品向人们展示了这位宁死不屈、视死如归的抗日女英雄为人民而战、为民族牺牲的战斗人生。纪念馆第一展厅陈列朱德、陈云等党和国家领导人的题词及赵一曼的大事年表、生平简介；第二展厅介绍赵一曼从一个大家闺秀演变成为一个坚定的共产主义者的过程；第三展厅介绍赵一曼在东北组织领导工人运动，参加东北抗日联军英勇杀敌的光辉业绩及被俘后英勇就义的悲壮情景。纪念馆陈列有与赵一曼相关的文物、资料600多件，其中珍贵文物有80余件。

赵一曼纪念馆于2004年12月被四川省人民政府公布为四川省文物保护单位；1995年12月被四川省委、四川省人民政府公布为四川省爱国主义教育基地，1997年6月被中央宣传部公布为全国爱国主义教育示范基地；2005年3月被国家红色旅游工作协调小组公布为全国红色旅游经典景区；2009年11月被国家国防教育办公室公布为国家国防教育示范基地。

贵州省

G U I Z H O U S H E N G

第一批国家级抗战纪念设施和遗址通览

二十四道拐抗战公路

★

二十四道拐抗战公路位于贵州省黔西南布依族苗族自治州晴隆县的晴隆山。

二十四道拐抗战公路又称史迪威公路，是黔滇公路的必经之路，位于贵州省晴隆县城西南 1 公里处，公路从关上至关下入口处，古时候名为老鸦关，当地人又称之为半关，从上至下依山势呈弯道盘旋，有 24 个弧形拐弯，故得名二十四道拐。

1927 年，以贾善祥为首的公路勘测队，奉贵州省主席周西成和贵州省公路局局长马怀冲之命，到晴隆山间进行踏勘，计划修建公路。1928 年，开始动工修筑公路。1929 年，因滇军入黔，内战复起而停工。1931 年，设计确定了二十四道拐的修筑方案，同年 9 月，贵州省政府任命犹国才为公路督办，盘县、普安、安南三县各自组织施工队伍进行施工。当时的民工身系绳子于二十四道拐悬崖峭壁开山凿石，由于使用的工具比较简陋，施工异常艰险，公路修筑进展非常缓慢。1935 年由工程师邹岳生领队，再度对公路进行勘测设计，并由西南公路局局长曾养甫督工，于 1936 年 9 月竣工通车。

抗日战争开始后，二十四道拐抗战公路处于渝（重庆）昆（昆明）曼（曼德拉）的咽喉地带，承担着运送海外援华物资和数万名中国远征军赴滇缅作战的任务，战略地位日益重要。美国的援华物资经过滇缅公路到达昆明以后，必须经过二十四道拐抗战公路才能送到前线和当时国民政府的陪都重庆。在抗日战争进入最艰难的时期，经二十四道拐抗战公路运送抗战物资的车辆车水马龙，车祸时有发生，导致交通不畅。太平洋战争爆发后，美国陆军中将约瑟夫·史迪威受任美国中缅印战区总司令兼盟军中国战区总参谋长，直接参与指挥盟军援华对日作战。美国陆军部长史汀生要求史迪威维持滇缅公路的运输能力，并致力于改进中国陆军的战斗效能。为确保滇缅公路运输的畅通，美国盟军中国战区司令部陆军战时生产部安南办事处成立公路改善工程处，由美军和安南民工对二十四道拐抗战公路进行维修和改造，工程设计、监督、施工均由美军公路改善处派员全面负责指挥，美军 1880 工兵营 13 连随后相继进驻，在当地群众的配合支持下，完成了弯道改建任务，保证了运输畅通。美国工兵一直驻守到日军无条件投降后一个多月才逐渐撤离。整修改造工程主要做了减弯改线、沿山道泥土疏松处砌石垒墙、加固保坎、护路固土等工作，并适当拓宽弯道。抗日战争中后期，平均每天有 3000 多辆运送抗战物资的汽车经过晴隆。作为抗战后方战略物资的重要集散地，超过 45 万吨物资通过这条公路运到抗日战场，为取得抗日战争的胜利作出了重要贡献。

太平洋战争爆发后，由于二十四道拐抗战公路特殊的地理位置，其所在地成为滇黔通道上的后方重镇，一些前方的机关、医院、学校曾迁此暂时驻留。如盟军中国战区司令部美国陆军战时生产部晴隆办事处、美国陆军晴隆管理站、美军 1880 工兵营、英国战时生产驻晴隆办事处等。

日军攻占缅甸后，曾派飞机对二十四道拐抗战公路进行轰炸，想要截断滇黔咽喉。国民党军队、英美盟军和当地人民合力整修二十四道拐抗战公路，确保公路的持续通畅，保证向抗战大后方和国民政府各战区输送兵员和军需物资。

为纪念史迪威在中国抗战中的卓越功绩和在他领导下的盟军以及中国军队对缅甸战役发挥的巨大作用，1945 年 2 月 4 日，当第一批由美军驾驶的车队通过这条公路抵达昆明金马坊时，蒋介石发表了广播讲话，正式将这条接受抗战物资补给的国际通道改称为史迪威公路。二十四道拐抗战公路则被誉为史迪威公路的形象标识。

二十四道拐抗战公路设计精巧，造工庞大，盘旋于雄峻陡峭的晴隆山脉和磨盘山之间的一片低凹陡坡上，由 14 个“S”形的弯道构成。择“S”中而破，便形成 24 个弧形拐弯，弯道全长约 4 公里，蜿蜒于高达 1799 米的晴隆山西南坡，从

★二十四道拐抗战公路旧照

★二十四道拐抗战公路现状

山脚第1道拐到山顶第24道拐之间的直线距离约350米，垂直高度约250米，路坡的倾角约60度。由关口向下俯视，二十四道拐抗战公路仿佛游蛇下山；从关下往上仰视，二十四道拐抗战公路犹如巨龙盘山。

二十四道拐抗战公路，是中华民族苦难岁月的象征，也是中国人民自强不息的象征，见证了中美两国共同抵御日本军国主义并肩作战的深厚友谊，见证了中国人民威武不屈、勤劳勇敢的民族精神。二十四道拐抗战公路，不仅是中国抗战史的一个重要地标，同时也是中国与英美等世界反法西斯同盟国家共同抗击日本军国主义的重要象征。

二十四道拐抗战公路于1988年6月被晴隆县人民政府公布为晴隆县文物保护单位，2006年5月被国务院公布为全国重点文物保护单位；2010年3月被贵州省委、贵州省人民政府公布为贵州省爱国主义教育基地。

云南省

Y U N N A N S H E N G

第一批国家级抗战纪念设施和遗址通览

腾冲国殇墓园、腾冲滇西抗战纪念馆

★

★国殇墓园大门

腾冲国殇墓园、腾冲滇西抗战纪念馆位于云南省保山市腾冲县。

腾冲是中国西部云南的一座边陲小城，因抗战后期中国远征军发动的腾冲反攻战役而在中国抗战史上写下了悲壮的一页。1944 年 4 月中旬，日军第 15 军发动了“乌号作战”计划，出动 3 个师团包围了印度东部重镇因帕尔，并占领了科希马，阻止英印军队出兵缅甸。东南亚盟军司令部最高司令蒙巴顿将军向中国紧急求助，中国国民政府军事委员会根据美国总统罗斯福的要求，为策应中国驻印军和盟军缅北作战及收复滇西失地，彻底打通中印公路，命集结于怒江东岸的中国远征军第 20 集团军会同美军顾问团和美国陆军航空兵，在总司令霍揆章的指挥下，开始大规模渡江行动，由此拉开了滇西反攻战役的序幕。

1944年5月11日黄昏，集结在怒江东岸的中国远征军第20集团军5个师，在怒江150公里正面12个渡口乘坐橡皮艇和竹筏强渡，向侵占滇西战略要塞腾冲达两年之久的日军发起全面攻击，一举突破怒江天险。远征军于次日晨开始强攻高黎贡山，日军第56师团148联队主力146联队一部凭险死守，中国军队猛烈攻击。血战9日，日军终于被击溃。

远征军攻占高黎贡山后，乘胜追击，又经十余日的激烈战斗，进至腾北马面关、界头、瓦甸、江苴附近，扫清了龙川江两岸的残敌，形成了合围腾冲之势。残存的日军与驻守腾冲的守军合编成一个混成联队，由148联队长藏重康美大佐指挥，死守来凤山及腾冲城。

腾冲城是滇西最坚固的城池，四周均为高山，城墙高达3米，全是巨石砌成，高大坚固，且以来凤山作为屏障，两地互为依托，易守难攻。日军占领期间，经过两年多的经营，在两地筑有坚固工事及堡垒群，城墙上明暗堡密布，城内外战壕坑道相连，并且准备了充足的粮弹。守城日军奉命死守至10月底以待援军到来。

中国远征军决定首先攻取来凤山，最后围歼腾冲城守敌。7月2日拂晓，第20集团军对腾冲外围发动全面进攻，官兵们以高昂的斗志投入战斗。16日，远征军在空军配合下，以优势兵力向来凤山5个堡垒群同时猛攻，血战10日，最终攻占来凤山，随即扫清南城外之敌，对腾冲城形成四面包围之势。

8月2日，第20集团军总司令霍揆章下令攻城。在百余门火炮的轰击掩护下，远征军将士奋不顾身，奋勇向前，爬上云梯登城，但在日军密集火力的攻击下，损失惨重。在这种情况下，中美空军派出数十架飞机从空中轰炸，将城墙炸塌十余处，远征军从缺口强行登城，经12天激战，终将城墙上的堡垒群逐次摧毁。

8月14日，中国远征军以4个师的兵力从南城墙突进市区，与守城日军展开激烈巷战。守城日军虽然兵力较少，但是防御工事修建异常坚固而且隐蔽，再加上腾冲城内街巷稠密，房屋相连，日军利用民房家家设防、巷巷筑堡，战斗打得异常惨烈，远征军每前进一尺都要付出惨烈的代价。由于牺牲惨重，远征军又将阻敌增援的130师投入攻城战役。经历42天的“焦土”之战，将守城之敌全歼，于1944年9月14日光复腾冲城。沦陷了两年零4个月又4天的腾冲重新回到人民手中。日军指挥官藏重康美及以下官兵6000余人被击毙。远征军也付出了沉重的代价，伤亡军官18309人，其中牺牲4800人。

腾冲光复后不久，云贵监察使李根源和第20集团军总司令霍揆章即倡议为烈士建立陵园。辛亥革命元老、爱国人士李根源先生取楚辞“国殇”之篇名，称“国殇墓园”，取“为国牺牲的忠烈永垂不朽”之义。1945年7月7日（即卢沟桥事变8周年纪念日）落成，整体建筑布局设计仿南京中山陵，占地80余亩。

腾冲国殇墓园、腾冲滇西抗战纪念馆主要由大门、甬道、忠烈祠、烈士墓、陈列馆、纪念塔等组成，是全国最早建立的抗日烈士陵园，埋葬着滇西抗战中为国捐躯的8000名英烈。

忠烈祠为重檐木结构，面阔五间，四周设廊，左右各有一幢仿古建筑，内设滇西抗战腾冲战役的图片、实物展览。为纪念滇西抗战中牺牲的美国盟军官兵，2004年在忠烈祠旁增建盟军墓地。烈士冢呈八行纵队列葬于缓坡，上立碑，刻阵亡官兵3346人姓名、籍贯、军衔、职务。“远征军第二十集团军攻克腾冲阵亡将士”纪念塔建于坡顶，石砌，高8米，塔身为矩形，顶锥形；在大门的一侧，筑置一个象征日军侵略惨败的“倭冢”，呈圆形，高1米，内埋日军尸骨一具。

★国殇墓园忠烈祠

纪念馆位于国殇墓园东侧，占地22亩，总建筑面积9492平方米。馆舍建筑采取框架结构，成“V”字形，寓为胜利之意。馆内共收集了88000多件文物。

腾冲国殇墓园、腾冲滇西抗战纪念馆于1987年被云南省人民政府公布为云南省重点文物保护单位，1996年11月被国务院公布为全国重点文物保护单位；1997年4月、2009年7月分别被云南省委、省人民政府公布为云南省爱国主义教育基地，2005年11月被中央宣传部公布为全国爱国主义教育示范基地。

龙陵抗日战争纪念馆

★

龙陵抗日战争纪念馆位于云南省保山市龙陵县龙山路。

★龙陵抗日战争纪念馆

1943 年冬，日军被牵制在太平洋战场上，逐岛与美军作战，兵力部署因战场分散，不敷分配，遂将滇缅路上的兵力多数转移他调，改为死守滇缅公路沿线据点的战术，以消耗盟军兵力，支援其他战线。

早在 1942 年，日军为截断中国西南国际唯一援华物资运输线——滇缅公路，于 5 月初自缅甸入侵滇西。5 月 5 日，中国远征军炸毁惠通桥，阻敌于怒江西岸，自此怒江以西地区沦入敌手。日军第 56 师团设司令部于芒市，设战时司令部于龙陵城内，师团工兵联队驻守龙陵城区。龙陵位于怒江、龙川江大峡谷之间，滇缅公路穿境而过，是滇缅公路的咽喉，境内岗峦迭起，山高谷深，地势险要，自古以来就是我国西南边陲通往东南亚、南亚的关隘要塞。为与中国远征军长期抗衡，日军在怒江西岸，以龙陵松山为核心，以龙陵平戛为右翼，以腾冲为左翼，以龙陵、芒市、遮范、畹町等地为后方，建立了强大防御体系，利用该地四面环山、易守难攻的有利地形，修筑了一个连接城区与四周高地的蛛网状防御体系。设第56师团前线指挥所于城内，作为松山、平戛、腾冲等前线作战部队的协调指挥中心。日军在这些地区的大小岗峦上修筑永久、半永久工事，驻扎重兵，企图长期固守。

1944年5月，中国远征军发动了滇西反攻，目的是彻底打通中印公路，并于5月中旬强渡怒江。分为左右两个集团军，左集团军为霍揆章的第53军和第54军，负责攻击腾冲，右集团为宋希濂部的第11集团军所辖的第2军、第6军、第71军，向龙陵、芒市进攻。

在中国远征军分路进击松山、腾冲的同时，负责右翼攻击任务的第11集团军即从第2军和第71军中抽出精锐部队，共同组成突击队，绕过松山侧翼直插龙陵，于6月6日兵分三路向驻守龙陵县城一线的日军发起猛烈进攻，经过两个昼夜激战，截断了龙陵与芒市之间的公路联系，并肃清了龙陵城外大部分据点中的据守之敌。6月8日，第87、88师主力向县城东南部高地发起攻击。战斗异常激烈，曾数次得而复失，至下午5时攻克，第87师259团于同日攻占赧场。至6月10日，第88师攻克广林坡、老东坡、风吹坡，新33师攻占云龙寺，第87师攻占文笔坡。龙陵城区外围据点全部被国民党军队占领。日军残敌退入城区核心工事固守。

6月13日，驻守腾冲的2000多名日军驰援龙陵，驻守芒市的1000多名日军也沿滇缅公路北上，驻守象滚塘的500多名日军东进龙陵，同远征军发生了激战。在日军精锐部队大军压境的情况下，远征军伤亡惨重，迫于情势，只得退回到城郊一线，保存实力准备再战，远征军第一次攻取龙陵失败。

7月13日，中国远征军在站稳城郊阵地基础上，组织第二次攻击。这次攻击新增荣1师、新28师、新39师，兵员达3万人，从东、北、南三面围攻龙陵，再度占领了赧场、长岭岗、猛岭坡、广林坡、三关坡等日军阵地，控制了龙陵至芒市、腾冲的公路。但因松山尚未克复，各类军需物资无法通过滇缅公路运抵军中，造成围攻龙陵的部队给养困难。此时，日军为打通龙芒公路，向龙陵增派了第56师团、第2师团主力1.5万人，向远征军发动疯狂反扑，对远征军阵地实施火力猛攻，中国守军最后所剩官兵不过百余人。因伤亡惨重，远征军只得于9月

10 日再度退回到龙陵城北近 10 公里的赧场一带，第二次进击龙陵失败。

9 月 7 日，松山要塞被攻克，从而打破了滇西战场的僵局。9 月 8 日，远征军源源不断的军队和后勤辎重顺利通过滇缅公路，开往龙陵。接着，远征军南北两翼主力相继沿公路汇集龙陵，在经过激战争夺龙陵四周高地并切断芒市至龙陵公路交通基础上，10 月 29 日，中国远征军集中 10 个师的强大兵力向龙陵城区发起总攻。经过 5 天的激烈争夺，终于 11 月 3 日将守敌大部歼灭，夺回了龙陵这个至关重要的战略要塞。

三攻龙陵战役系整个滇西反攻战中规模最大、耗时最长的要塞争夺战。在长达 4 个多月的战斗中，中国远征军先后投入了 11.5 万人，经过三次拉锯争夺，历经大小战斗数百次，共歼灭日军 10640 人（除 400 余名残敌突围后溃逃芒市外，其余被全歼），而远征军为此付出的伤亡代价则为 29803 人。克复龙陵后，日军赖以盘踞滇西的强固阵地均被扫除，日本侵略者被驱赶到了芒市一线（今德宏州境内）的一马平川之地，自此再无险可守。

为了纪念龙陵抗战的爱国英烈，龙陵县委、县政府于 2004 年建设了龙陵抗战纪念广场、龙陵抗日战争纪念馆。龙陵抗战纪念广场占地 180 余平方米，四周配

★东卡日军碉堡

以大型浮雕景墙、东卡日军碉堡、入口景墙、中轴大道、怀思池、远征泉、升旗台、警示钟等，展示了滇西抗战的过程，揭露了日军的侵华罪行。

龙陵抗日战争纪念馆展览内容分为“万众一心共筑血战”、“日军入侵断我后路”、“不甘奴役奋起抗争”、“调集大军组织反攻”、“仰攻松山打开通道”、“三攻龙陵夺回要塞”、“涤荡芒畹驱除日寇”、“历史丰碑永存人间”八个部分，共展出抗战历史图片160余幅、文物70余件。纪念馆于2009年被国家列为首批免费开放对象后，征集抗战文物200余件，展示内容和馆藏抗战文物得到充实改善。

龙陵抗日战争纪念馆于2006年5月被国务院公布为全国重点文物保护单位，2009年7月被云南省委、省人民政府公布为云南省爱国主义教育基地。

陕西省

S H A N X I S H E N G

西安事变纪念馆

★

★西安事变纪念馆

西安事变纪念馆位于西安市碑林区建国路69号。

1931年日本发动九一八事变后，面对民族危亡的局面，抗日救亡运动在全国风起云涌，张学良也在西北地区实行联共抗日政策。1936年10月，蒋介石亲赴西安，逼迫张学良、杨虎城率部“剿共”，随即又到洛阳做“剿共”的军事部署，将其嫡系部队约30个师调到以郑州为中心的平汉、陇海铁路沿线，以便随时开赴陕甘地区。蒋介石还把陈诚、卫立煌、蒋鼎文等许多高级军政要员召集到西安，扬言至多一个月即可消灭陕甘地区的红军，“荡平”中共的根据地。

12月4日，蒋介石飞抵西安，迫令张学良、杨虎城立即将其军队全部开赴陕北“剿共”前线，由中央军在后接应督战，否则就要把东北军调往福建，第17路军调往安徽，由中央军在陕甘“剿共”。这个最后通牒式的方案，既同张学良、杨虎城的联共抗日、不再打内战的决心相矛盾，也危及张、杨部队的生存。连续几天，张学良、杨虎城反复劝说蒋介石应以国家和民族的大义为重，容纳抗日主张，但均遭到蒋介石的斥责。

12月9日，西安城内1万余名学生为纪念一二·九运动一周年举行请愿游行，要求停止内战、一致抗日。国民党特务竟开枪打伤学生。学生群情激愤，冲出城去，准备前往临潼华清池蒋介石住地请愿。蒋介石指令张学良实行武力镇压。张学良赶到灞桥劝阻学生，被学生们的爱国热忱所感动，答应在一星期内用事实回答他们的要求。同日，蒋介石为了加强对张、杨的压力，宣布派蒋鼎文为西北“剿匪”军前敌总司令，卫立煌为晋陕绥宁四省边区总指挥，陈诚以军政部次长名义指挥绥东“中央军”各部。他的这些部署，既是为了大举“剿共”，同时也是准备解决张、杨的问题。张学良在12月10日、11日又两次向蒋介石进谏，竟被蒋介石斥为“犯上作乱”。张学良、杨虎城感到除发动“兵谏”以外，已别无出路。

12月12日晨，按照张学良、杨虎城商定的计划，东北军一部包围华清池，扣留了蒋介石；第17路军同时控制西安全城，囚禁了从南京来的几十名国民党军政要员。这就是西安事变。

事变发生的当天，张学良、杨虎城等18位高级将领署名发表《对时局通电》，说明在国难当头的形势下，被迫发动事变是为了敦促蒋介石进行抗战。通电提出八项抗日主张：（一）改组南京政府，容纳各党各派共同负责救国；（二）停止一切内战；（三）立即释放上海被捕之爱国领袖；（四）释放一切政治犯；（五）开放

★西安事变纪念馆展厅一角

民众爱国运动；（六）保障人民集会结社之政治自由；（七）确实遵行孙总理遗嘱；（八）立即召开救国会议。

南京方面在了解张学良、杨虎城和共产党并不想加害蒋介石，而希望和平解决事变的态度后，于12月22日正式派出谈判代表宋子文、宋美龄到西安。12月23日，张学良、杨虎城同宋子文、宋美龄进行谈判，周恩来作为中共中央全权代表也参加谈判。周恩来遵照中共中央12月21日的指示，在与张学良、杨虎城共同商讨有关问题并同南京方面的谈判中，做了大量卓有成效的工作。经过两天的谈判，同宋子文、宋美龄最后达成六项条件：（一）改组国民党和国民政府，驱逐亲日派，容纳抗日分子；（二）释放上海爱国领袖，释放一切政治犯，保证人民的自由权利；（三）停止“剿共”政策，联合红军抗日；（四）召集各党各派各界各军的救国会议，决定抗日救亡方针；（五）与同情中国抗日的国家建立合作的关系；（六）实行其他具体的救国办法。12月24日晚，周恩来会见蒋介石，当面向蒋介石说明中国共产党抗日救国的政策。蒋介石表示同意谈判议定的六项条件。但他要求不采取签字形式，而以他的人格担保履行这些条件。

西安事变的和平解决，成为时局转换的枢纽。它粉碎了亲日派和日本帝国主义者的阴谋，促进了中共中央逼蒋抗日方针的实现。从此，十年内战的局面基本结束，国内和平初步实现。在抗日的前提下，国共两党实行第二次合作已成为不可抗拒的大势。

张学良公馆俗称“张公馆”。1935年9月13日，蒋介石为了“围剿”陕北红军，在西安成立了“西北剿匪总司令部”，自任总司令，张学良为副总司令代行总司令之职。随即张学良从汉口迁驻西安，租用了西北通济信托公司冯钦哉刚刚竣工的金家巷5号，改称张学良将军公馆。公馆为东西排列三座三层砖木结构西式楼房，四周筑砌青砖围墙，大门开在北墙，正东楼是机关楼，中楼是客厅、会议室，西楼是张学良居室。西安事变的酝酿、策划、发生、和平解决都在这里进行。西安事变发生后，张学良将军将中共代表团安排在东楼住宿。

西安事变纪念馆是在西安事变主要旧址即张学良公馆基础上建立起来的。馆内举办有“张学良将军生平展”、“杨虎城将军生平展”和“西安事变”等基本陈列，共展出700余件历史照片、大量历史文件及几十件文物等。

西安事变旧址于1982年2月23日被国务院公布为全国重点文物保护单位。

★西安事变纪念馆院内

西安事变纪念馆于 1997 年被中宣部列为全国百个爱国主义教育示范基地之一；2004 年 10 月被陕西省政府公布为国防教育基地，2012 年 8 月被国家国防教育办公室公布为国家国防教育示范基地；2004 年 12 月被国家红色旅游工作协调小组公布为全国红色旅游经典景区。

延安革命纪念馆

★延安革命纪念馆外景

延安革命纪念馆位于陕西省延安市宝塔区桥沟镇王家坪村。

延安，古称肤施、高奴、延州。延安是陕北地区政治、经济、文化和军事中心，有“塞上咽喉”、“军事重镇”之称，被誉为“三秦锁钥，五路襟喉”。

1935 年 11 月，中共中央和中国工农红军陕甘支队与红 15 军会师后，中共中央到达陕甘根据地的中心瓦窑堡。1936 年 10 月，红一、二、四方面军在西北大会师。在领导红军进行东征和西征，迎接红二、四方面军的同时，中共中央开展了对张学良、杨虎城的统一战线工作，还主动与新疆盛世才，陕北高桂滋，甘肃于学忠等沟通联系。到 1936 年冬，西北抗日民族统一战线进一步扩大，对全国抗日民族统一战线的建立起了巨大的推动作用。1936 年 12 月 12 日，张学良、杨虎城发动了震惊中外的西安事变，在中国共产党积极斡旋下，经各方共同努力，终于换来了蒋介石停止“剿共”、联共抗日等承诺，西安事变得以和平解决。西安事变的和平解决，对促成以国共两党合作为基础的抗日民族统一战线的建立，起到了非常重要的作用。西安事变后，根据与驻守延安的东北军达成的协议，1936 年 12 月中旬，由红军接管延安，从此延安成为指导中国革命的中心。

中共中央在延安期间，高举抗日民族统一战线的旗帜，独立自主地开展敌后抗日战争。1937 年 7 月 7 日，抗日战争全面爆发。8 月下旬，改编后的八路军陆续东渡黄河，开赴抗日前线。9 月，八路军第 115 师在平型关战役歼敌 1000 余人，打破了日军不可战胜的神话，振奋了人心，接着，八路军 3 个师又配合国民党军队进行忻口战役。根据敌我态势和八路军自身的情况，按照中央的部署，八路军各师首先在山西的东北、西北、东南、西南实施战略展开，1938 年 4 月后又大幅度分兵，向河北、豫北、山东、冀热辽、绥远等华北敌后区域发展游击战争，开辟敌后战场。敌后战场积极配合正面战场的作战，直接给予日军有力打击，稳定了全国的战局。敌后战场的开辟和抗日民主根据地的建立，为坚持长期抗战打下坚实的基础。

中共中央在延安时期，大力发展教育文化事业。在陕甘宁边区以延安为中心，由中共中央和边区政府创办的各类干部学校 30 余所，有比较正规的高等学校，也有战时短期班；有党校、军政学校，也有工青妇的干部学校，门类齐全、形式多样。如中国人民抗日军事政治大学、陕北公学、鲁迅艺术学院、马列学院等。

中共中央在延安期间，积极开展宣传舆论工作。党报党刊是党的舆论宣传阵地，党中央在延安通过《新中华报》、《解放日报》、《解放》周刊和《共产党人》等报刊，宣传党的路线、方针和政策。以“解放社”名义出版、由新华书店发行的报刊和书籍达到数百种。在宣传动员组织群众，支援前线等方面发挥了重要作用。

中共中央在延安期间，毛泽东思想从酝酿到形成，最终成为党的重要指导思想。1938 年 5 月，毛泽东同志在延安抗日战争研究会做了《论持久战》的长篇讲演，回答了人们最为关切的问题，使人们对战争的发展过程和前途有了清晰的了解。1939 年底至 1940 年初，毛泽东同志在延安先后发表了《〈共产党人〉发刊词》、《中国革命和中国共产党》和《新民主主义论》等重要著作，在对中国国情的科学分析基础上，对中国革命的历史进程做了详尽的完整的论述，首次提出了新民主主义的科学概念，创造性地提出“统一战线，武装斗争，党的建设”中国共产党在中国革命中战胜敌人的三大法宝。毛泽东对新民主主义理论的论述，标志着马克思列宁主义基本原理与中国革命具体实践相结合的历史性飞跃，标志着毛泽东思想的形成。毛泽东思想是对马克思列宁主义的丰富发展，是中国共产党集体智慧的结晶。

中共中央在延安时期领导边区广大军民击退了国民党的反共高潮。1939 年冬至 1940 年春，中国共产党有理有利有节地打退了国民党在陕甘宁边区、山西和冀南掀起的反共高潮，同卫立煌、阎锡山谈判，达成了停止武装冲突、划定驻地、分区抗日的协议。1941 年 1 月，皖南事变发生后，中共中央同国民党顽固派展开了针锋相对的斗争，中国共产党在这场斗争中坚定的立场和维护抗战大局的态度，赢得了多方的同情，扩大了在群众中的影响，提高了在全国的政治地位。

中共中央在延安期间，针对严峻的敌后抗战形势，党中央先后制定和实施了根据地对敌斗争、精兵简政、“三三制”等十大政策，开展政治、经济、思想文化全面的对敌斗争，加强党的集中统一领导，深入贯彻减租减息政策，采取各种有利政策措施克服困难，在根据地开展了大生产运动，不仅支持了敌后抗战，而且积累了经济建设的经验，培养了一批经济干部。

中共中央在延安期间，积极开展边区政权建设。以延安为中心的陕甘宁边区是中共中央所在地，是各抗日根据地的政治指导中心、抗战大本营和战略总后方。边区参议会是边区民主政治建设的一个重要体现，先后召开了三届四次，实际上是后来人民代表大会制度的雏形，保证了边区各抗日阶级、基层人民实现自己的民主权利。在中共中央的直接领导下，陕甘宁边区建设成为全国最进步的地方。

中共中央在延安期间，在全党普遍开展了整风运动。1941 年开展的全党整风运动，是中国共产党在全党范围内的马克思主义的思想教育运动。整风运动分为两个层次进行：一个是党的高级干部的整风，一个是一般干部和普通党员的整风。整风的内容是反对主观主义、宗派主义、党八股，以树立马克思主义的作风。整风采取“惩前毖后”、“治病救人”的方针。延安整风运动是一次普遍深刻的马克思列宁主义的教育运动，也是中国共产党成立以来第一次伟大的思想解放运动。它为全党树立了实事求是、理论联系实际、批评与自我批评的优良作风，是党的建设史上的伟大创举，是加强党的思想教育的良好形式，为全党的团结和统一，提高全党的马克思列宁主义水平，为抗日战争的胜利和新民主主义革命在全国的胜利，奠定了重要的思想政治基础。

中共中央在延安期间，隆重召开了党的第七次全国代表大会。1945 年 4 月 23 日，中共七大在杨家岭中央大礼堂隆重开幕，毛泽东致《两个中国之命运》的开幕词，并作《论联合政府》的书面政治报告，朱德作《论解放区战场》的军事报告，刘少奇作《关于修改党的章程的报告》，周恩来作《论统一战线》，中共七大产生的以毛泽东为首的中央委员会，是一个具有很高威信的、能够团结全党的坚强的领导集体。中共七大的历史性贡献，是确立毛泽东思想为党的指导思想并写入党章。中共七大为党领导人民争取抗日战争的胜利和新民主主义革命在全国的胜利，奠定了政治上、思想上、组织上的基础。

延安革命纪念馆建于 1950 年 6 月，原馆址在南关交际处，是新中国成立后最早建立的革命纪念馆之一。1954 年迁往杨家岭原中共中央机关旧址，定名为“延安博物馆”。1955 年迁至城内凤凰山麓革命旧址院内，改名为“延安革命纪念馆”，1973 年 6 月迁到王家坪现址。2006 年 10 月，延安革命纪念馆原主题建筑拆除重建，2009 年 8 月，延安革命纪念馆新馆落成并全面对外开放。

新馆陈列为：红军长征的落脚点、抗日战争的政治指导中心、新民主主义的模范区、延安精神的发祥地、毛泽东思想指导地位的确立、夺取全国胜利的出发点 6 个单元，馆藏文物 3.5 万多件，历史照片 1 万余张，图书 1.3 万余册，纪念馆广场正中耸立毛泽东青铜像。

延安革命纪念馆于 1961 年被国务院公布为全国重点文物保护单位，1997 年 6 月被中央宣传部公布为全国爱国主义教育示范基地。

★延安革命纪念馆雕像

瓦窑堡革命旧址

★

瓦窑堡革命旧址位于陕西省延安市子长县。

1935 年，日本帝国主义继侵占中国东北后，又制造了华北事变，妄图把华北变成第二个“伪满洲国”。在民族危机日益加深的形势下，1935 年 8 月 1 日，中

★瓦窑堡会议旧址

共驻共产国际代表团起草了《为抗日救国告全体同胞书》(即《八一宣言》)，10月1日正式以中华苏维埃中央政府和中共中央的名义公开发表。宣言呼吁各党派各军队和各界同胞停止内战，集中力量一致抗日，并建议组成统一的国防政府和在国防政府领导下的抗日联军。1935年11月7日，中共中央到达陕北根据地中心瓦窑堡。11月下旬，中共驻共产国际代表团所派张浩（林育英）回到陕北，向中共中央传达了共产国际关于建立广泛的反法西斯统一战线的精神和《八一宣言》的内容。1935年12月17日至25日，中共中央在陕北瓦窑堡召开了政治局扩大会议，即瓦窑堡会议。

出席和列席会议的有毛泽东、张闻天、周恩来、博古、李维汉、王稼祥、刘少奇、邓发、凯丰、张浩、邓颖超、吴亮平、郭洪涛等。会议由张闻天主持。会议着重讨论全国政治形势和党的策略路线、军事战略，确立了抗日民族统一战线的新政策，并相应的调整了各项具体政策。

会议开始后，张闻天作关于政治形势和策略问题的报告，张浩作关于共产国际七大精神的传达报告。12月23日，毛泽东在会上作关于军事战略问题的报告。同日，会议通过《中央关于军事战略问题的决议》。

12月25日，会议通过了《中央关于目前政治形势与党的任务决议》后结束。12月27日，毛泽东根据会议精神，在党的活动分子会议上作《论反对日本帝国主义的策略》的报告。

《中央关于目前政治形势与党的任务决议》指出，目前形势的基本特点，就是日本帝国主义“正准备并吞并全中国，把全中国从各帝国主义的半殖民地，变为日本的殖民地”。决议认为，民族革命的新高潮推醒了工人阶级和农民中的落后阶层；广大的小资产阶级群众和知识分子已转入革命；一部分民族资产阶级，许多乡村富农和小地主，甚至一部分军阀也有对革命采取同情中立的态度以致有参加的可能。决议明确指出，在地主买办阶级营垒中间，也不是完全统一的，党也应利用他们之间的矛盾与冲突，以利于抗日民族解放斗争。《决议》指出党的策略路线是发动、团结与组织全中国全民族一切革命力量去反对当前主要的敌人——日本帝国主义与蒋介石。

毛泽东在《论反对日本帝国主义的策略》的报告中，对于民族资产阶级的两面性和利用地主买办营垒内部矛盾的可能性问题作了精辟的分析。

《决议》和报告批评了党内长期存在的“左”倾关门主义，及时提醒全党记取历史上发生过的实行统一战线政策时的右倾错误的教训。关于改变对富农的政策问题，《决议》提出对于富农的土地和财产，除封建剥削部分外，采取保护政策。关于对工商业政策的规定，《决议》指出要用比较过去宽大的政策对待民族工商业资本家。《决议》还根据形势和任务的变化，强调必须反对在发展党组织中的关门主义倾向，扩大与巩固党，并对过去长期存在的过分强调党员出身的“唯成分论”提出了批评。在干部问题上，《决议》指出，党必须大量培养干部，使成千上万的干部到各方面的战线上去，在实际斗争中学习和锻炼，这样才能实行新的大革命的需要。

瓦窑堡会议提出的关于建立抗日民族统一战线的理论和政策，既说明在抗日前提下，有必要和可能与民族资产阶级以至地主买办阶级中的一部分力量重新建立统一战线，也着重说明无产阶级在统一战线中能够和必须掌握领导权；既着重批判“左”倾教条主义在政治策略上的错误，也提醒全党警惕1927年无产阶级放弃领导权而导致革命遭受失败的教训。

★瓦窑堡革命旧址纪念碑

瓦窑堡会议旧址院内共有砖窑五孔，坐西面东。左起第二孔窑洞为中央书记处书记张闻天旧居，第三孔为会议室旧址。会议室布置简朴大方，窑洞后方为一满间火炕，炕上放小炕桌一张，地下放有并列的两张八仙桌和六条长凳。现在陈设的长条木凳、四方木桌、书桌等物件均为1967年依照原样仿制而成。

瓦窑堡革命旧址于1988年1月被国务院公布为全国重点文物保护单位，1997年6月被中央宣传部公布为全国爱国主义教育基地。

洛川会议纪念馆

★

洛川会议纪念馆位于延安市洛川县永乡冯家村。

1937 年 8 月 22 日至 25 日，中共中央在陕北洛川冯家村召开政治局扩大会议（即洛川会议），讨论制定动员全国军民开展民族解放战争，实行全面持久抗战的

★洛川会议纪念馆

方针，进一步确定党在抗日战争时期的任务及各项政策。会议由张闻天主持。毛泽东作军事问题和国共两党关系问题的报告。关于军事问题，毛泽东指出，根据中日战争中敌强我弱的形势和敌人用兵的战略方向（以夺取华北为主），抗日战争是异常艰苦的持久战。红军在国内革命战争中，已经发展为能够进行运动战的正规军，但在新的形势下，在兵力使用和作战原则方面，必须有所改变。红军的基本任务是：创造根据地，牵制消灭敌人，配合友军作战（主要是战略配合），保存和扩大红军，以及向平原发展游击战争，但着重山地。独立自主是相对的，是在共同抗日的统一战略目标下的独立自主的指挥。游击战的作战原则是，游与击结合，打得赢就打，打不赢就走，分散发动群众，集中消灭敌人；着重于山地，是考虑便于创造根据地，建立起支持长期作战的战略支点。关于国共两党关系问题，毛泽东指出，要坚持统一战线，巩固和扩大统一战线，同时保持共产党在政治上、组织上的独立性，记取1927年大革命失败的教训，对国民党的反共倾向保持高度的警惕性。总之，必须坚持统一战线中的无产阶级领导权。

会议就国共关系、战略方针、出兵抗日等问题进行了讨论，张闻天、周恩来、朱德就有关问题做了报告和发言。会议确定八路军的战略方针是独立自主的山地游击战争，但是由于时间紧迫，对游击战与运动战的主次关系问题未能充分讨论。鉴于华北危急，会议决定立即出动红军主力到山西抗日前线。

会议通过的《中央关于目前形势与党的任务的决定》分析了抗战爆发后的形势，指出：中国的抗战是一场艰苦的持久战。争取抗战胜利的关键，在于使已经发动的抗战发展为全面的全民族的抗战。而国民党实行的是片面的抗战路线，即坚持国民党一党专政，只实行单纯政府和军队的抗战，并拒绝一切有利于抗日的根本改革，不给人民以抗日所必需的民主自由权利，不改善工农大众的生活，防止人民力量在抗战中发展，反对抗日战争成为人民大众的抗战。这一路线包含着极大的危险性，必然招致严重的失败。因此，在今后的抗战过程中，可能会发生许多不利的情况。共产党及其领导的民众和武装力量，应该站在斗争的最前线，使自己成为全国抗战的核心。

会议通过了《中央关于目前形势与党的任务的决定》。会议通过《中国共产党抗日救国十大纲领》和毛泽东自己起草的宣传鼓动提纲。十大纲领是：1. 打倒日本帝国主义；2. 全国军事的总动员；3. 全国人民的总动员；4. 改革政治机构；

5. 抗日的外交政策；6. 战时的财政经济政策；7. 改良人民生活；8. 抗日的教育政策；9. 肃清汉奸卖国贼亲日派，巩固后方；10. 抗日的民族团结。这是实行全面抗战路线的纲领。

会议讨论并决定了在全国抗战到来的新时期党的基本行动路线和行动方针，主要是：在敌人后方放手发动群众，开展独立自主的游击战争，配合正面战场，开辟敌后战场，建立敌后抗日根据地；在国民党统治区，广泛发动群众性的抗日救亡运动，推动桂系和川军等地方实力派拥蒋抗日；在有利于动员全国人民参加抗日战争的前提下，争取人民应有的政治经济权利；以减租减息作为党在抗日战争时期解决农民问题的基本政策；保卫、巩固和建设陕甘宁边区，使之成为抗日民主的模范区。

为加强党对军事工作的领导，会议决定组成中共中央革命军事委员会（简称中央军委），中央军委由毛泽东、朱德、周恩来、彭德怀、任弼时、张浩、叶剑英、林彪、贺龙、刘伯承、徐向前 11 人组成，毛泽东为书记（亦称主席），朱德、周恩来为副书记（亦称副主席）。中央政治局常委会还决定设立以朱德为书记的中央军委前方军分会，同时决定建立长江沿岸委员会，周恩来、秦邦宪、叶剑英、董必武、林伯渠为委员，周恩来为书记。

洛川会议是在全国抗战刚刚爆发的历史转折关头召开的一次重要会议。会议制定的党的全面抗战路线，把实行全民族抗战与争取人民民主、改善人民生活结合起来，把反对外敌入侵与推进社会进步统一起来，正确处理了民族矛盾与阶级矛盾的关系。会议通过的《中国共产党抗日救国十大纲领》阐明了党在抗日战争时期的基本政治主张，指明了坚持长期抗战、争取最后胜利的具体道路，这是同国民党领导集团所实行的片面抗战路线不同的正确的抗战路线。

洛川会议是在冯家村的一座私塾小学召开的。1966 年在会议原址成立了洛川会议遗址筹备处，1980 年更名为洛川会议纪念馆，现存对外开放的旧址旧居有洛川会议旧址、警卫队、机要室、总务处四处旧址及毛泽东、张闻天、周恩来、朱德、彭德怀、徐向前、肖劲光 7 位领导人旧居 24 孔窑洞，16 间瓦房。总占地面积 19869 平方米。收藏有二级文物 6 件、三级文物 19 件，一般文物 863 件。

洛川会议旧址现存小院一座，内有坐北朝南砖砌窑洞两孔。左侧窑洞为当时的会议室，右侧窑洞为毛泽东旧居。会议旧址及毛泽东旧居，悬挂出席会议的领

★洛川会议旧址

导人照片，会议家具如八仙桌、马鞍凳、条桌、太师椅等，再现当时开会的历史场景。

洛川会议旧址于 2001 年 6 月被国务院公布为全国重点文物保护单位。洛川会议纪念馆于 2001 年 6 月被中宣部公布为全国爱国主义教育示范基地，2005 年被国家旅游局确定为全国红色旅游重点景区之一。

后　记

2014 年 9 月 1 日，国务院公布了第一批国家级抗战纪念设施、遗址共 80 处。这 80 处抗战纪念设施和遗址，涵盖了反映日军侵华罪行、日军投降和审判，中国共产党领导下的敌后抗战，国民党正面战场抗战，其他国家支援、参与中国抗战，以及纪念抗战牺牲的英烈等方面，其中绝大多数为全国重点文物保护单位、全国爱国主义教育示范基地、全国重点烈士纪念建筑物保护单位、全国红色旅游经典景区。这 80 处抗战纪念设施和遗址，每一个都是历史的见证，集中反映了自 1931 年九一八事变到 1945 年抗日战争全面胜利的 14 年间，中国军民前赴后继、浴血奋战，在国际力量支持下，英勇抵抗日本帝国主义侵略的恢弘而悲壮的历史。

为了使广大群众特别是青少年牢记历史、勿忘国耻，进一步认清日本帝国主义犯下的侵华罪行，深入了解中华民族抵御日本侵略的历史，大力弘扬以爱国主义为核心的伟大民族精神，我们在广泛搜集相关资料的基础上，对这 80 处抗战纪念设施和遗址背后的故事及其现状，作了较为详细的介绍，并配以相关图片。通过这种图文并茂的形式，读者可以深入了解这 80 处抗战纪念设施和遗址形成的历史过程，切身体会到那 14 年间感人的历史场景、悲壮的历史回响、惨烈的历史画面、激昂的历史呼唤。

编　者

2014 年 9 月 15 日